KB125601

장기표의

행복
정치론

개정
증보판

장기표의 행복정치론

개정증보판 발행 2023년 8월 15일

지 은 이 장기표
발 행 인 권선복
편   집 한영미
디 자 인 최새롬
전 자 책 서보미
발 행 처 도서출판 행복에너지
출판등록 제315-2011-000035호
주   소 (157-010) 서울특별시 강서구 화곡로 232
전   화 0505-613-6133
팩   스 0303-0799-1560
홈페이지 www.happybook.or.kr
이 메 일 ksbdata@daum.net

값 20,000원
ISBN 979-11-92486-88-8 93340

도서출판 행복에너지는 독자 여러분의 아이디어와 원고 투고를 기다립니다. 책으로
만들기를 원하는 콘텐츠가 있으신 분은 이메일이나 홈페이지를 통해 간단한 기획서와
기획의도, 연락처 등을 보내주십시오. 행복에너지의 문은 언제나 활짝 열려 있습니다.

장기표의
행복정치론

장기표 지음

도서
출판 **행복에너지**

2016년 『불안 없는 나라 살맛나는 국민』이란 책을 내고서 2020년 이 책의 개정증보판을 『장기표의 행복정치론』이란 이름으로 낸 바 있다. 지금은 초판을 내고서 7년여의 세월이 흘렀다.

그럼에도 불구하고 이 책을 다시 수정 보완해서 개정증보판을 내는 것은 이 책에서 제시한 이념과 정책이야말로 오늘 우리 사회가 직면한 대량실업과 소득양극화, 청년실업, 비정규직, 저출산, 노후불안, 환경파괴, 인간성 상실 등의 문제를 해결할 뿐만 아니라, 모든 국민이 자기가 하는 일에서 보람과 기쁨을 누리며 행복하게 살 수 있도록 할 것으로 확신하기 때문이다.

지금 한국정치를 주도하고 있는 국민의힘과 더불어민주당은 서로 사생결단의 대결을 하는 것 같지만 사실은 그렇게 함으로써 공생하는 적대적 공생관계를 이루고 있을 뿐이다. 그래서 지금의 양대 정당으로는 정권교체를 해본들 별로 나아질 것이 없다. 한쪽은 정보문명시대에 맞는 새로운 보수이념을 정립하지 못했고, 다른 쪽은 아직도 시대착오적 사이비 진보이념에서 벗어나지 못하고 있으니 말이다.

그래서 오늘의 세계적 대변화를 신문명시대의 도래로 보는 역사의식에 기초해서 이에 맞는 이념과 정책을 강구해야 오늘의 이 난국을 극복할 수 있는 것은 물론 모든 국민이 자아실현의 보람과 기뻠을 누리며 행복하게 살 수 있으리라고 확신한다.

이런 확신 때문에 정치를 해왔고 이 책의 개정증보판을 내는 이유도 여기에 있다.

마침 '행복전도사'로서 맹활약을 하시는 도서출판 행복에너지의 권선복 사장께서 개정증보판 출판을 흔쾌히 수락해줘서 이 책을 낼 수 있게 되었다. 본래 이 책의 제목을 『장기표의 자아실현 정치론』으로 하려 했으나, 국민행복을 위해 이 책을 쓴 데다 마침 출판사 이름도 '행복에너지'라서 이 책의 제목도 『장기표의 행복정치론』으로 하게 되었다.

이 불황기에 수익을 따지지 않고 이 책의 개정증보판을 내겠다고 하신 권선복 사장의 투철한 출판정신과 뜨거운 열정에 존경과 감사의 뜻을 표하는 바이다.

아무쪼록 이 총체적 혼란을 극복하고 국민행복의 시대를 여는 데 이 책이 작은 역할이라도 할 것을 기대한다.

2023년 8월 1일
장 기 표

인간은 어떻게 살고 싶고, 무엇이 되고 싶을까? 한마디로 인생의 목표가 무엇일까?

사람에 따라 다를 수 있다. 돈을 많이 벌거나 높은 관직을 맡고 싶은 사람도 있을 것이고, 인기 배우나 유명 운동선수가 되고 싶은 사람도 있을 것이다. 어찌 이뿐이겠는가? 다양한 삶, 다양한 목표가 있을 것이다.

그런데 돈이나 관직 등 이 모든 것은 결국 행복하게 살고 싶기 때문일 것이니, 인생의 목표는 행복이라고 말할 수 있다. 심지어 자신의 행복은 전혀 고려하지 않은 듯한 삶, 곧 남을 위해 봉사하거나 자신을 희생하는 삶조차도 근본적으로는 자신의 행복을 위한 것으로 볼 수 있다는 점에서 인생의 목표는 자신의 행복 추구라고 보아 마땅하다.

그러면 어떻게 사는 것이 가장 행복하게 사는 것일까? 인간이 행복하게 살 수 있는 방법은 다양하다. 남의 사랑을 받을 때도 행복하고, 또 자기가 남을 사랑할 때도 행복하다. 돈이 생겨도 행복할 수 있고, 좋은 친구를 사귀어도 행복할 수 있다. 그러나 인간이 행복을 누리는 데 가장 중요한 것은 자기가 바라는 바를 이루어 자아실현의 보람과 기쁨을 누리는 것이다.

그래서 인생에서 가장 중요한 것은 '자아실현'이다.

그러면 누구나 자아실현의 보람과 기쁨을 누리며 행복하게 살고 있을까? 전혀 그렇지 못하다.

그런 사람은 오히려 극소수이고 대부분의 사람은 자아실현을 하지 못한 채 온갖 고통을 겪으며 불행하게 살고 있다.

왜 그럴까? 빈곤이나 질병 등 생활여건이 좋지 않아서 자기가 바라는 바를 이룰 수 없어 불행한 사람도 있지만, 돈도 많고 건강하며 많은 것을 누리면서도 자신의 욕망을 다 채우지 못해 불행하게 사는 사람도 있다. 재벌 혹은 대기업 회장이나 유명 배우 또는 대통령을 지낸 사람조차 고통스러워하거나 스스로 목숨을 끊는 사람이 있는 것을 보더라도 돈이 많거나 출세를 했다고 해서 행복한 것은 아님이 분명하다.

그러면 어떻게 하면 모든 사람이 자아실현의 보람과 기쁨을 누리며 행복하게 살 수 있을까?

다양한 방법이 있을 것이다. 사회적 조건이 다르고 개개인의 세계관과 가치관 또한 달라서 자아실현의 보람과 기쁨을 누릴 수 있는 방법도 다를 수 있기 때문이다. 그러나 모든 사람에게 공통적으로 적용되는 보편적 조건은 있다. 즉 사회환경으로서의 사회적 조건과 개개인이 가진 품성으로서의 주체적 조건이 그것이다.

사회적 조건이 아무리 좋더라도 주체적 조건이 갖추어져 있지 않으면 행복할 수가 없고, 주체적 조건이 아무리 잘 갖추어져 있더라도 사회적 조건이 좋지 않으면 행복하기 어렵기 때문에 이 두 조건이 모두 충족되어야 행복할 수 있다.

그러면 모든 사람이 자아실현의 보람과 기쁨을 누리며 행복하게 살 수 있기 위해서는 어떤 사회적 조건과 주체적 조건이 갖추어져야 할까?

이 문제에 대한 필자 나름의 방안을 밝히는 것이 이 책의 목표이다.

또한 모든 사람이 자아실현의 보람과 기쁨을 누리며 행복하게 사는 데 필요한 사회적 조건과 주체적 조건을 확보하기 위해서는 어떻게 해야 할까?

정치가 바르게 이루어지는 것이 가장 중요하다. 정치야말로 사람이 행복하게 살 수 있게 하는 데 필요한 사회적 조건과 주체적 조건을 확보하는 데 가장 중요한 역할을 하기 때문이다. 물론 정치만이 그런 역할을 하는 것은 아니다. 과학과 철학 등 학문은 말할 것도 없고, 경제나 교육, 예술, 종교 등도 모두 사람이 행복하게 사는 데 필요한 사회적 조건과 주체적 조건을 확보하는 역할을 한다.

그러나 학문이나 경제, 교육 등은 모두 정치에 의해 그 내용이 규정되는 측면이 있다는 점에서 정치가 가장 중요하다. 즉 정치가 바르게 이루어져야 사람이 행복하게 살 수 있다.

그런데 정치가 바르게 이루어지고 있는가? 전혀 그렇지 못하다. 국민을 행복하게 하기는커녕 오히려 불안하고 절망하게 하고 있다.

더 큰 문제는 정치하는 사람들이 어떤 나라가 되어야 국민이 자아실현의 보람과 기쁨을 누리며 행복하게 살 수 있는지를 모르고 있다는 사실이다.

대개의 경우 경제성장을 이루면 국민이 행복하게 살 수 있으리라고 생각해서 경제성장을 강조하는데, 그것은 착각이다. 지금 우리나라의 국민소득이 3만 달러가 넘지만 그렇다고 해서 국민소득이 1만 달러일 때보다 더 행복하게 된 것도 아니거니와, 앞으로 국민소득이 4만 달러, 5만 달러가 된다고 해서 국민이 더 행복할 것 같지도 않으니 말이다. 국민소득이 3만 달러일 때 국민이 행복하지 못하면 국민소득이 10만 달러, 20만 달러가 되어도 대량실업과 소득양극화, 환경파괴, 인간성 파괴 등이 더 심해져서 국민은 행복하기는커녕 더 불행해질 것이다.

이처럼 국민이 더 불행한 사회가 되어 가는데도 정치권은 이에 대한 대책은 내놓지 못하면서 경제성장에만 매달려 상투적인 주장이나 하고 있으니, 어찌 국민이 행복하게 살 수 있는 나라가 건설되겠는가?

요컨대 지금의 정치권은 어떤 나라를 건설해야 국민이 행복하게 살 수 있는지조차 모르고 있다. 심각한 문제가 아닐 수 없다.

그런데 정치권만 그것을 모르는 것이 아니라 학자나 전문가 등 지식인들도 모르고 있는 것으로 보인다. 지금까지 그 누구도 국민이 행복하게 살 수 있는 방안을 제시한 사람이 없어 보이니 말이다.

우리나라 정치권이나 지식인들만 국민이 행복하게 살 수 있는 방안을 제시하지 못한 것이 아니라 전 세계적으로도 그것을 제시한 사람이 있다고 보기 어렵다.

소위 선진국이라는 나라들도 경제침체와 사회갈등은 말할 것도 없고 온갖 비인간적인 행위로 고통을 겪고 있는데도 그것을 극복해 가기는커녕 더 심해지고 있으니 말이다. 간혹 이들 문제에 대한 해법을 제시하는 경우가 있으나 부분적으로만 타당할 뿐 종합적인 해법은 될 수 없는 것이 저간의 현실이다.

머리말

그래서 오랜 기간 모든 사람이 자아실현의 보람과 기쁨을 누리며 행복하게 살 수 있는 세상을 건설키 위해 노력해온 사람으로서, 어떤 나라를 건설하고 어떤 세계관과 가치관을 정립해야 모든 사람이 행복하게 살 수 있겠는지에 대한 나름의 견해를 밝혀보고자 한다.

　부족하기 이를 데 없지만 모든 사람이 행복하게 살 수 있게 하는 정치가 이루어지는 데 작은 도움이라도 되기를 바란다.

2016년 초가을

장 기 표

목차

제1장

무엇이 문제인가?

제2장

자아실현의 행복을 누릴 수 있는 조건

제3장

자아실현 국가를 건설할 이념과 정책

제4장

자아실현을 구현할 국가발전 목표

제5장

민주시장주의 기본원리와 기본원칙

행복정치론

Welfare State
Joyful Country
Self-Supporting Country

Democratic Country
Environmental Country
Cultural Country

Moral Country
Independent Country
Peaceful Country
Safe Country

무엇이
문제인가?

1

총체적 불안,
그 원인을 알고 있기는 한가?

오늘날 한국 사회는 물론 전 세계가 총체적 불안에 휩싸여 있다. 아무런 불안을 느끼지 않고 사는 사람은 거의 없다. 대량실업과 소득양극화, 비정규직, 청년실업 등에다 재정적자, 무역마찰 등 경제적인 어려움이 심각한 것도 문제지만, 설사 경제적으로 여유가 있는 사람이라 하더라도 사회적 갈등과 흉악범죄 등으로 불안을 느끼지 않을 수 없다. 심지어 '묻지 마' 범죄가 언제 어디서 일어날지 모르는 상황이니 불안을 느끼지 않고 살 수 있는 사람은 있을 수가 없다.

그래서 절대다수의 사람들이 취업불안, 양육불안, 교육비불안, 명퇴불안, 질병불안, 노후불안, 범죄불안 등에 시달리고 있다.

심지어 불안이라고는 모른 채 생기발랄하게 자라나야 할 청소년들조차 온갖 종류의 불안에 시달리고 있다. 입시지옥은 물론 학교폭력에다 청소년성폭력까지 만연하여 하루도 안심하고 살 수 있는 세상이 아니다. 우리나라의 자살률은 세계에서 1, 2위를 다투고, 특히 노인자살률과 청소년자살률이 높은데 이러고서야 어떻게 사람이 사는 나라라고 말할 수 있겠나?

도대체 왜 이럴까? 국민소득이 3만 달러가 넘는 데다 인구까지 5천만 명이 넘어 '30-50클럽' 곧 인구 5천만 명이 넘는 나라로서 국민소득이 30만 달러를 넘는 나라가 세계에서 7번째로 되어 명실상부한 선진국이 되어간다는데, 왜 이처럼 우리 사회 전체가 총체적 불안에 휩싸여 있을까? 그런데 이런 현상은 우리나라만의 현상이 아니라 국민소득이 높고 국민의 정치의식도 높은 소위 선진국들도 거의 다 마찬가지인데, 왜 이럴까?

　그리고 지금 당장 불안한 것도 문제지만 앞으로는 더 어려워질 것 같고, 더욱이 이런 문제에 대한 온갖 처방이 끊임없이 제시되고 있는데도 오히려 나아지기는커녕 더 심해지고 있으니 보통 심각한 문제가 아니다.

　도대체 왜 이럴까? 과학기술의 혁명적 발달로 사회적 생산력이 비약적으로 발전한 데다 정보통신수단의 획기적 발달로 대중의 사회정치의식 또한 크게 고양되어 모든 사람이 자아실현의 보람과 기쁨을 누리며 해방된 삶을 살 수 있는 인간해방의 시대가 도래한 것 같은데도 왜 해방된 삶을 살 수 있기는커녕 거꾸로 대량실업과 소득 양극화, 환경파괴, 인간성 상실 등으로 총체적 불안에 휩싸여 있을까?

　더 큰 문제는 이처럼 전 세계가 총체적 불안에 휩싸여 있는데도 그 원인과 해법을 제대로 알고 있는 사람이 없어 보인다는 사실이다. 얼핏 생각하면 정치인이나 그 방면의 전문가들은 경제침체나 사회불안 등의 원인과 해법을 잘 알고 있을 것 같지만 사실은 그렇지 못하다. 왜 알고 있지 못하다고 보는지에 대해서는 뒤에서 자세히 밝혀두고자 한다.

　그런데 경제침체 등의 해법을 그 누구도 제대로 알고 있지 못하

는데도, 누군가는 그 해법을 알고 있겠거니 하고 생각하는 경우가
대부분이다.

그러니까 우리가 왜 이런 어려움을 겪고 있는지, 또 어떻게 하면
이 어려움을 극복할 수 있는지, 그 원인과 해법을 모르고 있다는 사
실조차 모르고 있는 것이 오늘날 이 시대가 안고 있는 진정한 위기
이다. 위기의 원인과 해법을 모르고 있다는 사실조차 모르는데 어떻
게 위기를 극복할 방안을 찾아낼 수 있겠는가?

그럼에도 불구하고 얼마 전부터 이런 말이 많이 유행했다. "누구
나 알 것은 다 안다"고. 또 "국민들이 정치인들보다 더 잘 안다"고.

과연 누구나 알 것은 다 알고, 국민들이 정치인들보다 더 잘 알고
있을까?

분명히 말하건대 정치인도 잘 모르고 국민들도 잘 모르고 있다.
심지어 우리나라 정치인과 국민들만 잘 모르는 것이 아니라, 선진
국의 정치인과 국민들도 경제침체 등의 원인과 해법을 잘 모르고
있다.

설마 그럴 리가 있겠는가 싶겠지만 그것이 사실이다. 어느 누구도
경제침체 등의 올바른 해법을 제시하지 못하고 있으니 말이다.

바로 이 사실, 즉 어느 누구도 오늘날 전 세계가 직면하고 있는
경제침체와 사회불안 등의 해법을 잘 모르고 있다는 사실을 알아야
한다. 특히 정치인들이 경제침체와 사회불안 등의 원인과 해법을 모
른다는 사실을 국민들이 알아야 정치인들에게 속지 않을 수 있고 잘
못된 정치를 바로잡을 수 있다.

그러면 우리나라만 경제침체 등의 해법을 모르는 것이 아니라 전 세계적으로도 그 해법을 모르고 있음을 드러내는 몇 가지 예를 적시해두고자 한다.

2008년 전 세계를 덮친 금융위기가 있은 후 그해 11월 경제학으로 유명한 런던정경대학을 방문한 영국의 엘리자베스 여왕이 경제학자들에게 "왜 아무도 미리 금융위기를 예측하지 못했느냐"고 질책성 질문을 한 일이 있었다고 한다. 오죽하면 이런 질문이 있었을까 싶다. 금융위기를 예측하기는커녕 다들 희망 섞인 전망을 내놓고 있었는데도 금융위기로 세계경제가 위기로 전락했으니 말이다.

그런데 엘리자베스 여왕의 이런 질문이 있고서 명망 있는 경제학자들이 모여 여왕에게 답변서를 썼는데, 그 답변서에는 "영국뿐만 아니라 전 세계 각국의 지성인들이 금융시스템의 위험 요소를 전체적인 맥락에서 파악하지 못하는 오류를 범했다"고 밝혔다고 한다. 즉 영국의 경제학자들만 금융위기의 도래와 그로 말미암은 경제침체를 잘 몰랐던 것이 아니라 전 세계적으로 아는 사람이 없었다는 것이다. 이들이 밝힌 대로 어느 누구도 금융위기를 예측하거나 그 해법을 제시하지 못했던 것이다.

또 이런 일도 있었다. 2009년 5월, 2008년도 노벨경제학상 수상자이기도 한 미국 프린스턴대학의 폴 크루그먼 교수가 한국경제TV가 주최한 <세계 경제 금융 콘퍼런스>에서 주제발표를 한 일이 있었는데, 그는 이 주제발표에서 "나도 경제침체의 해법을 찾기 위해 노력했으나 나는 그 해법을 찾지 못했다"고 말했다.

크루그먼 교수가 이 말을 농담으로 했을 리가 없다. 노벨경제학상을 수상했고 미국의 유명 대학인 프린스턴대학의 경제학 교수이며 뉴욕타임즈의 인기 칼럼니스트이기도 한 사람이 경제침체의 해법을 모르겠다고 말할 정도니 누가 경제침체의 해법을 안다고 볼 수 있겠는가?

크루그먼 교수의 이 발언이 보도된 후 서울대학의 경제학 교수를 역임한 원로 경제학자를 만나, "크루그먼 교수가 경제침체의 해법을 모르겠다고 말했던데, 우리나라 경제학자들은 알고 있는 것 같습니까?"라고 물었더니, "우리나라 경제학자들은 고민도 하지 않을 걸요"라고 말씀했다.

경제침체만의 문제가 아니다. 사회가 붕괴하고 인생이 파탄 날 지경에 처해 있다. 한편으로는 정보문명(디지털문명) 시대의 도래에 따른 산업의 정보화로 대량실업, 소득양극화, 환경파괴, 인간성 상실이 구조화되는데도 이에 제대로 대처하지 못함으로써 사회가 붕괴하고 인생이 파탄 나게 생긴 점도 있고, 다른 한편으로는 이른바 제4차 산업혁명이라고 하는 인공지능, 사물인터넷, 빅데이터, 모바일 등에 의해 인간의 존속 자체가 위협받는 상황에 이르렀다. 한 예로 AI(인공지능)가 핵무기보다 더 위험하다는 말이 있다. 인공지능이 딥러닝의 과정을 거쳐 초인공지능이 되어 인간의 통제 밖으로 벗어나 인간을 파멸시킬 수 있다는 것이다. 이에 대한 통제가 논의되고 있기는 하나 가치관과 세계관을 근본적으로 바꾸지 않고는 통제가 불가능할 수 있다.

이것이 현실이다. 즉 경제침체 등의 원인과 해법을 아는 사람이 없는 것이 현실이다. 그런데도 많은 사람들이 '경제침체 등의 해법을 경제학자나 정치인은 알고 있겠지', 그래서 '정치인들이 잘하기만 하면 경제가 나아지겠지'라고 생각하고 있다. 그러나 이것은 크나큰 착각이다. 이래서는 경제침체가 극복될 수가 없다.

이쯤 되면 이런 질문이 나올 법하다. "그러면 글을 쓰는 당신은 경제침체 등의 해법을 알고 있느냐?"고 말이다.

감히 말하건대 필자는 그것을 알고 있다고 자부한다. 그렇기 때문에 정치를 해왔고, 그렇기 때문에 이 책을 쓰고 있다. 이 책에 그 답이 들어 있고, 필자가 지난날 쓴 『문명의 전환 새로운 비전』, 『신문명 국가비전』, 『한국경제 이래야 산다』 등에도 그 답이 들어 있다.

2

일본과 미국 등은
왜 장기불황에 빠져 있었을까?

전 세계가 얼마나 경제침체 등의 해법을 모르고 있는지를 드러내는 몇 가지 예를 제시하고자 한다.

일본의 경우 '잃어버린 10년'을 넘어 '잃어버린 20년'을 넘겼는데도 왜 장기불황에 처하게 되었는지, 어떻게 하면 이 장기불황에서 벗어날 수 있는지, 그 원인과 해법을 아무도 제시하지 못했었다.

불과 40여 년 전인 1970년대와 1980년대에는 일본은 세계 제2의 경제대국으로 국민소득이 3만 5천 달러나 되는 데다 무역흑자가 연간 1,500억 달러를 넘으며 전 세계가 일본의 시장이라 할 만큼 세계시장을 장악하고 있어 무한히 발전할 것만 같았다는데도 말이다.

그래서 전 세계가 일본의 경제성장을 칭송했고, '21세기는 일본의 세기Pax Japonica가 될 것'이라고 말하지 않으면 석학으로 인정받지 못할 정도였다. 그런데도 정작 21세기로 접어들 무렵인 1990년 중반부터 일본은 경제불황이 계속되면서 2류 국가로 전락한 채, 일본국민들은 자신감을 잃고 무기력증에 빠지고 말았다. 그래서 일본을 칭송하기는커녕 일본은 침몰할 것이라고 보는 사람들이 많았었다.

우리나라만 하더라도 20~30년 전까지는 일본을 따라잡는 것은 불가능할 것처럼 생각하는 분위기였다. 그러나 지금은 그러기는커녕 일본을 얕잡아 보는 사람들이 대단히 많아졌다. 그리고 일본에서도 한국의 발전을 놀라운 눈으로 쳐다보며 시기하거나 두려워하는 사람들이 생겨났다. 불과 20여 년 사이에 말이다.

이래서 일본경제를 활성화할 방법을 찾지 못하게 되니 고이즈미 수상 때부터 국수주의 내지 군국주의 열풍을 불러일으키게 되었는데, 이것은 일본이 더 어려워지는 길이 될 뿐이다.

일본이 왜 이렇게 되었을까? 일본국민 모두가 최상의 행복을 누리면서 살 수 있는 사회경제적 조건이 확보되었는데도 그렇게 살지 못했기 때문이다. 그렇게 살 수 있으려면 그렇게 살 수 있는 이념과 가치관을 정립해서 그것에 입각해 국정을 운영하고 삶을 영위해야 하는데 그렇게 하지 못했던 것이다. 엉뚱하게 국수주의 내지 군국주의의 길로 나아가게 되니 나라가 더 어려워질 수밖에 없다. 안타까운 일이다.

최근 들어 일본경제가 회생한 것은 근본적인 해법을 찾아서가 아니라 장기불황에 처해 있었던 데 따른 반등일 뿐이다. 그래서 머지않아 또 경제불황 내지 사회침체에 빠질 것이다. 근본적인 해법을 찾으면 모든 국민이 행복하게 살 수 있는데도 말이다.

미국도 마찬가지다. 미국도 클린턴 정권 시절이던 1990년대에는 경제가 호황기를 맞았다고 떠들어댔지만, 그것은 바로 미국발 금융위기의 원인이 된 파생금융상품의 남발에 기인하는 거품호황이었다. 이때의 사이비 경제호황을 가져온 일등공신은 미국 연방준비제도이사회 의장이었던 그린스펀이었다.

그린스펀은 레이건, 아버지 부시, 클린턴, 아들 부시 때까지 연방준비제도이사회 의장을 맡아 저금리 통화정책으로 통화량을 증대시키면서 금융규제를 풀어 온갖 파생금융상품이 나오게 했는데, 이것이 그 당시에는 미국사회에 돈이 넘치게 해서 호황을 누리게 하였으나 사실은 거품호황으로 결국 미국발 금융위기의 직접적인 원인이 되어 미국경제는 물론 세계경제까지 파탄으로 몰아넣었다. 그런데도 그는 그 당시 '경제대통령'이니 '통화정책의 신의 손'이니 하고 불리었고 한때 '그린스펀 효과'라는 말로 칭송받기도 했는데, 이런 사람이 '그린스펀 버블'이란 말로 비난받는 데는 오랜 시간이 걸리지 않았다. 이것은 경제학자들이 무능했음은 물론 한 치 앞도 내다보지 못했음을 말해 줄 뿐이다.

오바마 정부가 들어서서도 경제가 나아지지 못했다. 오바마 대통령이야말로 인품상으로 보자면 대단히 훌륭한 사람이었지만 역사의식의 빈곤으로 말미암아 재래식 정책을 그대로 답습하다 보니 경제가 나아질 수가 없었다. 오바마 정부의 경제 각료 대부분이 클린턴 정부 시절의 사람들이라는 것은 오바마 대통령의 역사의식이 그만큼 빈곤했음을 말해준다.

이러다 보니 미국은 매년 약 7천억 달러의 경상수지 적자와 4천억 달러의 재정적자에 허덕여 왔으며, 특히 금융위기가 심했던 2009년에는 재정적자가 무려 1조 8천억 달러에 달했다. 이것은 미국경제가 빚으로 버텨왔음을 말해준다. 그러면서 미국은 국채를 중국이나 일본 등 다른 나라에 팔아서 버텨왔다. 미국이 달러를 찍어내는 나라가 아니라면 국제통화기금IMF의 구제금융으로도 구제할 수 없어 진작 국가부도사태Default를 맞아 파산했을 것이다.

최근 들어 셰일가스의 개발로 석유를 수입하는 것이 아니라 수출할 수 있게 된 데다 트럼프 정부가 들어서서 해외에 진출해 있던 기업들을 미국으로 다시 끌어들이는 리쇼어링 정책을 강구해서 미국의 제조업을 다소 회복함으로써 경기가 활성화되는 듯한 모습을 보이나 이 또한 근본적인 해결책이 될 수는 없어 머지않아 다시 불황에 처할 것이다.

한동안 "요람에서 무덤까지"라는 말이 조금도 손색이 없을 만큼 완벽할 정도의 국민복지를 유지해오면서 경제를 안정적으로 발전시켜온 서유럽의 복지국가들도 최근에는 10%가 넘는 높은 실업률과 20%가 넘는 청년실업률에다 재정압박으로 경제위기를 맞고 있다. 그리스, 아일랜드, 포르투갈, 스페인 등은 이미 유럽중앙은행이나 IMF로부터 구제금융을 받을 정도로 경제위기를 맞았었으며, 그동안 견고한 제조업과 노사협조문화, 통일의 효과 등으로 유럽경제를 이끌어왔던 독일마저 경제가 침체국면으로 빠져들고 있는 상황이다.

요컨대 선진국일수록 경제위기를 맞고 있고, 중국, 인도, 베트남 등 그동안 경제개발이 제대로 되지 않았던 나라들이 상대적으로 높은 경제성장을 하고 있으나 이 또한 일시적 현상일 뿐, 이 나라들도 선진국만큼 경제가 발전하면 꼭 같은 어려움을 겪게 되어 있다.

지금까지 경제침체의 해법을 어느 누구도 알고 있지 못하다는 것을 밝혔는데, 구체적인 사안에서도 마찬가지다. 비정규직, 청년실업, 중소상공업의 몰락, 소득양극화 등이 심각한 사회문제가 된 지 이미 오래인데도 그 누구도 이에 대한 해법을 내놓고 있지 못하다.

비정규직의 경우 '비정규직 차별금지법'이란 이름으로 근로자파

견법 등이 제정되었으나, 비정규직 노동자들이 이를 반대할 만큼 비정규직 차별 해소에 도움이 되지 못했고, 지금도 비정규직 문제가 사회적 현안이 되어 있다.

청년실업 문제도 마찬가지다. '청년실업 해소를 위한 특별법'까지 제정했으나, 이런 법률이 있는지 없는지조차 잘 모를 정도로 유명무실한 법률이 되었고, 청년실업은 여전히 심각한 사회문제가 되고 있다. 중소상공업과 자영업이 더 큰 어려움에 직면하고 있음은 물론 소득양극화도 더 심화되고 있다.

문재인 정부가 들어서서 일자리 창출을 국정운영의 최우선과제로 선포하고 비정규직을 없애겠다고 공약했으나 일자리는 더 줄어들고 비정규직도 더 늘어나며 소득양극화 또한 더 심화되고 있다. 야당이나 언론들은 문재인 정부가 잘못해서 이렇게 된 것처럼 비판하고 있으나 현재의 야당이 집권했다고 해서 달라지진 않았을 것이다. 문재인 정부는 일자리 창출과 비정규직 해소가 현재와 같은 경제환경에서는 이루어질 수 없는 것인데도 그것을 모르고 큰소리를 너무 쳐서 더 큰 비난을 자초하고 있을 뿐이다.

사정이 이런데도 정치인들은 기회 있을 때마다 "비정규직 문제를 해결하겠다", "청년실업 문제를 해결하겠다", "일자리를 늘리겠다" 등의 구호를 내세운다. 국민들은 정치인들의 이런 말을 곧이곧대로 믿는 것은 아니지만 헛소리를 하고 있음을 알지 못한 채 그런 말을 믿고 싶어 한다. 이래서는 안 된다. 즉 믿지 않아야 한다.

그 나라 정치의 수준은 그 나라 국민의 수준에 의해 결정된다고 한다. 결국 국민이 깨어나야 정치를 바로잡을 수 있고, 정치를 바로잡아야 국민이 잘살 수 있다. 국민의 바른 인식이 절실히 요청된다.

3

어떻게 해야 총체적 불안을
극복할 수 있을까?

    세상이 이토록 살기 어렵고, 경제침체나 사회불안 때문에 고통스러워하는 사람이 엄청나게 많은데도, 왜 이를 해결할 방안을 내놓는 사람이 없을까? 더욱이 과학기술 분야의 지식은 엄청나게 발달하여 가히 인간으로 하여금 신의 영역에까지 도달하게 할 것 같은데도 왜 사회과학 분야의 지식은 당면한 문제의 해결방안조차 내놓지 못할까?

    지식인들이 무식하기 때문일까? 지식인들이 공부를 많이 하지 않은 때문일까? 그렇게 보아서는 안 될 것이다. 그 이유는 올바른 역사의식을 갖지 못한 것 때문이다. 즉 오늘날의 세계적 대변화는 과학기술의 혁명적 발달로 산업구조, 인구구성, 사회구조, 사회관계, 인간의 욕구와 희망 등이 전면적으로 바뀌는 '문명의 전환' 곧 새로운 문명시대의 도래인데도, 이를 제대로 인식하지 못하고 있기 때문이다. 오늘의 세계적 대변화를 새로운 문명시대의 도래로 볼 수 있는 역사의식이 있어야 하는데 그렇지 못한 것이다.

    올바른 역사의식을 갖고 있지 못하면 아무리 많은 지식을 갖고 있어도 현실문제에 대한 바른 해법을 제시할 수가 없다.

그래서 오늘날의 세계적 대변화를 문명의 전환 곧 정보문명시대의 도래로 보는 역사의식을 가져야 한다는 것이다. 그리고 이에 맞는 지식체계를 갖추어야 오늘날 전 세계가 직면하고 있는 여러 사회문제의 해결방안을 제시할 수 있다는 것이다.

삶의 총체적 양식인 문명이 전환하면 사회운영의 기본원칙인 이념과 정책, 그리고 삶의 영위 기준인 세계관과 가치관도 당연히 바뀌어야 한다. 그런데도 지난 시대 곧 산업문명시대의 이념과 정책, 세계관과 가치관을 그대로 유지하고 있으니, 오늘날 이 시대가 직면한 여러 문제들을 해결할 방안을 내놓지 못하게 된다. 한마디로 세상이 바뀌었으면 이념과 정책 등도 바뀌어야 하는데, 그렇지 못하기 때문이다.

그런데 지금 어려움을 겪는 것은 무엇이 부족해서 어려움을 겪는 것이 아니라 너무 많아서 어려움을 겪고 있음을 주목해야 한다. 부족해서 어려움을 겪는 사람이 없는 것은 아니지만 사회 전체적으로 보면 부족해서 어려움을 겪기보다 너무 많아서 어려움을 겪는 경우가 더 많다. 더욱이 너무 많은데 이에 잘 대처하지 못하면 오히려 무엇이 부족했던 지난날보다 더 더 부족해지거나 더 큰 어려움을 겪게 된다. 지금 어려움을 겪는 것은 이런 어려움이다.

그래서 지금 무엇이 부족한 것은 본래 부족할 수밖에 없어서 부족한 것이 아니라, 너무 많은데 이에 제대로 대처하지 못해서 부족해진 경우가 대부분이다.

예를 들면 이렇다. 요즘 실업자가 많은 것이 큰 사회문제인데, 실업자가 많다는 것은 일자리가 없는 것 때문이기도 하지만 노동인력이 필요 이상으로 너무 많아 남아돌기 때문이기도 하다. 중소상공업이 몰락하는 것도 이미 많은 것을 생산할 수 있는 상황에서 생산시설이 과잉이기 때문이고, 영세 자영업의 몰락 또한 새로운 형태의 유통산업이 많이 등장해서 영세 자영업은 설 자리가 없어지기 때문이다.

농업의 경우 흉작보다 과잉생산을 걱정하고 있으며, 고추나 마늘, 양파 등이 풍작이면 재배농가는 엄청난 손실을 보게 되어 있고, 오히려 흉작이면 이득을 보는 사람이 있는 상황이다. 한우나 돼지 등 축산도 사육두수가 많아지면 가격이 폭락해서 축산농가가 어려움을 겪게 된다. 심지어 요즘은 몸이 여위어서 고생하는 사람은 별로 없고, 살이 너무 쪄서 고통을 겪는 사람들이 많은데, 이런 현상은 오늘날의 시대상황을 잘 말해주고 있다. 무엇이 부족해서 어려움을 겪는 것이 아니라 너무 많아서 어려움을 겪는 시대상황 말이다.

요컨대 너무 많아서 어려움을 겪는 시대가 되었다. 사회적 생산력의 발달로 인간의 삶에 필요한 재화와 용역이 풍부해졌는데, 이것이 오히려 온갖 사회문제를 야기하는 것이다. 그래서 인간의 삶에 필요한 재화와 용역이 너무 많은 것을 전제하고서 새로운 해법을 찾아야 하는데, 그러려면 새로운 역사의식에 기초해서 이에 맞는 이념과 정책 등을 찾아내서 강구해야 한다.

진정으로 모든 국민이 행복하게 살 수 있는 나라를 건설하기 위해서는 정보문명시대에 맞는 새로운 이념과 정책을 강구해야 하고, 이러한 이념과 정책을 강구할 수 있기 위해서는 정보문명시대에 맞는 새로운 정당이 나와야 한다.

비인간적인 삶을 극복하고 자아실현의 해방된 삶을 사는 데 가장 중요한 것이 노동 곧 경제활동에서 자아실현의 보람과 기쁨을 얻는 것이다. 즉, 경제활동에서 이윤만을 추구하는 것이 아니라 자아실현의 보람과 기쁨을 추구해서 이를 얻어야 한다.

요컨대 경제활동에서 자아실현의 보람과 기쁨을 추구하는 삶을 살아야 하는데, 이렇게 하지 못하니 이윤 곧 돈을 추구하는 삶을 살게 되고, 바로 이것이 모든 사회악 곧 경제위기와 사회불안, 국민갈등, 인간성 상실 등의 원인이 된다.

근본적으로 '돈'이 문제다. 돈주의가 우리 사회를 지배하고 있다. 돈을 더 많이 버는 것이 인생의 목표가 되고, 돈을 더 많이 벌 수 있게 해주는 것이 정책의 목표처럼 되어 있으니, 국민의 고통과 사회불안이 더 심화되고 있는 것이다. 돈을 더 많이 벌면, 그래서 돈을 더 많이 벌 수 있게 해주면 행복할 것 같지만 그것은 착각이다. 그런데도 돈을 더 많이 벌어서 행복하려고 하니 고통과 불안에서 벗어나지 못하게 된다. 돈주의에 사로잡혀 있으면 사람이 돌게 되어 있다. 요즘 제정신이 아닌 사람이 너무 많은데, 그 주된 이유가 돈주의에 사로잡혀 있기 때문이다.

그러면 어떻게 해야 할 것인가? 돈을 더 버는 방법으로 고통과 불안에서 벗어나 행복하려고 하기보다 자아실현을 통해 행복한 삶을 이루려 해야 한다.

그런데 돈이 문제이고 또 돈 때문에 고통이 심화되고 있다고 말하면, 그런 말은 하나 마나 한 말이라고 생각하기 쉽다. 유사 이래 그런 말은 있어왔고, 또 그런 말을 하면서도 누구나 돈을 더 많이 가지려고 노력해왔으며, 그리고 실제로 돈은 필요할 뿐만 아니라 대단히 소중한 것이니 말이다. 그래서 돈이 모든 불안의 원천인 양 말하는 것은 부질없는 일로 생각되는 경향이 있다.

그러나 지금은 다르다. 인간의 삶에 필요한 재화와 용역이 부족하던 시대에는 돈 곧 재화를 더 많이 가지는 것이 소중한 일일 수 있었으나 재화와 용역이 남아돌아가는 시대에는 돈을 더 많이 가지려 할 필요가 없게 되었고, 오히려 더 많이 가지면 불행하게 되어 있다. 그래서 돈의 중요성이 옛날과 지금은 다르다. 지금은 돈을 너무 많이 가지면 불행하고 적당히 가져야 행복한 시대이다.

그런데도 돈이 지나치게 강조되다 보니 다른 소중한 가치 곧 자유나 평화, 사랑, 정의, 자아실현 등은 무시된 채 오직 돈에 매달리게 된다. 말하자면 인간이 돈을 지배해야 하는데도 돈이 인간을 지배하게 되니 인간성은 파괴되고 사회는 더 불안해져 결국 불행하게 된다.

이처럼 돈을 최고로 생각하는 가치관이 바로 자본주의적 가치관이다. 자본주의는 근본적으로 영리추구를 경제활동의 동기로 삼는 이념이기 때문이다. 그래서 자본주의적 가치관을 극복해야 한다. 그러지 않고서는 그 어떤 사회문제도 해결할 수 없음을 직시해야 하겠다.

그래서 자본주의가 왜 문제의 근원인지, 그리고 자본주의를 극복하려면 어떤 대안 이념을 강구해야 하는지, 그리고 자아실현의 보람과 기쁨을 누리며 행복하게 살기 위해서는 어떤 나라를 건설해야 하고, 그런 나라를 건설하기 위해서는 어떤 이념과 정책을 강구해야 하는지를 밝혀보고자 한다.

그리고 이러한 이념과 정책을 강구하려면 이러한 이념과 정책을 강구할 수 있는 새로운 정치세력 곧 새로운 정당이 나와야 한다. 지금 한국정치는 세상의 변화에 둔감한 시대착오적 보수이념에서 벗어나지 못한 보수정당, 그리고 구시대적 진보이념 흉내를 내지만 본질적으로는 보수정당인 사이비 진보정당이 새로운 비전과 그 비전을 이룰 새로운 정책은 없이 오직 이기공동체에 불과한 패거리 정당을 만들어 적대적 공생관계를 이루어 한국정치를 주도하고 있다.

여기다가 경제적 양극화에 기반한 정치 양극화와 SNS(사회관계망서비스)의 왜곡된 사용에 따른 팬덤정치와 가짜뉴스로 민주주의가 붕괴하고 그 어떤 것도 믿기 어려운 불신사회가 되고 있다. 그래서 민주주의의 이름을 빌린 팬덤정치와 포퓰리즘이 민주주의를 파괴하고 있고, 언론의 자유를 빙자한 가짜뉴스가 민주주의의 토대인 언론의 자유를 파괴하고 있다.

하나 더 덧붙이면 지금까지 인류문명과 역사발전의 원동력이었던 과학과 기술이 인류의 생존을 위협하고 있다.

그야말로 인류사적 위기를 맞고 있는 바, 이 위기를 극복하려면 오늘의 세계적 변화를 새로운 문명시대의 도래로 보는 역사의식에 기초해서 정보문명시대에 맞는 이념과 정책을 갖춘 신문명 정당이 나와야 한다.

대한민국은 이러한 위기의 최첨단에 처해 있음을 직시해야 한다. 한국처럼 사회 양극화가 심한 나라가 없고, 이에 따른 사회 혼란과 인간성 상실이 심각한 나라가 없다. 양극화의 끝판왕을 영화화한 넷플릭스 영화가 한국에서 나오고, 자살률이 전 세계에서 가장 높으며, 합계출산율이 전 세계에서 가장 낮은 것은 한국사회가 인류사적 위기의 최첨단에 처해 있음을 말해주는 것이 아닐 수 없다.

다만 어둠이 깊으면 새벽이 온다는 말이 있듯이 오늘의 이 심각한 위기는 새로운 시대를 열기 위한 하나의 크나큰 진통일 수 있지만, 그렇다고 해서 저절로 새로운 시대가 열리는 것은 결코 아니다. 새로운 시대를 열 준비를 해야 하고, 그 준비는 앞에서 밝힌 대로 정보문명시대에 맞는 이념과 정책, 그것을 통해 인간이 누릴 수 있는 최고의 행복인 자아실현의 보람과 기쁨을 누릴 수 있게 하는 정치세력을 형성하는 것이어야 한다.

지금 한국정치는 그야말로 막장에 와 있고, 심지어 범죄집단끼리 아귀다툼을 벌이는 양상을 띠고 있는데, 이 또한 한국정치의 근본적 변화 곧 근본적으로 새로운 정치세력의 출현을 예고하는 증좌로 보아 마땅하다. 한민족은 결코 망할 수 없고, 아시아태평양시대의 중심국가로서 21세기 전 세계를 선도할 모범국가가 될 수밖에 없는 세계사적 소명을 부여받은 민족이기 때문이다.

4

어떤 나라가 되어야
국민이 행복할까?

　국민이 자아실현의 보람과 기쁨을 누리며 행복하게 살 수 있기 위해서는 어떤 나라가 되어야 하는지를 알아야 하는데, 그것을 알기가 쉽지 않다. 국가적으로는 국민소득이 높고 개인적으로는 건강하고 돈이 많거나 사회적 지위가 높으면 행복할 것으로 생각하는 경우가 많다. 그러나 그렇게 되기도 어렵거니와 설사 그렇게 되더라도 행복하지 못한 경우가 대단히 많다.

　더욱이 인간의 행복이란 시대상황의 변화와 개인의 취향에 따라 그 조건이 달라질 수 있기 때문에 어떤 조건을 갖추어야 행복할 수 있는지를 제대로 알기는 대단히 어렵다.

　그러나 어떤 나라가 되어야 국민이 행복할 수 있는지를 정치인들이 알고서 그럴 수 있는 나라를 만들려고 해야지, 만약 그것을 모르고 정치를 한다면 소경이 길을 안내하는 것이나 마찬가지다. 즉 국민이 행복하게 살 수 있는 정치를 할 수가 없다. 거기다가 국민이 행복할 수 있는 나라를 잘못 알고 있다면 그런 정치는 국민을 더 불행하게 할 뿐이다.

그러면 지금의 우리나라 정치인들은 어떤가?

우선 자신들의 이기적 욕망을 채우기에 급급해 국민의 행복에는 관심도 없다고 할 수 있지만, 국민의 행복에 관심을 갖는 정치인들조차 어떤 나라가 되어야 국민이 행복할 수 있을 것인지를 제대로 알고 있지 못하다. 대체로 관성에 젖어 막연히 경제가 성장하고 국민소득이 높아지면 국민이 행복하게 살 수 있을 것이라고 생각하면서 이미 시대착오적이 된 정책에 매달려 있을 뿐이다. 심지어 국민의 행복에 역행하는 정책에 매달려 있기도 한다.

예를 들면 이렇다. 보통 경제가 성장하여 국민소득이 증대하면 국민이 행복할 수 있으리라고 생각하나, 지금과 같은 국가경영에서는 경제가 성장해서 국민소득이 증대한다고 하여 국민이 행복할 수 있는 것이 전혀 아니다. 경제가 성장하기도 어렵지만 설사 경제가 성장하더라도 국가경영 방식이 바뀌어야 국민이 행복할 수 있다. 그런데 보수세력도 진보세력도 경제성장에 목을 매는 형국인데, 이것은 한국정치의 저급성을 말해줄 뿐이다.

물론 국민의 행복에 경제적 요소는 대단히 중요하다. 그러나 무턱대고 경제가 성장한다고 해서 그것이 국민행복에 도움이 되는 것은 아니다. 국민소득이 1만 달러 정도 이하일 때는 경제성장이 무조건 국민의 행복에 도움이 된다고 말할 수도 있다. 그러나 국민소득이 1만 달러를 넘어서면 다른 조건을 더 따져보아야 한다. 그래서 우리나라의 경우 지금의 국민소득이 3만 달러가 넘는데, 국민소득이 3만 달러인 상태에서 국민이 행복할 수 없으면 국민소득이 4만 달러, 5만 달러가 되어도 국민이 행복할 수 없음을 알아야 한다. 그래서 국가운영 방법을 근본적으로 바꿀 생각을 해야지 국민소득을 올리기 위해 경제성장에만 몰두할 일은 전혀 아니다.

국가운영 방법을 바꾸지 않은 상태에서는 오히려 국민소득이 늘어날수록 국민이 더 불행해질 수 있음을 유념해야 한다. 일본이나 미국 등 국민소득이 4만 달러가 넘는 선진공업국들을 보더라도 이것을 알 수 있다.

그리고 국민소득이란 심각한 함정을 갖고 있는데, 국민을 불행하게 하는 일 때문에 들어가는 경비도 국민소득을 늘어나게 한다는 점이다. 가령 홍수로 농경지가 유실되어 엄청난 재산상의 손실이 발생해서 그것을 복구하는 데 비용이 든다면 그것도 국민소득을 늘어나게 하는 요소가 된다. 독감이나 메르스가 유행해서 치료비와 방역비가 많이 드는 경우에도 그것이 국민총소득에 계상되어 국민소득이 늘어나는 요소가 된다. 결국 홍수나 질병의 발생으로 국민이 더 불행하게 되었는데도 거기에 들어가는 비용은 국민소득을 늘어나게 하고 있으니, 국민소득으로 국민의 행복도를 측정하는 것이 얼마나 불합리한지를 알 수 있다.

그래서 경제성장에 매달릴 것이 아니라 현재의 국민소득으로도 국민이 행복할 수 있는 국가운영 방안을 찾아내야 한다.

국민소득과 국민행복지수를 비교한 통계자료를 보면 이것을 확실히 알 수 있다. 통계에 따라 약간의 차이는 있지만 대체로 우리나라는 전 세계에서 국민소득은 30위 정도, 국민행복지수는 70위 정도 된다. 미국과 일본의 경우 국민소득은 4만 달러가 넘어 세계 최고 수준이지만 국민행복지수는 50위 내지 100위 정도 된다. 이에 반해 부탄 같은 나라는 국민소득은 약 3천 달러로 세계에서 110위 정도이나 국민행복지수는 8위 정도 된다. 국민소득과 국민행복지수는 전혀 일치하지 않음을 알 수 있다.

특히 부탄에서 시행되고 있는 국민행복지수GNH-Gross National Happiness는 1972년 부탄의 제4대 지그메 싱기에 왕추크 국왕이 국민총생산GNP을 대체하기 위해 고안한 것으로, 제5대 지그메 케사르 왕추크 국왕이 즉위해서 2008년부터 국가정책의 기본 틀로 채택하고 있는 제도이다.

부탄이 개발한 국민행복지수에 의하면 1) 평등하고 지속적인 사회경제 발전 2) 전통가치의 보존 및 발전 3) 자연환경의 보존 4) 올바른 통치구조가 국민행복도 측정의 4대 축으로 구성되어 있다고 한다. 전 세계가 본받을 만한 내용이다.

국민소득과 국민행복지수가 일치하지 않음을 밝힌 사람은 대단히 많다. 『작은 것이 아름답다』의 저자 영국의 에른스트 슈마허, 『오래된 미래』의 저자 스웨덴의 헬레나 호지, 『슬로우 라이프』의 저자 일본의 쓰지 신이치 등 수없이 많고, 불교와 기독교 등 종교들도 이것을 가르치고 있다.

특히 미국 서던캘리포니아대학USC의 리처드 이스털린 경제학 교수가 미국의 국민소득이 70년간 3배 늘었지만 행복지수는 정체되거나 낮아졌음을 밝히고, "소득이 일정 수준을 넘어 기본욕구가 충족되면 소득이 증가해도 행복은 더 이상 증가하지 않는다"는 이론을 발표했다. 1974년 발표된 '이스털린의 역설Easterlin's Paradox'이 그것이다. 돼지가 아무리 배가 불러도 궁핍한 소크라테스보다 더 행복할 수는 없다는 것이다.

요컨대 국민소득의 증대 곧 경제성장으로 국민이 행복할 수 있는 것은 아님에도 불구하고 지금의 정치권은 경제성장에만 매달리고 있으니, 이래서야 어떻게 국민이 행복할 수 있는 나라가 건설될 수 있겠는가?

경제성장만 문제가 되는 것이 아니다. 경쟁에서 이겨야 하고, 심지어 1등을 해야 행복할 수 있을 것으로 생각하는 사람들이 대단히 많은데 이것도 착각이다. 과연 경쟁에서 이기고 1등을 하면 행복할 수 있을까? 경쟁에서 이기고 1등을 해도 행복하지 못한 사람이 엄청나게 많음을 알아야 한다. 심지어 경쟁에서 반드시 이기려고 하거나 반드시 1등을 하고자 하는 사람은 그 결과와 상관없이 바로 그런 생각 때문에 항상 불행할 가능성이 대단히 크다.

그리고 만약 경쟁에서 이겨 1등을 해야만 행복할 수 있다면 이 세상에서 행복할 수 있는 사람은 1%도 안 될 것이고 절대다수의 사람은 불행할 수밖에 없다. 그래서 경쟁이 꼭 있어야 하는 것도 아니지만, 설사 경쟁이 있더라도 경쟁에서 이긴 사람만 행복해서는 안 된다. 경쟁에서 꼴찌를 한 사람도 행복할 수 있어야 하고, 또 행복할 수 있게 해야 한다.

사회적으로 경제적 효율성의 제고가 요구되던 지난 시대에는 경쟁이 필요한 점이 있었으나 경제적 효율성이 필요 없다시피 되고 자아실현을 할 수 있느냐 없느냐가 중요해진 정보문명시대에는 경쟁이 필요 없게 되었다. 심지어 경제적 효율성도 자아실현을 보장할 때 더 제고될 수 있게 되었기 때문이다.

이처럼 우리나라 정치권은 국민이 어떤 상태에 있어야 행복한지를 잘 모르고 있다. 이래서야 어떻게 국민이 행복할 수 있는 정치가 이루어질 수 있겠는가? 그런데 어떤 나라가 되어야 국민이 행복한지를 정치인들만 잘 모르고 있는 것이 아니라 지식인들을 포함한 국민들도 잘 모르고 있다. 돈이 많거나 높은 관직을 맡으면 행복할 수 있을 것처럼 인식되는 경우가 대부분이나 그것은 환상일 뿐이다.

거듭 말하지만 인간의 행복에 필요한 재화와 용역이 부족했던 시대에는 돈이 많거나 높은 관직을 맡으면 행복할 수가 있었으나, 인간의 행복에 필요한 재화와 용역이 충분해진 지금부터는 돈과 높은 관직이 행복의 요소가 될 수 없다. 경제학에서 말하는 '한계효용 체감의 법칙' 그대로이다. 즉 사람이 사용하는 재화의 양이 늘어나면 늘어날수록 마지막에 사용하는 재화의 효용 곧 한계효용이 떨어진다는 것인데, 한계효용은 마침내 영이 되고 심지어 역의 효과 곧 고통이 되기도 한다.

그래서 국민이 행복할 수 있으려면 어떤 나라가 되고 어떤 품성을 가져야 하겠는지를 제대로 알아야 하는데, 그 내용은 뒤에서 밝히고자 한다.

행복정치론

Welfare State
Joyful Country
Self-Supporting Country

Democratic Country
Environmental Country
Cultural Country

Moral Country
Independent Country
Peaceful Country
Safe Country

자아실현의 행복을
누릴 수 있는 조건

국민이 자아실현의 보람과 기쁨을 누리며 행복하게 살 수 있으려면 어떤 나라가 되어야 하겠는지를 알아보자. 그리고 살기 좋은 나라가 되면 무조건 국민이 행복할 수 있는 것은 아니고 행복하게 살수 있는 품성도 갖추어야 국민이 행복할 수 있는 만큼, 국민이 행복하게 살 수 있는 조건이 무엇인지도 알아보자.

　이에 대해서는 다양한 주장이 있을 수 있다. 그러나 보편적으로 다음과 같은 삶이 보장되면 행복할 수 있을 것이다.

　의식주와 의료, 교육 등 인간으로서의 기본생활이 보장되고 억압이나 두려움이 없는 가운데 자기가 하고 싶은 일을 하면서 자아실현의 보람과 기쁨을 누릴 수 있고, 그리고 거기서 행복을 느끼는 행복관을 갖추고 있으면 행복하게 살 수 있을 것이다.

　이처럼 사람이 자아실현의 보람과 기쁨을 누리며 행복하게 살 수 있기 위해서는 생활환경으로서의 사회적 조건도 충족되어야 하지만, 행복을 느낄 수 있는 개인적 품성으로서의 주체적 조건도 갖추고 있어야 한다.

사회적 조건이 아무리 잘 충족되어 있더라도 주체적 조건이 갖추어져 있지 못하면 행복할 수가 없으며, 주체적 조건이 아무리 잘 갖추어져 있더라도 사회적 조건이 제대로 충족되어 있지 못하면 행복하기가 어렵다.

그런데 대개의 경우 행복의 사회적 조건에만 관심을 두고 이를 충족시킬 수 있기 위해서 노력할 뿐 주체적 조건을 갖추기 위해서 노력하는 경우는 대단히 드물다. 사실은 주체적 조건을 갖추는 것이 사회적 조건을 충족시키는 것보다 더 중요한데도 말이다. 사회적 조건이 제대로 충족되어 있지 못하더라도 주체적 조건이 잘 갖추어져 있으면 행복할 수가 있지만, 사회적 조건이 아무리 잘 충족되어 있더라도 주체적 조건이 잘 갖추어져 있지 않으면 행복할 수가 없기 때문이다.

그러면 우리는 어떤 사회적 조건과 주체적 조건을 갖추어야 행복할 수 있을까?

1
사회적 조건

사람이 자아실현의 보람과 기쁨을 누리며 행복하게 살 수 있기 위해서는 다음 5가지의 사회적 조건이 충족되어야 한다. 그리고 이러한 조건을 만들어가는 과정에서 자아실현의 보람과 기쁨을 누리기도 해야 한다.

1) 경제적 안정

무엇보다 먼저 인간으로서의 기본적인 생활을 할 수 있는 의식주와 의료, 교육이 보장되어 있어야 한다. 그것이 현재에도 보장되어 있어야 하지만 미래에도 그것에 대한 불안이 없어야 하는 바, 이를 위해서는 사회보장제도가 확립되어 있어야 한다. 물론 사회보장제도와 무관하게 개인적으로 의식주와 의료, 교육에 들어가는 비용을 충당할 수는 있지만, 개인적으로 충당할 수 없게 되는 경우가 생길 수 있다. 그래서 어떤 상황에 처하더라도 기본생활 곧 의식주와 의료, 교육에 관한 한 걱정하지 않을 수 있으려면 사회보장제도가 확립되어 있어야 한다. 개인적으로 돈이 아무리 많더라도 언제 가난하게 될지 알 수 없다. 이것은 모든 사람에게 해당된다. 그래서 사회보장제도가 확립되어 있어야 의식주와 의료, 교육 등 기본생활에 대해 걱정하지 않을 수 있다.

지난날처럼 산업의 정보화가 이루어지기 전에는 대체로 누구나 생산적인 활동에 종사해서 자기의 기본적인 생활을 영위할 수가 있었다. 그러나 산업의 정보화로 말미암아 대량실업과 소득양극화가 구조화하여 '20 대 80의 사회' 내지 '1 대 99의 사회'가 된 정보문명 시대에는 기본적인 생활을 자력으로 영위할 수 없게 된 사람이 많을 수밖에 없기 때문에 더욱더 국민의 기본생활을 국가가 보장하는 사회보장제도가 반드시 확립되어야 한다. 그래야 국민이 행복하게 살 수 있기 때문이다. 부자를 위해서도 사회보장제도가 확립되어 있어야 한다. 부자도 언제 가난하게 될지 모르니 말이다.

그런데 사회보장제도는 최소한의 기본생활을 보장하는 데 그쳐야 한다. 이것은 국가재정이 부족해서가 아니라 국민 모두가 행복한 삶을 살 수 있기 위해서는 누구나 다른 사람의 도움으로 사는 것보다 스스로 노력해서 사는 것이 더 행복하게 되어 있기 때문이다. 누구나 자아실현의 기회를 가져야 하기 때문이다.

그런데 예나 지금이나 스스로 노력해서 사는 것보다 남의 도움으로 사는 것이 더 좋을 것이라고 생각하는 사람이 많이 있으나, 그런 생각은 잘못된 생각이다. 인간의 진정한 행복은 자아실현에 있기 때문이다. 이와 관련해서는 뒤에서 자세히 설명코자 한다.

2) 일거리 확보

사람이 행복할 수 있는 데 가장 중요한 것은 자아실현이다. 즉 자기의 소망과 사명감을 구현할 수 있는 기회를 확보해서 그것을 실현할 수 있어야 행복할 수 있다. 자기의 소망과 사명감의 구현 곧 자아실현을 할 때 사람은 가장 큰 보람과 기쁨 곧 행복을 누릴 수 있기 때문이다.

자기의 소망과 사명감을 구현하는 데 가장 기본적인 활동은 창조하고 생산하는 활동 곧 노동 내지 일이다. 그래서 사람은 누구나 자기의 소망과 사명감을 구현할 수 있는 일거리가 있어야 한다. 필자는 이러한 내용을 노동주의 내지 '노동보람주의'라는 이념으로 정리한 바 있다.

일거리가 있어야 하는 이유는 자기가 살아가는 데 필요한 재화와 용역을 조달하기 위해서이기도 하지만 일을 통해 자기의 소망과 사명감을 구현할 수 있기 때문이다. 그래서 가장 좋은 것은 자기의 삶에 필요한 재화와 용역을 얻을 수 있으면서 그 일을 통해 자신의 소망과 사명감도 구현할 수 있는 일거리를 확보하는 일이다. 재화와 용역을 얻기 위한 일과 자기의 자아실현을 위한 일이 일치되면 가장 좋겠으나 그렇지 못할 때는 생업과는 별개로 문화활동이나 봉사활동에서 자아실현을 할 수 있도록 해야 할 것이다.

흔히 아무런 일도 하지 않고 살 수 있는 것을 가장 행복한 삶으로 생각하는 경향이 있으나 그것은 크나큰 착각이다. 지금까지 힘든 일을 너무 많이 해서 일이라면 진절머리가 나는 데 따른 반사작용일 수 있겠으나, 일 속에 가장 큰 행복이 있는 것은 분명하다. 왜냐하면 일을 통해 자기의 소망과 사명감 곧 꿈과 희망을 실현할 수 있기 때문이다. 그래서 일을 하지 않고 살기를 바라거나 일을 하지 않는 사람은 인생의 진정한 행복이 어디에 있는지를 모르는 어리석은 사람이다.

그런데 행복을 위해서는 일에서 자아실현의 보람과 기쁨을 얻어야 한다고 주장하면 두 가지 의문이 제기될 수 있다. 세상에는 위험하고 더러운 일도 있는 터에, 그런 일에서 어떻게 보람과 기쁨을 얻을 수 있으며 또 누가 그런 일을 스스로 하려 하겠는가 하는 의문이다.

이런 의문은 충분히 풀릴 수 있다. 위험하고 더러운 일도 할 사람이 있기 마련인데, 그런 일에서 더 큰 보람과 기쁨을 누릴 수 있는 경우가 있기 때문이다. 하수구 청소의 경우 하고자 하는 사람이 많을 때는 그 일을 하면서 느끼는 보람과 기쁨이 적겠으나 그 일을 하려는 사람이 별로 없는 경우 오히려 사명감을 가지고 그 일을 하게 될 때에 대단히 큰 보람과 기쁨을 누리게 될 것이니 말이다. 위험하고 더러운 일일수록 그 일을 하는 것이 사회발전과 이웃행복에 더 기여하는 측면이 있기 때문에 그런 일을 하는 데서 더 큰 보람과 기쁨을 누릴 수 있다.

이와 달리 하기 싫은 일인데도 먹고살기 위해서 어쩔 수 없어 그 일을 하는 경우가 많은데, 이런 경우 그 일을 그만두고 다른 일거리를 찾는 것도 방법이지만 그 일이 사회발전과 이웃행복에 기여하고 있음을 앎으로써 보람과 기쁨을 누리는 방법도 있다. 사회발전과 이웃행복에 기여하는 일을 할 때는 보람과 기쁨을 누리게 되어 있기 때문이다.

무엇보다 보람과 기쁨의 원천은 사랑임을 아는 것이 대단히 중요하다. 일 속에서 보람과 기쁨을 누리는 것은 그 일이 사회발전과 이웃행복에 기여하기 때문인 바, 이것은 그 일을 하는 동기가 사회와 이웃에 대한 사랑에 기초하고 있음을 의미한다. 이런 점에서 사람은 사랑을 실천함으로써 보람과 기쁨 곧 행복을 누릴 수 있게 된다.

그런데 사회발전과 이웃행복에 기여하는 생산적인 일보다 도박이나 오락 같은 데서 기쁨을 누리는 사람들이 있고, 또 그렇다고 주장하는 사람들이 많다. 그러나 그런 삶을 살거나 그런 주장을 하는 사람들은 어리석은 사람들이다. 감각적 쾌락을 누리는 것을 인생의 최고 목표라고 주장해서 쾌락주의의 창시자가 된 에피쿠로스조차 쾌락을 얻되 평정부동平靜不動 곧 평온하고 안정된 마음상태를 유지할 수 있는 쾌락이어야 한다고 강조했다. 도박같이 사회적 해악을 저지르면서 남의 돈을 뺏다시피 하려는 나쁜 마음, 그리고 돈을 잃으면 어떻게 하나 하는 불안한 마음을 가질 수밖에 없는 행위에서는 진정한 쾌락 곧 '행복'을 누릴 수가 없다.

행복할 수 있으려면 보람도 있고 기쁨도 있는 일을 해야 한다. 보람만 있거나 기쁨만 있는 일로는 행복할 수가 없다. 사회발전에 기여하고 이웃에 봉사하는 일은 보람 있는 일이다. 그러나 그 일이 자기의 적성에 맞지 않으면 그 일에서 기쁨을 얻기는 어렵다. 그래서 그런 일에서는 행복을 누릴 수 없기 때문에 다른 일을 할 필요가 있다. 도박 같은 일은 일시적 기쁨을 얻을 수는 있으나 그 일에서 보람을 얻을 수는 없다. 그래서 그것으로 행복할 수가 없다. 필자가 자아실현의 <보람>과 <기쁨>을 강조하는 이유가 여기 있다.

이처럼 사람이 행복하기 위해서는 기본적으로 노동 곧 일에서 보람과 기쁨을 누릴 수 있어야 하는 만큼 누구나 일거리를 확보하고 있어야 한다. 특히 산업의 정보화로 전통적 개념의 생산적 일자리가 크게 줄어들게 되어 있기 때문에 전통적 개념의 생산적 일자리가 아닌 일거리를 구해야 하겠는데, 그것은 주로 문화활동과 봉사활동이 될 수밖에 없다. 그래서 최근 들어 문화창조자CC-Cultural Creative라는 말이 많이 쓰이는데, 이것은 전통적 개념의 일자리를 구하기가 어려운 세상이 된 만큼 이제 문화창조활동에서 행복을 누리는 사람이 많음을 의미한다.

전통적 개념의 일자리 대신 소득이 있기 어려운 문화적인 창조활동을 할 수밖에 없는 사람이 많아진 만큼, 이들도 인간으로서의 기본 생활 곧 의식주, 의료, 교육에 대한 걱정을 하지 않아도 되도록 해야 하겠는데, 그러기 위해서는 사회보장제도가 확립되어 있어야 한다.

물론 전통적 개념의 일자리가 줄어들 수밖에 없는 상황이지만 새로운 일자리를 만들어낼 수 있는 정책을 계속해서 강구해야 하는 것은 너무나 당연하다. 그러나 새로 만들어지는 일자리의 수보다 없어지는 일자리의 수가 많은 것은 어쩔 수 없는 일이기 때문에 문화활동, 봉사활동 같은 데서 일거리를 만들어내야 한다는 것이다.

3) 사회적 평화

사람이 마음의 안정을 누리면서 행복하게 살 수 있기 위해서는 다른 사람과의 관계가 원만할 뿐만 아니라 자기가 사는 사회에 사기, 절도, 강도, 살인, 성범죄 등의 범죄가 없어 안심하고 살 수 있어야 한다. 즉 사회적 평화가 정착되어 있어야 한다. 개인적으로는 불만스러운 일이 없더라도 사회가 불안하면 행복할 수가 없기 때문이다.

4) 정치적 자유

사람이 행복하게 살 수 있기 위해서는 정치권력의 억압이나 간섭이 없어야 하는 것은 물론, 자신이 속한 공동체의 운영에 주체적으로 참여하여 자신의 의사를 반영시킴으로써 자신이 사회발전 내지 사회운영의 주인임을 인식할 수 있어야 한다. 즉, 정치적 자유가 보장되어 있어야 한다.

사람이 행복할 수 있으려면 자기의 삶을 자기의 의사에 따라 살수 있어야 하는데, 이를 위해서는 개인적인 삶도 자신의 의사에 따라 자주적으로 살 수 있어야 하지만 자기가 속한 공동체도 자기의 의사가 반영되어 운영될 수 있어야 한다. 그래야 자아실현의 삶을 온전하게 살 수 있기 때문이다. 이것은 적극적 의미의 자유를 확보하는 길이기도 하다.

자기가 속한 공동체가 자신의 의사가 반영되어 운영되고 있음을 알아야 자신이 속한 공동체의 미래에 대해 불안한 마음을 갖지 않을 수 있다. 자신이 속한 공동체가 어떻게 운영되는지를 알지 못한다면 자신의 삶이 어떤 상황에 놓일지를 모르는 것이니 불안할 수밖에 없다.

민주주의의 중요한 의미가 여기에 있다. 공동체의 민주적 운영은 독재자의 독단적 공동체 운영에 따른 폐해를 없애기 위한 것이기도 하지만 자신이 속한 공동체가 자신의 꿈과 의지에 따라 운영됨으로써 자아실현의 보람과 기쁨을 누릴 수 있게 하기 위한 것이기도 하다. 그래서 민주주의가 중요하고, 필자가 '공동체민주주의'를 이념의 중요내용으로 내세우는 이유도 여기에 있다.

지금은 민주화가 되어 많은 사람들이 국가권력에 의한 억압과 간섭에 대해서는 걱정하지 않아도 되는 경우가 많은데, 이것은 소극적 의미의 자유를 확보하는 것에 불과하다. 이제 적극적 의미의 자유를 확보해야 하는데, 공동체의 운영에 주체적으로 참여해야 적극적 의미의 자유를 확보할 수 있다. 그래서 적극적 의미의 자유권 행사를 통해 행복의 요체인 자아실현의 보람과 기쁨을 누릴 수 있어야 한다.

자아실현의 행복을 누릴 수 있는 조건

2
주체적 조건

앞에서 지적했듯이 사람이 자아실현의 보람과 기쁨을 누리며 행복하게 살 수 있기 위해서는 사회적 조건도 확보되어 있어야 하지만 개인적 품성으로서의 주체적 조건도 갖추고 있어야 한다. 주체적 조건을 제대로 갖추고 있지 못하면 사회적 조건이 아무리 잘 갖추어져 있어도 행복하게 살 수 없기 때문이다.

행복의 주체적 조건은 올바른 가치관과 세계관의 정립인데, 어떤 가치관과 세계관을 정립해야 할 것인가?

1) 자아실현에서 기쁨을 얻는 가치관 정립

인간이 행복하게 사는 데 가장 중요한 것은 자아실현이기 때문에 자아실현이 행복의 원천이라는 가치관을 정립해야 한다. 인간이 행복하기 위해서는 자기가 하고 싶은 일을 하면서 보람과 기쁨을 누리며 사는 것 곧 자아실현이 가장 행복한 삶이라는 인생관 내지 가치관을 정립하고 있어야 한다.

일찍이 그리스의 철학자 아리스토텔레스는 『니코마코스 윤리학』에서 '고귀한 즐거움'이야말로 진정한 행복이라고 밝히면서 '유다이모니아eudaimonia'라는 개념을 제시했다. 유다이모니아란 안락 추구를 넘어 자신의 잠재능력과 가능성을 삶 속에서 실현할 수 있는 '자기완성적 상태'를 뜻하는 것으로 단기적·말초적·무절제적인 쾌락적 즐거움과 대비되는 개념이었다. 즉 자아실현이 진정한 행복이라는 것이다.

자기가 하고 싶은 일을 하면서 사는 것이 가장 행복한 삶이라고 생각하는 것이 너무나 당연할 것 같지만 현실은 전혀 그렇지 못하다. 행복하게 사는 길이 여기 있는데도 이것을 알고 실천하는 사람은 극소수에 불과하니 말이다. 돈이나 권력, 직위, 명예 등 참된 행복의 원천이 되기에는 턱없이 부족한 것들에서 행복을 찾는 사람들이 대부분이다.

그래서 자아실현이 행복의 원천이라는 가치관을 정립하려면 잘못된 관행 내지 잘못된 가치관을 극복하는 것이 무엇보다 중요하겠기에 그것을 밝혀두고자 한다.

첫째, 소유나 소비, 지배나 착취를 통해서 행복할 수 있으리라고 생각하는 잘못된 행복관을 극복하고, 창조나 생산, 봉사나 절제를 통해서 행복할 수 있다는 행복관을 정립해야 한다.

소유와 소비, 지배와 착취로는 자아실현을 이루기가 어려우나, 창조와 생산, 봉사와 절제로는 자아실현을 이룰 수 있기 때문이다.

인간의 행복에 필요한 재화와 용역이 부족하던 시대에는 소유나 소비, 지배나 착취가 행복의 중요한 요소일 수 있었다. 왜냐하면 소유나 소비, 지배나 착취를 통해 인간의 행복에 필요한 재화와 용역을 조달할 수 있었기 때문이다.

그러나 인간의 행복에 필요한 재화와 용역이 충분하게 된 상태에서는 소유나 소비, 지배나 착취를 통해서는 행복할 수가 없고 자아실현을 통해야 행복할 수 있게 되었다. 그래서 자아실현일 수 있는 창조나 생산, 봉사나 절제를 통해서 행복하려고 해야 한다.

둘째, 소유욕이나 소비욕 등 인간의 욕망을 최대한 채워야 행복할 수 있다는 생각은 잘못임을 깨달아야 한다.

일정한 정도까지의 욕망을 충족시킬 필요는 있으나 일정한 범위를 넘어서까지 욕망을 채우려고 하면 행복해지는 것이 아니라 오히려 불행해진다. 그래서 일정한 선에서 욕망을 절제해야 행복할 수 있다. 흔히 소유욕이나 소비욕, 지배욕, 착취욕, 식욕, 성욕, 명예욕 등을 가능한 한 많이 채우는 것이 행복할 수 있으리라고 보고 이런 욕망을 채우려고 노력하는 경향이 있으나, 그것은 착각이다. 욕망을 일정한 정도 충족시킨 다음에는 욕망을 채우기보다 욕망을 절제할 때 더 행복해질 수 있기 때문이다.

그런데 인간의 욕망은 무한하고 그 욕망을 스스로 절제하는 것은 불가능한 것처럼 생각하는 사람들이 많다. 인간의 욕망은 무한하다는 말에는 인간의 욕망은 절제할 수 없다는 뜻이 들어 있는데, 그것은 전혀 사실이 아니다. 인간의 욕망은 절제할 수 있고, 인간은 욕망을 절제할 때 행복한 경우가 대단히 많다. 그래서 인간의 욕망은 무한하다고 말하는 것은 옳지 않다. 또 그렇게 말할 필요도 없다.

식욕의 경우 하루 3끼까지의 욕망은 채울 필요가 있다. 그래서 2

끼밖에 못 먹던 사람이 3끼를 먹을 수 있게 되면 그만큼 더 행복해질 수 있다. 그래서 3끼를 먹게 되면 더 많이 먹고 싶은 욕망은 없어질 수 있다. 그러나 혹 3끼를 넘어 4끼나 5끼를 먹고 싶은 욕망이 있어 4끼나 5끼를 먹게 되면 3끼를 먹을 때보다 불행하게 된다. 과식은 고통스럽기 때문이다. 심지어 정상적으로 필요로 하는 음식량의 10배나 20배를 먹게 되면 생명을 잃을 수도 있다.

그래서 욕망의 절제는 사회를 위해서만 필요한 것이 아니라 개인의 행복을 위해서도 필요하다.

욕망을 절제하지 못해 불행해진 사람이 너무 많은 것을 볼 때 욕망의 절제는 인간행복의 제1 조건이라고 할 수 있다. "행복은 만족에 있다Happiness consists in contentment"는 영어속담대로 행복은 만족함에 있는 만큼, 욕망을 절제할 수 없어 만족하지 못하면 행복할 수가 없다.

인간의 욕망이 무한하다고 전제하고서 그 무한한 욕망을 충족시켜야 행복할 수 있다는 행복관이 통용된다면 개인들도 불행하게 되지만 사회 또한 '만인에 대한 만인의 투쟁'이 일상화하는 살벌한 사회가 될 것이다. 현대인들이 행복하게 사는 데 가장 중요한 조건은 '욕망의 절제'라고 말해도 틀리지 않을 것이다.

셋째, 경쟁에서 이기거나 1등을 해야 행복하리라는 행복관을 극복해야 한다.

경쟁이 있는 사회에서는 대부분의 사람들이 경쟁에서 이기거나 1등 또는 높은 등수에 들려고 한다. 그렇게 되어야 행복할 수 있다고 생각하기 때문이다. 반대로 꼴찌를 하면 불행해한다.

그러나 경쟁에서 이기면 행복할 수 있을까? 1등 또는 높은 등수에 들면 행복할 수 있을까? 그렇지 않다. 경쟁에서 이기고 1등을 하면 일시적으로 기분이 좋을 수는 있겠지만 그런 마음, 그런 자세로는 인생을 행복하게 살 수가 없다. 경쟁에서 이기려고 하는 사람은 언제나 불안한 상태에 있게 마련이다. 이번에는 경쟁에서 이겼다고 하더라도 다음에는 경쟁에서 질 수 있지 않을까 하는 불안한 마음을 갖지 않을 수 없기 때문이다. 그렇기 때문에 경쟁에서 이기려는 마음을 갖게 되면 끊임없이 불안에 휩싸여 있게 된다.

그런데 경쟁에서 이기고 1등을 하는 것이야말로 자아실현이라고 생각할 수도 있다. 그러나 이것은 자아실현이기가 어렵다. 뒤에서 자세히 설명하겠지만 자아실현은 이웃과 사회에 대한 사랑에 기초해야 하는데 경쟁에서 이기거나 1등을 하려는 마음은 사랑에 기초하고 있지 않기 때문이다.

경쟁에서 이기기 위해서는 끊임없이 노력해야 하는데 자아실현으로서의 노력이라면 거기서 보람과 기쁨을 얻을 수 있지만 경쟁에서 이기기 위한 노력에서는 결코 보람과 기쁨 곧 행복을 얻을 수 없다. 그러나 현실적으로는 경쟁에서 이겨야 행복을 느끼는 경우가 많다. 진정한 행복일 수는 없고 위장된 행복에 불과할 뿐이다.

아무튼 지금은 경쟁에서 이겨야 행복한 사회라고 말할 수 있다. 경쟁에서 패배하면 불행한 정도를 넘어 인생이 파탄하는 경우도 많기 때문이다. 그러나 이런 사회는 잘못된 사회이고 이런 행복관을 갖는 것은 잘못된 행복관이다. 따라서 이런 사회는 혁파되어야 한다.

이 책『장기표의 행복정치론』을 내놓는 이유도 이런 사회를 혁파하기 위한 데 있다.

경쟁에서 이겨야 행복한 사회는 불행한 사회다. 설사 경쟁에서 이기면 행복하다는 것을 인정하더라도 경쟁에서 이겨야 행복한 사회에서는 극소수의 사람만 행복하고 나머지 대부분의 사람들은 행복할 수가 없기 때문이다. 경쟁에서 이기거나 1등을 하는 사람은 극소수일 수밖에 없으니 말이다. 이런 이유 때문에도 자아실현에서 행복을 얻는 행복관을 가져야 한다. 그래야 '모든' 사람이 행복할 수 있기 때문이다. 필자가 자아실현에서 행복을 누릴 수 있다고 주장하는 것은 이것이 사실이기 때문이기도 하지만, '한 사람도 빠짐없이 모든 사람'이 행복할 수 있는 길이 여기에 있기 때문이기도 하다.

모든 사람이 행복할 수 있게 하려면 경쟁에서 이기거나 1등을 해야 행복할 수 있는 것이 아니라 자아실현을 통해 행복할 수 있다는 행복관을 정립해야 한다. 1등 하는 사람도 그 일에서 자아실현을 하게 되면 행복할 수 있지만 자아실현을 하지 못하면 행복할 수가 없고, 꼴찌 하는 사람도 그 일에서 자아실현을 하게 되면 행복할 수 있으나 자아실현을 하지 못하면 행복할 수가 없다. 물론 1등과 꼴찌의 개념 자체도 없어야 하지만 말이다. 그래서 자아실현이 행복의 길이 되면 모든 사람이 행복할 수가 있다. 자아실현이 행복의 길이 되는 세상을 만듦으로써 모든 사람이 행복할 수 있게 해야 한다.

넷째, 직위가 높아야 행복하리라는 행복관을 버려야 한다.

기업에서 사장과 비서가 있는 경우 일반적으로 사장은 행복하고 비서는 행복하기 어려운 것으로 생각되나, 그렇지 않다. 사장도 사장으로서의 역할을 잘해서 자아실현의 보람을 느끼면 행복할 수가 있지만, 사장으로서의 역할을 잘하지 못해서 자아실현의 보람을 느끼지 못하면 행복할 수가 없다. 비서도 비서로서의 역할을 잘해서 자아실현의 보람을 느끼면 행복할 수가 있고, 자아실현의 보람을 느끼지 못하면 행복할 수가 없다.

사장이냐 비서냐가 중요한 것이 아니라 자기가 하는 일에서 보람과 기쁨을 누리느냐 못 누리느냐가 중요하다. 사장도 중요하지만 비서도 중요하다. 사장더러 비서를 하라고 하면 잘하지 못할 수 있고, 비서더러 사장을 하라고 해도 잘하지 못할 수가 있다. 각자의 역할이 다르기 때문이다. 어느 것은 중요하고 어느 것은 중요하지 않은 것이 아니라 서로 역할이 다를 뿐이며, 모든 일이 다 중요하다.

대통령도 대통령의 역할을 잘 수행해서 자아실현의 보람을 누리면 행복할 수 있지만, 그렇지 못하면 불행하게 된다. 하급직 공무원도 마찬가지다. 자기가 맡은 일을 잘해서 그 일에서 보람을 느끼면 행복하게 되고, 그렇지 못하면 불행하게 된다. 직업에 귀천이 있는 것이 아니라, 그 직업이 자기의 적성과 능력에 맞아 보람과 기쁨을 누릴 수 있으면 그 직업이 최고의 직업이 된다.

그런데 위와 같은 주장은 현실적으로 타당하지 않은 주장이라고 보는 사람이 대단히 많을 것이다. 그렇게 볼 만한 충분한 이유가 있다. 현재와 같은 사회상황에서는 위와 같은 주장대로 될 수 없기 때문이다. 그러나 우리는 위와 같은 주장대로 될 수 있는 세상을 만들어야 한다. 그렇게 해야 모든 사람이 자아실현의 보람을 누리며 행복하게 살 수 있기 때문이다. 마침 정보문명시대에는 모든 사람이 자아실현의 보람과 기쁨을 누릴 수 있는 세상이 되었다. 오히려 모든 사람이 자아실현의 보람을 누리며 행복할 수 있게 하지 못하면 사회는 붕괴하고 인생은 파탄하게 되어 있다.

위와 같은 주장이 현실적으로 타당해서 수용될 수 있으려면 사회적 조건이 뒷받침되어야 한다. 어떻게 해야 그런 사회적 조건을 만들 수 있는지에 대해서는 뒤에서 밝히고자 한다.

다섯째, 자아실현 곧 자기가 하고 싶은 일을 하는 데서 행복을 누릴 수 있다고 하여 자기가 하고 싶은 일을 하면 무조건 행복해지는 것은 아니다. 인류행복과 사회발전에 기여할 수 있는 일을 하는 자아실현이어야 한다. 그래서 사랑과 정의에 기초한 자아실현이어야 한다.

이런 이유로 행복의 원천으로서의 자아실현은 인류와 사회에 대한 사랑에 기초해야 하고, 그래서 사람은 사랑을 통해 행복하게 된다. 자아실현은 대체로 창조하는 일, 생산하는 일, 봉사하는 일, 절제하는 일로 나타나는데, 이러한 일이 그 일을 하는 사람을 행복하게 하는 자아실현이 되기 위해서는 그 일이 인간과 사회에 대한 사랑에 기초해 있어야 한다. 창조하거나 생산하는 것이라 하더라도 그것이 사회발전과 이웃행복에 역행하는 것이라면, 다시 말해 그것이 인간과 사회에 대한 사랑에 기초하고 있지 않을 때는 그것은 자아실현이 될 수 없고, 그런 일에서는 행복할 수가 없다.

그래서 사랑이 중요하고, 인간은 사랑을 통해서 행복해질 수 있다고 말할 수 있다. 그것도 남으로부터 사랑을 받을 때의 사랑을 통해서가 아니라 자기가 남을 사랑할 때의 사랑을 통해서 말이다.

오래전에 평화시장의 봉제노동자로 모든 사람이 서로 인간적인 정을 나누며 기쁘게 살 수 있는 세상을 이루는 데 기여하고자 분신자결한 전태일의 삶은 사랑을 통한 행복을 잘 보여준다. 필자는 그의 삶을 이렇게 정리한 바 있다.

| 해방된 삶의 표본이 된 전태일의 삶 |

"고난에 찬 삶을 통해 무한한 사랑을 얻고,
사랑의 헌신적 실천을 통해 총명한 지혜를 얻으며,
무한한 사랑 총명한 지혜로 인간해방운동을 전개하면서,
자아실현의 보람과 기쁨을 누렸으니,
전태일의 삶은 온전히 해방된 삶이어라!"

라고 말이다. 한마디로 전태일의 삶은 행복한 삶이었다. 자아실현
의 삶을 살았으니까 말이다.

자칫 전태일은 지독한 가난으로 온갖 고난에 찬 삶을 살다가 분
신자결까지 했으니 불행했으리라고 생각하기 쉬우나, 결코 그렇지
않았다. 그는 고난에 찬 삶을 살긴 했으나 엄청난 자긍심과 사명감
으로 그의 높은 이상을 실현하기 위해 당당하게 살면서 한없는 행복
감을 느끼곤 했었다. 그의 분신자결은 좌절의 결과가 아니라 인간해
방운동의 도약을 위한 결단의 표현이었고, 또 그것을 통해 그는 자
아실현의 보람과 기쁨을 얻었고 해방된 삶을 살았다.

여섯째, 모든 사람이 자아실현의 기회를 갖는 것이 가능할까?

자아실현이 행복의 원천임을 인정하더라도 모든 사람이 자아실
현의 기회를 갖는 것이 가능할 것인가 하는 의문이 제기될 수 있다.

가령 기업이나 정부기관에서 고위직을 맡아야 자아실현의 기회
를 갖는 것이 된다고 생각하는 사람이 많은 경우 어떻게 할 것인가?
또 위험하거나 더러운 일을 하는 것을 자아실현의 기회라고 생각하
는 사람이 있을 수 있을까?

물론 특정한 직위, 특히 상위직을 맡고 싶은 사람이 많을 수 있다. 이런 경우에는 시험이나 투표 등을 통해 그 일을 맡을 사람을 정하게 될 텐데 여기서 탈락했다고 해서 자아실현의 기회를 얻지 못해 불행해해서는 안 된다. 그런 품성으로는 행복할 수가 없기 때문이다. 내가 그 일을 하고 싶지만 나보다 더 적임인 사람이 그 일을 맡는 것을 기쁜 마음으로 받아들일 수 있어야 한다. 이런 품성을 가져야 행복할 수 있기 때문이다. 그래서 고위직을 맡고 싶지만 맡지 못하게 되면 다른 일에서 자아실현의 기회를 찾으면 된다.

　　자아실현은 적성이나 취미, 능력, 사명감 등에 의해 성취되기 때문에 사회환경이 바뀌면 그에 따라 자아실현의 내용도 달라질 수 있다. 자기의 적성에 맞는 일이 한 가지뿐이라는 생각은 옳지 않다. 적성에 못지않게 사명감도 중요하기 때문에 자아실현의 기회는 언제든 가질 수 있다.

　　청소직의 경우, 혹 청소직을 자아실현의 기회로 생각할 사람은 별로 없을 것 같으나 그렇지 않다. 청소에서도 엄청난 보람과 기쁨을 얻을 수 있다. 가령 어떤 건물을 청소하는 사람은 그 건물을 깨끗이 청소함으로써 그곳에서 일하는 사람들이 쾌적한 환경에서 일할 수 있게 하는 데 기여하고 있다면 거기서 보람과 기쁨을 얻을 수 있다. 또 동네 주변에 쓰레기가 쌓여 있으나 그것을 치우는 사람이 없는 경우 그것을 치우는 데서 상당한 보람과 기쁨을 누릴 수 있다.

　　일반적으로 청소직은 가장 비천한 일로 여겨지는데 지금과 같은 사회상황에서는 그것이 당연할 수 있다. 자기가 하고 싶어서 하는 것이 아니라 먹고살기 위해서 어쩔 수 없이 청소 일을 하는 경우가 대부분일 것이기 때문이다. 그것도 낮은 보수로 말이다.

그래서 청소직이 보람과 기쁨의 원천이 될 수 있기 위해서는 다음 두 가지 조건이 갖추어져야 한다. 사회환경이 바뀌어야 하지만 그에 앞서 노동강도가 높은 만큼 노동시간이 짧아야 하고, 다음으로 노동강도에 맞는 보수가 지급되어야 한다. 청소직의 경우 일반적으로 노동강도가 높기 때문에 4시간의 노동으로 다른 직종의 8시간 노동과 같은 대우를 할 필요가 있다. 이렇게 되면 청소직을 선택하는 사람이 많아질 것이고 사회적 인식도 나쁘지 않게 될 것이다. 이런 조건이 갖추어지면 청소직에서 보람과 기쁨을 얻는 가치관을 가질 수 있을 것이다. 청소직이야말로 사회와 이웃에 보탬이 되는 일이라고 생각하는 사람이 생길 수 있을 것이기 때문이다.

다른 예로 의사나 간호사, 검사 같은 직종은 인기 있는 직종인데 인기가 없는 직종으로 볼 만한 이유도 충분히 있다. 의사나 간호사의 경우 환자를 돌보아야 하는데, 이 일은 힘들기도 하지만 위험하기도 하니 말이다. 또 범죄혐의자를 수사하는 검사의 경우 사회적으로는 꼭 필요한 직업이긴 하지만 검사 개인으로서는 고역일 수밖에 없다. 죄가 없다고 주장하려는 사람에게 죄를 인정하게 해야 하는 직업이니 말이다.

이런데도 불구하고 의사나 간호사, 검사를 비천한 직업으로 생각하는 사람은 별로 없는데, 이것은 직업의 귀천은 사회환경에 따라 달라질 수 있음을 말해준다. 근본적으로 직업에 귀천이 있을 수 없다. 비천해 보이는 직업에서 더 큰 보람과 기쁨을 얻을 수 있기 때문이다.

2) 통일과 상생의 일원적 세계관 정립

사람이 행복하게 사는 데 있어 세계를 어떻게 보느냐 하는 세계관이 대단히 중요하다. 세계를 어떻게 보느냐에 따라 그 사람의 판단과 행동이 결정될 수 있기 때문이다. 그런데 세계를 어떻게 보느냐 하는 세계관은 시대에 따라 다를 수 있는 것은 물론 사람에 따라 다를 수 있다. 세계관은 세계에 대한 객관적 사실이라기보다 세계를 보는 사람의 주관적 판단이라고 할 수 있기 때문이다.

그리고 이 주관적 판단은 인간이 행복할 수 있는 방향으로 세계를 이해하고 해석하는 경향이 있다. 그래서 그 시대를 관통하는 보편적 판단이 있을 수 있다. 그것이 없다면 보편적 세계관이 있을 수 없을 것이다. 그래서 그 시대상황에 맞는 세계관을 정립할 필요가 있다.

그러면 산업의 정보화로 사회적 생산력이 고도로 발달하고, 정보통신수단의 혁명적 발달로 대중의 사회정치의식이 고양되어 모든 사람이 자아실현의 보람과 기쁨을 누리면서 행복하게 살 수 있는 정보문명시대에는 어떤 세계관을 정립해야 할까?

필자의 판단으로는 인간도 자연의 일부로서 자연의 순환질서에 따라 인생을 영위하는 생태적 삶을 살도록 하는 데 적합한 세계관이어야 한다고 본다.

이러한 관점에서 세계를 볼 때 물질과 정신의 통일, 자연과 인간의 상생, 사회와 자연의 다양한 부문이 한데 어우러진 대동을 세계의 본질로 보는 일원적 세계관을 정립해야 한다고 본다. 세계를 하나로 보는 일원적 세계관은 당연히 함께 더불어 잘 사는 상생의 세계관이 된다.

이러한 통일과 상생의 일원적 세계관은 행복한 삶을 위한 주관적 판단에서 나온 것이기도 하지만 자연과학으로나 사회과학으로 확인될 수 있는 세계관이기도 하다. 물질의 영역과 정신의 영역이 분리될 수 없는 것은 물론, 자연과 인간 또한 상생할 수밖에 없으며 사회의 다양한 부문 또한 각자의 특성을 유지하면서도 서로 어우러져 살 수밖에 없게 되어 있기 때문이다.

바로 이러하기 때문에 인간도 자연의 일부로서 자연의 순환질서에 맞추어 살 수밖에 없게 되어 있다. 그런데 인간은 자연의 순환질서에 따라 살되 인간의 자유의지와 무관하게 자연의 순환질서에 따라 사는 것이 아니라 인간의 자유의지와 자연의 순환질서에 따라서 살게 되어 있다. 그래서 인간은 끊임없이 자유의지 곧 자신의 희망과 의도대로 살되 그것이 자연의 이법에 부합될 수 있게 해야 한다. 자연의 이법에 따라 사는 것이 가장 합리적이고 아름다우며 행복한 것이기 때문이다.

인간은 자유의지로 말미암아 한편으로는 자연의 순환질서에서 벗어나기 쉬우면서도, 다른 한편으로는 자유의지로 말미암아 자연의 순환질서에 부합되게 삶으로써 보람과 기쁨은 물론 해탈의 법열, 해방의 환희를 누리게 된다. 자유의지는 권리와 함께 그에 따른 책임도 수반하고 있어서 자연의 순환질서에 따라 살 때 해방의 환희를 누릴 수 있게 함과 동시에 자연의 순환질서에서 벗어나 살게 될 때는 고통을 겪게 한다.

자연의 순환질서에 따라 산다고 해서 인간의 의지가 무시된 가운데 자연 그대로 사는 것일 수는 없다. 자연의 순환질서에 따라 산다는 것은 인간이 자유의지대로 살되 그것이 자연의 순환질서에 부합하는 것을 의미한다. 그러므로 인간은 자유의지로 자연의 순환질서에 맞지 않게 살게 되면 인간의 본능대로 살게 되어 이기적이고 반사회적이며 반자연적이 되어서 행복을 누릴 수 없게 된다.

따라서 인간의 자유의지는 자연의 순환질서에서 벗어나 어떤 일을 하는 의지가 아니라, 자연의 순환질서에서 벗어나 있는 것을 자연의 순환질서에 부합되게 하는 의지로 보아야 할 것이다.

노자사상의 핵심인 '무위자연無爲自然'의 경우, 아무것도 하지 않고 있는 그대로 살라는 것이 아니라 인간의 욕망에 의해 교란된 일이 없는 본래의 자연으로 돌아가 그 자연대로 살라는 의미일 것이다. 인간의 삶이 이미 자연의 순환질서에서 벗어나 있는 터에 아무것도 하지 않고 그대로 산다면 그것은 자연의 순환질서에서 벗어난 삶을 사는 것이 되기 때문에 무위자연에서 벗어난 삶이 된다. 그래서 무위자연이란 자연의 순환질서에서 벗어나 있는 삶을 자연의 순환질서에 부합되게 함으로써 인간에 의해 교란되지 않은 본래의 자연, 곧 무위자연으로 돌아가라는 의미라고 보아야 할 것이다.

노자가 만약 아무것도 하지 않고 현재 있는 그대로(무위자연) 살아야 한다고 주장하려고 했다면 도덕경에 나오는 수많은 도덕률을 제시할 필요가 없었을 것이다. 도덕경에 나오는 수많은 도덕률들은 자연의 순환질서에서 벗어나 있는 현재의 인간의 삶을 바로잡아 자연의 순환질서에 부합되게 하기 위한 것이지 아무것도 하지 않고 있는 그대로 살라는 뜻은 아닐 것이니 말이다.

성현들의 사상이 다 이러하다. 공자는 '극기복례克己復禮' 곧 자기의 사욕을 버리고 예를 따르는 것이 인仁이라고 했는데, 이 말은 인간의 이기적 욕망대로 살 것이 아니라, 예禮 곧 자연의 이법에 따라 살아야 바른 삶이라는 것이다. 공자가 말한 '예'는 서양철학에서 말하는 자연법으로서 자연의 순환질서를 의미한다고 볼 수 있다. 석가 사상의 핵심인 연기론緣起論 또한 자연의 순환질서에 따라 살아야 해탈의 삶을 살 수 있다는 것을 가르친다.

'연기론'이란 이것이 있으므로 저것이 있고 이것이 없으므로 저것이 없다는 것, 곧 모든 사물은 연기緣起의 법칙에 따라 이루어진다는 것인데, 사물의 실상을 바로 볼 줄 알고 이것을 생활 속에서 실천하면 해탈한다는 것이다. 즉, 모든 사물은 자연의 이법대로 되어간다는 것을 깨달아 자연의 이법대로 살게 되면 해탈한다는 것이다. 따라서 사물의 실상을 제대로 볼 줄 모르는 것은 이기적 욕망 때문인바, 이 이기적 욕망에서 벗어나야 사물의 실상을 그대로 보게 되어 참된 자기를 찾게 된다는 것이다.

석가가 해탈 곧 인간해방의 방법으로 제시한 법은 자연 내지 자연의 이법을 의미한다. 석가는 해탈의 방안으로 법을 제시했는데, 그 법은 석가가 만든 법이 아니고 석가가 발견한 법이다. 즉, 이미 존재하고 있는 것 곧 자연의 이법을 말하는데, 석가는 이 법을 발견해서 제시한 것이다.

불교에서는 법을 '다르마dharma'라고 하는데, 다르마는 두 가지 의미로 쓰인다. 하나는 부처님이 교설한 불법을 의미하고, 다른 하나는 있는 그대로 존재하는 자연을 의미한다. 그러니까 부처님이 설파한 법과 자연 그대로 존재하는 법은 다르지 않다. 그러니까 부처님은 법을 창안한 것이 아니라 이미 있는 법을 발견해서 제시한 것이다. 그 법이란 자연의 이법 곧 자연의 순환질서를 의미한다. 그래서 불교는 자연의 이법을 알고 자연의 이법대로 살면 해탈한다는 것을 가르치고 있다.

필자가 자연의 이법에 따른 생태적 삶을 살아야 한다고 주장하는 것은 현실적으로 당면한 여러 사회문제를 해결하는 데 생태적 삶이 필요하기 때문이기도 하지만 근본적으로 인간이 최고의 행복, 해방된 삶을 누릴 수 있기 위해서는 자연의 이법에 따른 생태적 삶을 살아야 하기 때문이다.

인간도 자연의 일부여서 인생이 자연의 이법대로 되어간다는 것을 알게 되면 죽음도 자연의 이법에 따른 것임을 알게 되어 죽음을 담담히 받아들임으로써 죽음의 공포에서 벗어날 수 있게 된다.

요컨대 인간이 행복하게 살 수 있기 위해서는 물질과 정신이 통일되고 자연과 인간이 상생하며 다양한 사물이 대동을 이루는 것을 세계의 본질로 보는 일원적 세계관을 정립함으로써 자연의 순환질서에 따라 살아야 한다는 것이다.

3) 자아실현의 주체적 조건을 갖출 수 있을까?

인간이 행복하기 위해서는 주체적 조건으로서 자아실현이 행복의 원천이라는 가치관을 정립해서 실천함과 더불어 일원적 세계관을 정립해서 자연의 이법대로 살아야 한다고 밝혔는데, 과연 이런 가치관과 세계관을 정립해서 실천하는 것이 가능할까? 인간의 욕망이 무한하다고 하고, 자연의 이법대로 산다는 것은 도인에게나 가능할 것 같으니 말이다.

가능하다. 언제나 또 누구나 가능한 것이 아니라 일정한 사회적 조건이 갖추어져 있으면 더 좋고 설사 그런 조건이 갖추어져 있지 못하더라도 이런 가치관과 세계관을 정립해서 실천하려고 노력하면 가능하다.

그런데 이런 노력을 하려면 자아실현에서 기쁨을 얻게 된다는 가치관, 그리고 세계는 통일되고 상생하게 되어 있다는 일원적 세계관을 정립해서 실천하면 행복하게 된다는 것을 '아는 것'이 선행되어야 한다. 인간은 누구나 행복하기를 바라기 때문에 그것을 '알게 되면' 그것을 실천하게 되어 있기 때문이다.

'안다'의 의미를 제대로 알아야 한다.

진실로 '안다'고 할 수 있으려면 자기가 안 것이 체화되어 생활(삶) 속에서 실천되어야 한다. 자기가 생활 속에서 실천하지 않는 것을 안다고 하는 것은 거짓이다. 진실로 알게 되면 실천하게 되어 있다.

한 예로 공자의 어록인 논어 해설서의 경우, 저자가 쓴 논어의 해설서가 옳으려면 저자 자신이 논어에서 제시한 규범을 실천하는 사람이어야 한다. 자신이 논어에서 제시한 규범을 제대로 실천하지 않는 사람은 논어에서 제시한 규범의 진정한 의미를 그가 알지 못한 때문일 것이다. 그래서 생활은 논어에서 밝힌 규범과는 한참 벗어나 있으면서 논어의 해설서를 썼다면 그런 논어 해설서는 논어의 진정한 의미를 담은 책일 수가 없을 것이다. 진정으로 알면 실천하게 되어 있다.

인간은 노력 없이 행복할 수 있는 것이 아니다. 상당한 노력을 해야 하는데, 그 노력은 인간행복의 사회적 조건을 형성함과 더불어 인간행복의 주체적 조건을 형성하도록 하는 것이다. 그래서 자아실현의 삶과 자연의 이법에 따른 삶을 살 수 있기 위해서는 인간의 진정한 행복은 자아실현의 삶과 자연의 이법에 따른 삶에 있음을 알게 하는 교육이 있어야 한다.

그런데 인간의 진정한 행복은 자아실현의 삶과 자연의 이법에 따른 삶에 있다는 것을 아는 것은 결코 쉬운 일이 아니다. 대단히 어려운 일이다. 더 많은 소유와 소비, 더 많은 지배와 착취 등에 행복이 있다는 인식이 너무나 광범위하게 뿌리내려 있기 때문이다.

돈이 많다고 해서 결코 행복한 것이 아님을 수많은 사람들에게서 보면서도, 돈 때문에 부자지간에, 형제간에 원수가 되는 것을 보면서도, 돈의 노예가 되어 인간의 진정한 행복이 어디에 있는지조차 모르고서 돈만 추구하다 인생을 처참하게 하는 것을 수없이 보면서도, 돈이 인생의 모든 것인 양 생각하면서 돈을 쫓는 사람이 대부분인 것이 오늘날의 현실이다.

부부가 함께 잘 사는 것이 가장 행복한 인생이라고 볼 수 있는 터에 재벌 회장치고 부부 사이가 온전한 사람이 거의 없으니, 이런 데서도 돈이 많은 사람일수록 인간의 진정한 행복이 어디에 있는지를 모르기 쉬움을 알 수 있다. 자아실현의 삶과 자연의 이법에 따른 삶에서 행복을 누릴 수 있다는 것을 모르고서 돈이나 권력, 명예, 심지어 미모 같은 것을 쫓아 살다 보니 인생에서 가장 불행한 이혼을 하게 된다.

요컨대 돈으로 행복할 수 있는 것이 아님을 알게 하는, 그래서 인간의 진정한 행복은 자아실현에 있음을 알게 하는 교육이 있어야 하겠다.

자아실현의 삶과 자연의 이법에 따른 삶에 인간의 진정한 행복이 있다는 것을 알더라도 그것을 생활 속에서 실천하기는 쉽지 않다. 끊임없이 훈련해야 한다. 불교에서 말하는 돈오점수頓悟漸修와 같다. 설사 우주의 이치를 단박에 깨닫더라도 끊임없는 수련을 통해 그 깨달음이 체화되게 해야 성불할 수 있는 것처럼 말이다.

물론 진정으로 자아실현의 삶과 자연의 이법에 따른 삶에 행복이 있음을 알게 되면 이런 삶을 살 가능성이 대단히 크지만, 그럼에도 불구하고 그것이 쉽지 않다는 것을 명심해야 한다. 자아실현에서 행복을 누리려면 자아실현에서 행복을 누리려 하는 행복관이 체화되도록 훈련해야 한다.

자아실현의 행복을 누릴 수 있는 조건

행복정치론

Welfare State
Joyful Country
Self-Supporting Country

Democratic Country
Environmental Country
Cultural Country

Moral Country
Independent Country
Peaceful Country
Safe Country

자아실현 국가를 건설할 이념과 정책

국민 모두가 자아실현의 보람과 기쁨을 누리면서 행복하게 살 수 있는 국가 곧 자아실현 국가를 건설하기 위해서는 이런 국가를 건설하는 데 적합한 이념과 정책이 있어야 한다. 그러면 어떤 이념과 정책을 강구해야 모든 국민이 자아실현의 보람과 기쁨을 누리면서 행복하게 살 수 있겠는지를 밝히고자 한다.

　나는 일찍이 운동권의 마르크스·레닌주의에 기초한 교조주의적 행태를 비판하면서 "생활이 의식을 결정하고, 상황이 행동을 결정한다"라거나 "이념은 현실에서 나오고, 전략은 실천(투쟁)에서 나온다"라고 밝힌 바 있다.

　이념과 정책은 시대상황의 변화에 따라 변해야 한다. 시대상황이 변하면 국가발전과 국민복지를 이룰 방법이 변할 수밖에 없기 때문이다. 그래서 앞으로 채택해야 할 이념과 정책은 지금까지 통용되어 온 이념과 정책과는 달라야 하는데, 특히 다음 두 가지 이유 때문에 지난날의 이념 및 정책과는 근본적으로 달라야 한다.

　하나는 오늘날의 세계적 대변화는 문명사적 대전환 곧 산업문명시대를 마감하고 정보문명시대를 맞는 것이기 때문이고, 다른 하나는 부국강병 내지 소득증대에 두었던 국정운영 목표를 모든 국민의 자아실현에 두어야 하기 때문이다.

　모든 국민이 자아실현의 보람과 기쁨을 누리는 국가를 건설하기 위해서는 지난날과는 전혀 다른 이념과 정책을 강구해야 하는 바, 이를 위해서는 새로운 역사의식을 가져야 할 뿐만 아니라 지난 시대의 이념과 정책을 뒷받침했던 사회이론들이 오늘날에는 왜 부적합한지 등에 대한 검토가 먼저 있어야 하겠다.

　그래서 자아실현의 이념을 제시하기에 앞서 지난날의 어떤 점들을 비판적으로 극복해야 하겠는지를 밝혀두고자 한다.

1

어떤 역사의식을
가져야 할까?

앞에서 오늘날 우리들이 경제침체, 사회불안, 교육붕괴, 인간성 상실 등의 총체적 위기를 맞고 있는데도 이를 해결할 방안을 알아내지 못하는 것은 역사의식의 빈곤 때문이라고 지적했다. 즉 역사가 어떤 과정을 거쳐 발전해왔고, 지금은 어떤 단계에 와 있으며, 앞으로는 어떤 방향으로 발전해갈 것인지를 통찰하면서 인간은 이에 어떻게 대응해야 하겠는지에 대한 인식이 있어야 총체적 위기의 원인과 해법을 알아낼 수 있다는 것이다.

역사발전의 원동력은 자연과학의 발달이라고 말할 수 있다. 인류문명은 자연과학의 발달에 따라 발전해왔기 때문이다. 그래서 자연과학의 발달단계에 따라 역사발전의 단계도 결정되어왔다고 볼 수 있다.

그러면 오늘날 자연과학은 어느 단계까지 발달했을까? '첨단'까지 발달했다. 요즘 첨단과학, 첨단기술이란 말이 많이 쓰이는데 이것은 과학과 기술이 첨단 곧 최고의 단계, 완성된 단계까지 발달했음을 의미한다. '첨단'의 한자어는 '尖端'인데, 끝 '尖'에 끝 '端'이니 끝까지 발달했다는 의미다.

지난날에도 자연과학의 발달 곧 기하학, 대수학, 물리학, 화학, 생물학 등의 발달에 따라 산업의 종류와 구조, 경제체제, 정치제도 등이 결정되어왔다. 노예제사회, 봉건제사회, 자본제사회 등도 자연과학의 발달단계에 따른 산업구조와 경제체제, 정치제도 등의 변화를 의미한다.

특히 근세 이후 자연과학의 중심이라고 할 수 있는 물리학의 발전정도에 따라 사회현상과 사회과학 및 정치와 사회운동이 발전해온 것이다. 근대물리학이 뉴턴의 정태물리학, 아인슈타인의 상대성이론, 하이젠베르크의 불확정성의 원리로 발달해오면서, 이것이 각각 봉건사회, 산업사회, 정보사회로 발전해오는 토대가 되었고, 이에 따라 사회운영원리로서의 이념과 정책도 새로운 내용으로 발전해왔다.

그러니까 자연과학의 발달에 따라 사회가 발전하고, 그 발전된 사회를 연구·분석하면서 사회발전의 이론을 정립하는 것이 사회과학이며, 그 사회과학에 기초해서 정치와 사회운동이 이루어지니, 사회과학도 정치도 사회운동도 자연과학의 발달에 기초한 사회의 발전을 따라가지 못한다. 지금 바로 이런 상황에 처해 있다. 사회과학 곧 정치학이나 경제학이 구시대적이고 시대착오적인 데 머물러 있어 사회발전을 추동하지 못하는 것은 바로 이 때문이다.

오늘날 자연과학의 발달에 기초한 과학기술의 발달은 인간의 삶에 필요한 에너지, 신소재, 통신, 농업 등의 분야에서 혁명적 발달을 가져왔다. 원자에너지로 대변되는 에너지혁명은 원자에 의해서, 플라스틱과 반도체 등의 신소재혁명은 분자에 의해서, 인터넷과 휴대전화 등의 통신혁명은 전자에 의해서, 품종개량 등의 농업혁명은 유전자에 의해서 이루어지고 있다고 말할 수 있다. 이것은 원자, 분자, 전자, 유전자 등 물질의 극소단위의 변화에 의해서 인간의 삶에 필요한 물자를 극대까지 생산할 수 있음을 의미한다.

최근에는 정보통신기술과 생물공학의 획기적 발달과 융합으로 새로운 세상이 열리고 있다. 우선 인공지능AI, 사물인터넷IoT, 빅 데이터, 3D프린팅 등이 개발되어 인간의 신체적, 정신적 한계를 뛰어넘음으로써 인간의 수명이 수백 세까지 늘어나는가 하면 심지어 영원히 죽지 않을 수도 있는 세상이 오고 있기도 하고, 인공지능이 딥러닝Deep learning의 과정을 거쳐 초인공지능이 되어 탈인간화한 포스트 휴먼Post human이 등장하도록 하여 현생인류인 호모 사피엔스Homo sapiens를 소멸시키고 포스트 휴먼Post human시대를 열 것이란 예측도 있다. 이 문제는 다음 장에서 좀 더 자세히 설명하기로 한다.

이는 과학기술이 첨단 곧 극한까지 발달함으로써 인류의 문명도 첨단까지 발전했음을 의미한다. 필자가 인간이 누릴 수 있는 최상의 행복 곧 자아실현의 삶이 구현되는 자아실현의 시대가 도래했다고 주장하는 이유도 여기에 있다.

이러한 관점에서 오늘날의 세계적 대변화를 보건대, 이것은 삶의 총체적 양식으로서의 문명이 전환하고 있는 것이다. 즉 새로운 문명 시대가 오고 있다는 관점 곧 '신문명적 관점'에서 오늘날 우리 사회가 직면하고 있는 여러 문제들 곧 경제침체, 사회불안, 교육붕괴, 국민갈등, 인간성 상실 등의 문제를 보아야 그 원인을 정확히 알고 그 해법도 알 수 있다는 것이다.

그러면 신문명적 관점에서 이 시대를 볼 때 오늘날 이 시대는 어떤 시대일까?

　우선 경제적 측면에서 볼 때, 자본과 노동력이 생산의 원동력이 되던 시대가 끝나고, 지식과 기술 곧 정보가 생산의 원동력이 되는 시대가 왔다. 이것을 흔히 '정보화'라고 하는데, 정보화야말로 문명의 전환 곧 새로운 문명시대의 핵심적 요소라는 측면에서 새로운 문명시대를 '정보문명시대'라고 불러도 좋을 것이다.

　정보문명시대에는 산업의 정보화 곧 자동화와 신제품으로 사회적 생산력이 비약적으로 발전하여 인간의 삶에 필요한 재화와 용역이 넘쳐나게 된다. 즉 지금까지는 인간의 삶에 필요한 재화와 용역이 부족한 경우가 많았으나 이제 충분한 것은 물론 오히려 필요 이상으로 많아질 수 있다는 것이다.

　그런데 바로 이 점이 매우 중요하다. 인간의 삶에 필요한 재화와 용역이 부족하던 시대가 가고 풍족한 시대가 되었는데, 이것은 인간이 참된 의미의 자유와 평화와 복지를 누리면서 자아실현의 삶을 살 수 있는 물질적 조건을 확보할 수 있게 되었음을 의미한다. 그리고 지식과 기술의 첨단적 발달은 정보통신수단의 혁명적 발달을 가져와 대중의 사회정치의식이 크게 고양될 수 있게 되었는데, 이것은 앞에서 말한 참된 의미의 자유와 평화, 복지와 자아실현의 삶을 살 수 있는 정신적 조건도 확보할 수 있게 되었음을 의미한다.

　요컨대 정보문명시대는 인류가 지금까지 꿈꾸어왔던 이상적인 삶 곧 자아실현의 보람과 기쁨을 누리며 행복하게 살 수 있는 인간해방의 시대가 되었다.

　흔히 지상낙원이 되는 새로운 시대의 도래를 후천개벽後天開闢이라고 하는데, 지금이야말로 후천개벽의 시대이다. 그러니까 빈곤과 질병, 갈등과 고뇌가 상시적으로 존재함으로써 인간이 불행할 수밖에 없었던 선천시대가 끝나고, 이제 빈곤과 질병과 갈등과 고뇌로부터 해방되어 참된 의미의 자유와 평화와 복지를 누리면서 자아실현의 삶을 살 수 있는 자아실현(인간해방)의 후천시대가 도래하고 있음을 인식해야 하겠다. 즉 선천시대를 마감하고 후천시대를 맞는 후천개벽이 이루어지고 있는 것이다.

그러니까 오늘날의 세계사적 대변화 곧 정보문명시대의 도래는 석기문명, 청동기문명, 철기문명 운운하는 차원의 문명의 전환이 아니라, 선천시대를 마감하고 후천시대를 맞는 인류역사의 대전환으로 인식해야 하겠다.

그리고 바로 이것이 오늘날 이 시대에 가져야 할 역사의식이 되어야 한다. 이러한 역사의식에 기초해서 자아실현의 시대가 도래하고 있음을 인식하고 이에 맞는 새로운 사상과 이념 및 정책을 강구해야만 우리 사회가 안고 있는 여러 사회문제의 원인을 정확히 진단하고 그 해법을 찾을 수 있다.

이미 역사의 고도한 발전으로 자아실현의 삶을 살 수 있는 사회경제적 조건이 충족되었는데도 이를 이룰 수 있는 이념과 정책을 강구하지 못하면 오히려 더 큰 고통을 겪게 되어 있다. 오늘날 선진공업국들과 우리나라가 겪고 있는 총체적 위기는 바로 이것을 말해준다.

후천개벽의 역사의식 곧 인류의 꿈이었던 자유와 평화와 복지를 누리는 가운데 자아실현의 삶을 살 수 있는 시대가 도래하고 있다는 역사의식을 갖게 되면 자아실현을 목표로 하는 이념과 정책을 강구하지 않을 수 없게 된다.

그리고 이것은 자아실현의 삶이 좋기 때문만이 아니라 자아실현을 목표로 하는 이념과 정책을 강구하지 않고는 오늘날 우리 사회가 직면하고 있는 여러 사회문제 곧 경제침체, 사회갈등, 교육붕괴, 인간성 상실, 여기에다 대량실업, 소득양극화, 비정규직, 청년실업, 중소상공업의 몰락 등의 문제를 해결할 수 없기 때문이다.

다시 말하면 자아실현의 삶을 구현할 사회경제적 조건이 충족되었는데도 자아실현의 삶을 구현할 이념과 정책을 강구하지 못하면 자아실현의 삶을 구현하지 못하는 것만이 아니라, 오히려 지난날보다 인간의 삶에 필요한 재화와 용역이 부족해지는 것은 물론 사회가 붕괴하고 인생이 파탄하는 대재앙을 맞게 되어 있다.

즉, 위기는 기회이고 기회는 또한 위기라는 말 그대로 자아실현의 기회가 왔는데도 자아실현을 이루어내지 못하면 사회붕괴와 인생파탄의 위기를 맞게 된다. 이것이 세상의 이치다.

2

포스트 휴먼 시대의 도래로
호모 사피엔스는 사라질까?

과학기술이 끊임없이 발달하여 마침내 인간이 개발한 인공지능이 딥 러닝Deep Learning에 의해 인간이 통제할 수 없는 초인간적 인공지능이 되고, 이 초인간적 인공지능에 의한 포스트 휴먼(사이보그의 일종)이 출현하여 현생 인류인 호모 사피엔스를 멸망시킬 것이라는 과학자들의 예측이 있다. Human이 Trans human이 되고, 다시 Post human이 되어 Human이 사라지게 되리라는 것이다.

Post human은 지금까지의 인간 곧 Homo Sapiens가 아니고 Homo Deus 또는 다른 종이 된다는 것이다.

1) 스티븐 호킹 박사

- 인공지능의 완전한 발전은 인류의 종말을 불러올 수도 있다.
- 인간은 인공지능과 경쟁할 수 없으며, 대체될 수도 있다.
- 인공지능은 악의 없이 살인을 저지를 수 있다.
- 인류가 생존하기 위해서는 외계로 나가야 한다.
* 외계로 나갈 방법은 있는가?

- 여러 기업이나 국가기관이 준비하고 있음.

2) 엘론 머스크(미국의 전기차 업체 테슬라의 최고경영자)

-인간이 악마를 통제할 수 없듯 인공지능도 통제할 수 없을 것이다.

3) 유발 하라리(『호모 사피엔스』와 『호모 데우스』의 저자)

- 인류는 유전공학, 인공지능, 나노기술 등을 통해 빈곤, 질병, 갈등을 극복하고 불멸(영생), 행복, 신성을 얻어 천국에서 살 수도 있겠지만, 초인간적 인공지능 등에 의해 지옥에서 살게 되거나 멸망할 수도 있을 것이다.
- 호모 사피엔스가 종말을 고하고 새로운 종의 인류가 등장할 수 있다.
- 어떤 선택을 하느냐는 인류에게 달렸다.

인류의 멸망을 방지하기 위해서는 인공지능을 통제할 수 있는 방안이 있어야 하겠는데, 지금까지 다음과 같은 방안들이 제시되고 있다.

1) 아이작 아시모프의 로봇 3원칙(1942년)

가. 인간에게 해를 끼쳐서는 안 됨.
나. 인간의 명령에 복종해야 함.
다. 로봇 자신을 보호해야 함.

2) 유럽의회(2016년)

가. killer switch(자기 파괴 장치)를 장착하는 조건으로 로봇을 전자인

간으로 지정, killer switch가 없는 로봇은 제작도 수입도 금지.

나. 로봇은 인간을 해쳐서는 안 되고, 인간이 해를 입는 것을 보고 모르는 척해서도 안 됨.

다. 로봇은 인간의 명령에 복종해야 함.

3) 아실로마 원칙 선포(2017년) - 인공지능 전문가들이 23개 원칙 발표

가. 인공지능에 대한 결정권 부여 여부는 인간이 결정해야 함.

나. 살상 가능 무기개발 경쟁은 지양해야 함.

다. 스스로 발전하는 인공지능 개발은 엄격히 통제해야 함.

라. 초인공지능 개발은 국가보다 인류의 이익을 우선해야 함 등.

인간은 사물의 본능인 자기보존 본능도 가지고 있고 인간의 특질인 자유의지를 가진 합리적인 존재이기 때문에 인공지능 등을 통제하면서 자아실현의 보람과 기쁨을 누리는 자아실현의 시대를 열어갈 것으로 본다. 또 이런 시대로 가야 호모 사피엔스의 종말을 막을 수 있을 것이다.

3
산업문명과 정보문명의
특징과 차이

정보문명시대의 특징은 정보화와 세계화다. 세계화는 정보화의 결과적 현상이기에 정보문명시대의 핵심적 요소는 정보화다. 정보화란 제조업이나 유통업 등 산업은 말할 것도 없고 교통, 통신, 교육, 문화, 정치, 군사 등 생활의 모든 영역이 정보화 곧 자동화하고 디지털화하는 것을 말한다.

지난날의 산업문명시대에는 자본과 노동이 생산의 원동력이었으나, 정보문명시대에는 정보 곧 지식과 기술이 생산의 원동력이 된다는 것이다.

이처럼 정보사회가 되면 과학기술의 발달에 따른 산업의 정보화를 통해 사회적 생산력이 비약적으로 발전하는 대신 대량실업과 소득양극화 현상이 나타나기 쉽다. 그런가 하면 여가시간의 증대와 통신수단의 발달로 대중의 사회정치 의식이 고양된다. 이러한 내용의 정보화는 단순히 산업구조, 인구구성, 사회관계, 사회구조 등 사회의 외형적인 변화만을 가져오는 것이 아니라 인간의 욕구와 희망, 세계관, 가치관 등에도 근본적인 변화를 가져온다.

이처럼 사회의 기본이 근본적으로 변하기 때문에 사회운영 원리로서의 이념과 정책, 국가운영 방안 등도 전면적으로 바뀌어야 한다.

기업경영도 지난날의 하이어랄키(hierarchy-위계질서) 체제를 지양하고 네트워크(network-횡적연계) 체제로 전환해야 하며, 노동운동도 계급차별을 전제한 계급투쟁보다 기업공동체의 형성을 통한 노·경(노동자와 경영자) 공동번영의 길을 지향해야 한다.

특히 세계관과 가치관이 바뀌게 된다. 산업문명시대까지는 물질과 정신의 분리, 자연과 인간의 대립, 가진 자와 못 가진 자의 투쟁을 세계의 본질로 보는 대립과 투쟁의 이원적 세계관에 입각해서 더 많은 소유와 소비, 지배와 착취에서 기쁨을 찾는 가치관을 형성하고 있었으나, 정보문명시대가 되면 물질과 정신의 통일, 자연과 인간의 상생, 가진 자와 못 가진 자의 해소를 통한 대동을 세계의 본질로 보는 통일과 상생의 일원적 세계관에 입각해서 자아실현의 창조와 생산, 봉사와 절제에서 기쁨을 찾는 가치관을 형성하게 된다.

문명의 전환 곧 산업문명시대에서 정보문명시대로의 전환에 따른 각 시대의 특징을 도표로 정리하면 다음과 같다.(장기표의 『문명의 전환』(1997) 참조)

■ 산업문명과 정보문명의 특징

문명의 종류 생활양식	산업문명	정보문명
산업구조 생산의 원동력 생산공정	농업·공업·상업 자본·노동 분업	정보·기술산업 정보(지식·기술) 팀워크·소사장제
가치의 원천 가치이론 경제활동목표 노동동기 노동의 성격	노동의 양 노동가치설 소득증대 임금·소득 임금노동	노동의 질 정보가치설 자아실현 보람·기쁨 보람노동
국부의 원천 국가경쟁력 (국제경쟁력)	국토의 크기·부존자원 (물질적 자원) 저가격 (저임금·장시간노동)	지식·기술 (정신적 자원) 고품질 (기술혁신·창의성)
인구구성 (계급구성) 자본가와 노동자의 성격	자본가·노동자(농민) 자본가(자본이윤 추구) 임금노동자·육체노동자	자본가·경영자·자영업자· 지식노동자·육체노동자 등 경영인(경영성과 추구) 보람노동자·지식노동자
사회관계	수직관계(Hierarchy) (대립·지배·저항)	수평관계(Network) (연대·자율·상생)
가치관 세계관	소유·지배·수탈·소비에서 보람과 기쁨 추구 (물질적 가치) 대립과 투쟁의 이원적 세계 관(물질과 정신의 분리, 자 연과 인간의 대립, 가진 자와 못 가진 자의 투쟁)	창조·생산·봉사·절제에서 보람과 기쁨 추구 (정신적 가치) 통일과 상생의 일원적 세계 관(물질과 정신의 통일, 자 연과 인간의 상생, 가진 자와 못 가진 자의 대동)
사회운영의 기본원리 이념	지배·혹사·착취·투쟁 자본주의·사회주의 (사회민주주의)	자율·상생·순환·조정 민주시장주의 (녹색사회민주주의)

4

이념무용론은
왜 옳지 않은가?

이념의 시대는 끝났다면서 이념무용론을 주장하는 사람들이 많다. 그래서 심지어 이념이란 말을 쓰면 안 된다고 주장하면서 정책만을 제시해야 한다고 주장하기도 한다.

그런데 이념무용론 곧 "이념의 시대가 끝났다"는 말이 나오게 된 데는 대체로 다음의 3가지 이유가 있다.

이념이라고 하면 사회주의 곧 공산주의를 의미하는 경향이 있던 터에 공산주의가 종말을 고했다는 이유로 이념의 시대는 끝났다는 말이 나오게 되었다. 이념의 시대가 끝났다는 말은 미국의 사회학자 다니엘 벨의 저서 『이데올로기의 종언』에서 유래한 것이기도 한데, 다니엘 벨이 말한 '이데올로기의 종언'은 마르크스 레닌주의로서의 사회주의 곧 공산주의가 현대 산업사회에서는 아무런 영향을 미치지 못하고 종말을 고할 것이라는 뜻이었다.

그리고 이념의 시대가 끝났다는 말은 1990년대 초반 동유럽 사회주의국가들의 붕괴로 동서냉전 체제가 해체되면서 자본주의와 공산주의의 대결이 끝났다는 뜻으로 쓰이기도 했다.

19세기 말엽부터 20세기 중후반까지 사회주의(공산주의)가 맹위를 떨치던 시대에는 모든 것을 이념에 따라 판단하는 이념 과잉현상이 있었는데, 이처럼 모든 것을 이념에 따라서 판단해서는 안 된다는 의미에서 "이념의 시대는 끝났다"는 말이 통용되기도 했다.

그러나 국가사회를 운영하는 대원칙으로서의 이념이 없어서는 안 된다. 이념이란 사회가 발전해가는 방향으로서의 목표와 그 목표를 달성하기 위한 전략을 말하는데, 국가사회의 발전목표와 발전전략이 없어서는 안 되기 때문에 '이념무용론'은 옳지 않다.

물론 모든 것을 이념으로 재단하는 것은 옳지 않지만, 그렇다고 해서 이념은 필요 없는 것이라고 단정해서는 안 된다. 특히 아무런 이념적 정체성 없이 오직 이해관계에 따라 정치가 이루어지고 있는 한국에서는 더욱더 이념의 필요성이 강조되어야 할 것이다.

이념무용론을 주장하는 사람들은 대체로 경제가 가장 중요하다면서 '경제제일주의'를 내세운다. 그러나 경제 곧 돈을 최고의 목표 내지 최고의 가치로 인식하는 경제제일주의는 이념이 될 수도 없지만, 굳이 이념이라고 하더라도 돈을 최고의 가치로 여기는 경제제일주의로는 경제도 발전시킬 수가 없다. 경제제일주의는 경제를 발전시킬 수 없을 뿐만 아니라, 인간을 돈의 노예가 되게 함으로써 인간성을 황폐화시키고, 나아가 인간 상호 간의 갈등을 심화시켜 '만인에 대한 만인의 투쟁'을 가져올 뿐이어서 사회를 붕괴시키게 된다.

오늘날 경제제일주의가 많은 국민들의 의식을 지배하고 있는데, 이래서는 국가경제도 어려우면서 개개인의 삶도 황폐해질 뿐이다.

5
경제학 혁명이
이루어져야 한다

앞에서 우리는 오늘날의 세계적 대변화를 문명의 전환 곧 정보문명시대의 도래로 보고 이에 맞는 새로운 이념과 정책 및 세계관과 가치관을 정립해야 한다는 점을 밝히면서, 이렇게 하려면 사회과학이 새로워져야 한다고 지적한 바 있다.

그런데 다른 분야의 사회과학도 당연히 새로워져야 하지만 특히 경제학이 새로워지는 것이 중요하다. 경제학은 인간의 삶에 꼭 필요한 재화와 용역의 생산, 유통, 소비와 관련한 학문이라는 점에서도 그렇지만, 인간이 자아실현의 보람과 기쁨을 누리려면 경제활동에서 그것을 누리는 것이 가장 중요하기 때문이다.

즉 인간이 경제활동에서 자아실현의 보람과 기쁨을 누릴 수 있는 방안을 제시하는 분야가 바로 경제학이어야 하겠는데, 오늘날의 경제학은 그렇지 못하고 소득이나 이윤을 추구하는 데 치중해 있기 때문이다. 그래서 경제활동에서 자아실현의 보람과 기쁨을 누릴 수 있는 방안을 제시하는 새로운 경제학이 나와야 하겠다는 것이다.

과학기술의 혁명적 발달로 새로운 문명시대 곧 정보문명시대가

제3장

도래함으로써 산업구조, 인구구성, 사회관계, 인간의 욕구와 희망 등 경제환경이 크게 바뀌었고, 이에 따라 경제활동의 목표도 더 많은 소유와 소비가 아니라 자아실현의 보람과 기쁨이 되었다. 이처럼 경제환경이 바뀌고 경제활동의 목표가 바뀐다면 이를 다루는 경제학도 바뀌어야 하는 것은 너무나 당연하다.

요컨대 지금까지의 경제학은 어떻게 하면 더 많이 생산해서 소유하고 소비할 수 있게 하느냐를 연구하는 학문이었지만, 앞으로의 경제학은 어떻게 하면 경제활동 속에서 더 많은 자아실현의 보람과 기쁨을 누릴 수 있게 하느냐를 연구하는 학문이 되어야 하겠다는 것이다. 즉 앞으로의 경제학은 '소득증대 경제학'이 아니라 '자아실현 경제학'이 되어야 하겠다는 것이다.

요즘 경제학은 시들하고 경영학이 유행이다. 이는 '경세제민經世濟民'을 본령으로 하는 경제학이 이윤추구를 본령으로 하는 경영학으로 변한 것을 의미하는데, 이것이 시대추세를 반영하고 있는 것이긴 하나 바람직스럽지 못한 일이다.

오늘날 전 세계적으로 경제가 파탄 나고 인류가 온갖 불행을 겪고 있는 가장 중요한 원인은 경제를 돈벌이로만 보는 데 있다. 그래서 이를 극복하려면 경제활동의 중요한 목표를 자아실현에 두는 경제이념을 정립해야 하겠기에 경제학도 그러한 방향으로 바뀌어야 하겠다는 것이다.

거듭 말하지만 경제학이 소득증대 곧 돈벌이를 목표로 하는 경제학에서 자아실현을 목표로 하는 경제학으로 바뀌어야 하는 것은 돈벌이보다 자아실현이 더 좋기 때문만이 아니라, 자아실현을 목표로 하는 경제학이라야 오늘날 전 세계가 직면하고 있는 경제침체를 극복할 수 있기 때문이다. 자아실현을 목표로 하는 경제정책을 강구하지 않고는 오늘날 전 세계가 직면해 있는 대량실업, 소득양극화, 비정규직, 청년실업 등의 문제를 해결할 수 없음을 직시해야 한다.

이것은 우리가 자아실현의 인간해방세상을 건설하는 것이 인간에게 좋기 때문만이 아니라 자아실현의 인간해방세상을 건설하지 않으면 오늘날 전 세계가 직면하고 있는 경제파탄, 사회불안, 환경파괴, 기후위기, 인간성 상실 등의 문제를 해결할 수 없기 때문이라는 말과 같다. 필자는 이 말을 여러 번 반복했는데 이 점이 너무나 중요하기 때문이다.

시대상황의 변화에 따라 경제환경이 변했으니 이에 따라 경제학도 변해야 하는 것은 너무나 당연하다.

그런데 전 세계적으로 새로운 경제이론이 많이 나오고 있긴 하지만, 그 새로운 경제이론이란 것이 대체로 경제를 부 곧 소득으로 보는 경제개념에 한정되어 있다는 점에서 부분적이고 기능적인 새 경제이론일 뿐, 오늘날의 시대상황인 문명의 전환에 부응할 수 있는 새 경제이론은 되지 못하고 있다. 바로 그러하기 때문에 그러한 경제이론이 오늘날 전 세계가 직면하고 있는 여러 경제현안에 대한 올바른 해결책이 되지 못한다.

매년 노벨경제학상을 수상하는 경제이론이 나오고 있으나, 그 가운데 경제침체를 극복하는 데 도움이 되는 경제이론은 지극히 적다. 오히려 오늘날의 경제침체를 더 심화시키는 데 기여하는 경제이론이 많다. 금융산업에서 온갖 금융상품을 내놓아 실물경제를 약화시키고 거품경제를 조장하고 있는 터에 금융산업의 발전을 도모하는

데 기여하는 경제이론이 많으니 말이다.

노벨경제학상이 제정된 1969년 이후 2015년까지 76명의 수상자가 나왔는데, 그 가운데 52명이 미국인이라고 한다. 결국 세계적 주목을 받은 경제이론들이 미국경제를 기반으로 형성된 자유주의시장경제론들인데, 이런 경제이론으로는 오늘날의 경제침체를 극복할 수 없을 것이 분명하다. 미국이 경제침체를 극복하기는커녕 미국발 금융위기가 세계경제를 침체로 몰아넣었으니 말이다.

지금까지의 경제학은 근본적으로 소득중심의 자본주의 시장경제에서 벗어나지 못하고 있다는 점에서 자아실현 중심의 경제학이 될 수 없는 한계를 지니고 있다.

요컨대 오늘날의 세계적 대변화는 삶의 총체적 양식으로서의 문명이 전환하는 것이기 때문에 경제학 또한 혁명적으로 변해야 한다. 그야말로 '경제학 혁명'이 일어나야 한다.

전 세계적으로 금융대란이 일어나고 경제가 파탄지경으로 내몰려도 "100년 만에 처음 오는 대란"이라느니 "경제침체가 장기화할 것"이라느니 하는 말이나 하고 있을 뿐, 그 원인과 해법을 제시하지 못하는 것은 현대경제학의 치명적 한계이고 경제학의 혁명이 일어나야 함을 말해준다.

요즘 경제위기의 해법과 관련하여 정부의 개입을 강조한 케인즈 이론이 옳다고 보아 케인즈 경제학을 채택해야 한다고 주장하는 사람들이 많다. 신자유주의 곧 시장만능주의 풍조가 만연해 있는 터라 정부의 개입을 강조하는 케인즈 이론이 일정 정도 타당한 측면이 있으나, 그렇다고 해서 케인즈 이론대로 하면 경제가 살아날 것이라고 생각한다면 그것은 엄청난 착각이 될 것이다. 오늘날의 시대상황은 케인즈 경제학이 타당했던 시대상황과는 전혀 다른 시대상황이기 때문이다.

케인즈가 '유효수요이론'으로 1930년대의 대공황을 극복한 것은 당시에는 총수요가 부족한 상태여서 유효수요를 창출할 수 있는 대규모 국책사업으로 경제침체를 극복할 수 있었다. 그러나 지금은 총수요 자체가 넘쳐나기 때문에 유효수요를 창출하는 것만으로는 경제침체를 극복할 수 없게 되어 있다.

케인즈는 이미 오늘날의 경제상황에서 경제의 개념이나 경제활동의 목표, 그리고 경제학의 내용과 경제학자의 임무가 어떠해야 할 것인지를 시사하는 중요한 경제 관련 문건을 남긴 바 있다. 1930년에 쓴 「우리 손자 세대의 경제적 가능성Economic Possibilities for our Grandchildren」이란 문건이 그것이다. 그는 이 문건에서 "지금부터 100년 후에는 먹고사는 문제를 대부분 해결할 것이기 때문에 사람들은 먹고사는 문제에서 벗어나 인생에서 보다 더 중요한 문제에 매달리게 될 것"이라고 말하고는, "따라서 경제학자들도 먹고사는 문제보다는 좀 더 중요한 문제를 생각해야 한다"고 말했다.

20세기 최고의 경제학자로서 경제학뿐만 아니라 다방면에 걸쳐 천재적인 재능을 발휘한 케인즈의 이 말은 굉장히 의미 있는 말이라고 하겠다. 그러니까 케인즈는 앞으로 '먹고사는 문제'가 해결될 때는 경제학의 내용과 경제학자의 임무가 바뀌어야 한다는 것이다.

생산력의 발전으로 '먹고사는 문제'가 해결될 때는 경제학은 '먹고사는 문제'보다 더 중요한 문제이자 인간의 삶에 보다 더 본질적인 문제인 자유, 평화, 자아실현 등을 고려한 문제를 연구하는 학문이 되어야 한다는 뜻으로 보아야 할 것이다. 이 점은 마르크스도 마찬가지였다.

마르크스는 자본주의사회를 거쳐 사회주의사회가 되면 사회적 생산력이 고도로 발달하여 "능력에 따라 일하고 필요에 따라 분배" 받으면서 노동해방을 통해 인간해방의 삶을 살 수 있을 것으로 보았다. 물론 마르크스가 사회주의를 통해서 생활에 필요한 재화와 용역이 충족될 수 있으리라고 본 것이나, 능력에 따라 일하고 필요에 따라 분배받는 공산주의 사회가 되면 노동해방을 통해 인간해방의 삶을 살 수 있으리라고 본 것은 잘못이지만 말이다.

그러나 생활에 필요한 재화와 용역이 충족되면 생활에 필요한 것만큼만 소비하려 할 뿐 그 이상으로 더 많이 가지려 하지 않을 것이며, 그렇게 되면 노동해방을 통해 인간해방의 삶을 살 수 있는 이상사회가 되리라고 본 것은 옳은 판단이었다.

예수나 석가 등 성현들이 주장한 이상사회 또한 비슷한 모습의 사회인데, 지금이야말로 그런 이상사회를 건설할 수 있는 때라고 보아야 할 것이다.

이런 점에서 이제 경제학이 자원의 적정한 배분을 통해 재화와 용역을 더 많이 생산해서 분배하는 방안을 연구하는 학문에 머무를 것이 아니라, 경제활동에서 자아실현의 보람과 기쁨을 얻는 방안을 연구·제시함으로써 노동해방을 통해 인간해방을 누리는 세상을 건설하는 데 기여하는 학문이 되어야 할 것이다.

그러면 경제학이 어떤 방향으로 바뀌어야 하겠는지를 밝혀보고자 한다.

첫째, 지금까지의 경제학은 인간의 삶에 요구되는 재화와 용역의 생산에 필요한 자원이 제한되어 있기 때문에 재화와 용역 또한 제한적일 수밖에 없다고 보고 자원을 효율적으로 배분하는 방안을 연구해서 제시하는 학문이었다. 그러나 앞으로의 경제학은 과학기술의 혁명적 발달로 인간의 삶에 필요한 재화와 용역이 충분하다는 것을 전제하고서 재화와 용역을 보다 더 많이 생산하기 위한 방안을 연구하기보다 경제활동에서 자아실현의 보람과 기쁨을 얻을 수 있는 방안을 연구해서 제시하는 학문이 되어야 할 것이다.

미국의 사회학자 제레미 리프킨은 더 이상 인간의 노동이 필요 없는 시대가 올 것이라고 보아 『노동의 종말』이란 책을 내놓았는가 하면, '한계비용 제로의 시대' 곧 물품을 더 생산하는 데 필요한 추가 비용이 제로가 되는 시대가 도래함으로써 인간의 삶에 필요한 물품이 부족한 일이 없는 시대가 오고 있다고 했다.

과학기술의 혁명적 발달에 따른 산업의 정보화로 사회적 생산력이 비약적으로 발전함으로써 자연자원은 제한되어 있다 하더라도 인간의 삶에 필요한 재화와 용역은 부족하기보다 오히려 너무 많게 되었다. 그래서 오늘날 많은 국민들이 어려움을 겪는 것은 무엇이 부족해서가 아니라 너무 많은데 이에 제대로 대처하지 못하기 때문이다.

지금 미국이나 영국, 서유럽 국가들과 일본 등은 국민소득이 4만 달러가 넘는데도 경제침체를 비롯해서 많은 어려움을 겪고 있다. 그러나 이것은 재화와 용역이 부족해서 어려움을 겪기보다 경제활동의 목표를 자아실현에 두지 않고 더 많은 소득을 얻는 데 두고 있기 때문에 어려움을 겪는 것으로 보아야 한다.

국민소득이 4만 달러를 넘는데도 인간답게 곧 행복하게 살 수 없다면 국민소득이 5만 달러, 10만 달러가 되어도 행복하게 살 수 없을 것이다. 국민소득이 1만 달러 이상이면 행복하게 살 수 있어야 하고, 그렇게 하려면 이 글에서 제안하고 있는 바와 같이 소득증대의 경제가 아니라 자아실현의 경제가 되어야 한다. 일정 수준의 생활수준을 갖추면 부족해서 불행한 것이 아니라 부족해야 행복할 수 있다. 그 부족을 채워가는 과정에서 자아실현의 보람을 누릴 수 있기 때문이다.

둘째, 지금까지의 경제학은 '부에 대한 인간의 욕망이 무한한 것'으로 전제한 데서 출발하고 있으나, 앞으로의 경제학은 부에 대한 인간의 욕망이 '무한하지 않은 것'을 전제한 데서 출발해야 한다.

지금까지의 경제관념으로는 무엇을 더 많이 소유하거나 소비하는 데서 더 많은 행복을 누리는 것으로 이해되어 왔으나, 앞으로는 더 많이 소유하거나 소비하는 데서가 아니라 경제활동에서 보람과 기쁨을 누림으로써 더 많은 행복을 누리게 될 것이기 때문이다.

부 곧 재화와 용역에 대한 인간의 욕망이 무한했던 것은 인간의 생활에 필요한 재화와 용역이 부족했던 시대의 일이다. 인간의 생활에 필요한 재화와 용역이 충분하거나 또는 너무 많은 시대에는 부에 대한 인간의 욕망이 무한할 필요가 없고, 무한하지 않을 수 있고 또 자제되어야 한다. 인간의 행복한 삶에 필요한 재화와 용역이 충분한데도 재화와 용역을 계속해서 더 가지려고 하면 그것은 어리석은 일이고, 따라서 그것은 고쳐야 한다. 이것은 사회를 위해서만이 아니라 개개인의 행복을 위해서도 그러하다.

그렇기 때문에 부에 대한 인간의 욕망이 무한한 것을 전제하고서

이 욕망을 채우려고 하는 경제학은 수정되어야 하고, 인간의 욕망은 무한한 것이 아니라 일정한 수준에서 자제될 수 있다는 것을 전제하고서 자아실현에서 보람과 기쁨을 얻게 하는 경제학이 나와야 하겠다.

그런데 이것은 인간의 욕구가 바뀐 것으로 볼 수도 있다. 재화와 용역을 더 많이 소유하거나 소비하고자 하는 욕망을 자제하거나 포기하는 대신에 자아실현의 보람과 기쁨을 누리고자 하는 희망을 갖게 되는 것이기 때문이다.

다만 자아실현의 보람과 기쁨을 누리고자 하는 욕망이란, 경제활동을 하기는 하되 돈을 벌기 위해 경제활동을 하려는 욕망이 아니라 다른 사람에게 도움이 되거나 사회발전에 기여하기 위해 경제활동을 하려는 욕망을 말한다. 이런 욕망은 욕망이라기보다 욕구 또는 희망이라고 해야 할 것이고, 이것은 사랑과 정의감의 표현일 것이다.

불교에서는 '무소유'에서 해탈 곧 진정한 자유를 얻는다는 것을 가르치고 있는데, 이 가르침은 오늘날 이 시대에 꼭 들어맞는 경제관념이 될 것이다. 기독교도 마찬가지이며, 모든 진리가 다 마찬가지다. 그런데 불교가 '무소유'를 강조하는 것은 무소유가 도덕적이거나 사회적으로 유익한 것이기 때문이 아니라, 무소유를 실천해야 자기 자신의 해방된 삶을 살 수 있기 때문이다. 욕망을 채우는 데서가 아니라 욕망을 버리는 데서 행복해진다는 것을 가르치고 있다. 물론 불교나 기타 종교에서 말하는 무소유는 '소유에 집착하지 말라'는 것이지 일체의 소유를 부정하는 것은 아니다.

위와 같은 내용은 '(한계)효용체감의 법칙'이란 경제원리에도 맞는다. 일정한 기간 동안 소비되는 재화의 수량이 증가할수록 재화의 추가분에서 얻는 한계효용은 점점 줄어든다는 이론이 '(한계)효용체감의 법칙'이다. 이 법칙으로 보더라도 사람이 살아가는 데 필요한 재화와 용역이 점점 늘어나서 충분하게 되면 더 가져보았자 그 효과가 미미하니 더 가지려 하는 욕망이 줄어지고, 마침내는 더 가지려 하는 욕망이 없어진다는 것을 알 수 있다.

앞에서 지적한 바 있듯이 하루 세 끼 밥을 먹기 힘든 때는 세 끼 밥을 먹을 수 있을 때까지 욕망이 계속해서 생길 수 있으나, 세 끼 밥을 먹을 수 있게 되었을 때는 네 끼 밥을 먹으려고 하지 않을 수 있고 또 않아야 한다. 욕망을 억제하지 못해 하루에 네 끼나 다섯 끼를 먹게 되면 그것은 그 사람에게 기쁨을 주는 것이 아니라 고통을 주게 되기 때문이다. 따라서 이제 인간의 욕망은 일정한 수준까지는 증가하지만 일정한 수준을 넘으면 자제하게 되어 있다는 것을 알아야 하겠다.

요컨대 앞으로는 부에 대한 인간의 욕망이 무한한 것을 전제한 경제학이 아니라 부에 대한 인간의 욕망이 무한하지 않은 것을 전제한 경제학이 나와야 할 것이다.

부에 대한 인간의 욕망이 무한하다는 것을 전제하는 경제학, 또는 이런 경제관념이 이 세상을 지배하고 있는 한 인간다운 삶 곧 행복한 삶을 누릴 수 없는 것은 말할 것도 없고, 오늘날 전 세계가 직면하고 있는 온갖 종류의 경제침체도 극복할 수 없을 것이다.

인간의 욕망이 무한하다는 것은 인간은 본질적으로 이기적이라는 말과 같은데, 인간에게는 이기적인 측면이 있긴 하지만 인간성 자체를 이기적이라고 규정하는 것은 옳지 못하다. 성선설도 있고 성악설도 있으니 말이다. 그리고 인간이 인간일 수 있는 것은 이기적이 아닐 수 있기 때문이겠는데, 인간의 모든 경제행위를 이기적 욕망에서 나오는 것이라고 단정하는 것은 옳지 못하다. 설사 인간의 본성이 이기적이라 하더라도 이런 이기적 본성을 억누를 수 있어야 인간이라 할 수 있다.

인간의 욕망이 무한하다는 것은 이윤추구를 본질로 하는 자본주의적 가치관을 대변하는 것이어서 결국 자본주의적 가치관을 극복해야 인간의 욕망이 무한하다는 것을 배제한 경제학과 경제관념이 나올 수 있을 것 같다.

셋째, 지금까지의 경제학에서는 경제활동의 동기는 당연히 이윤이나 임금 등 경제적 소득임을 전제하고 있었으나, 이제 경제활동의 동기가 이윤추구 내지 소득증대보다 보람추구 내지 자아실현이 되는 경제학이 나와야 하겠다는 것이다.

그런데 정보문명시대에 제대로 대응하지 못해서 살기가 더 어려워져 이윤이나 임금을 통한 소득증대가 경제활동의 동기가 될 수는 있으나, 이것은 현재와 같은 경제상황이 존속하기 때문이지 정보문명시대에 합당한 경제상황이 되면 이런 경제활동의 동기는 없어질 것이다.

위와 같이 보람추구나 자아실현이 경제활동의 동기가 되는 경제학이 나와야 하겠으나 현실적으로 그러한 경제학이 나오는 것은 어렵지 않을까 하는 의문이 제기될 수 있다. 그러나 지금 사람들이 이윤이나 임금을 얻기 위해 경제활동을 하는 것은 이윤이나 임금을 얻지 못하면 생활을 할 수 없는 상황이기 때문이지, 만약 의식주와 의료 및 교육 등 기본생활이 어떤 경우에도 보장된다면 이윤이나 임금

등을 얻기 위해 경제활동을 할 필요가 없을 것이다. 왜냐하면 이윤이나 임금을 얻는 경제활동은 별로 기쁘지 않은 데 비해 보람추구나 자아실현을 위한 경제활동은 기쁘기 때문이다.

앞으로 정보문명시대에 맞는 사회경제 정책이 강구되고 또 이에 맞는 가치관과 세계관이 정립되면 이윤이나 임금을 얻기 위해서가 아니라 자아실현의 보람과 기쁨을 얻기 위해 경제활동을 하게 될 것이다.

경제활동의 목표를 자아실현의 보람과 기쁨을 얻는 데 두어야 하는 문제는 대단히 중요한데, 모든 사람이 경제활동의 목표를 자아실현의 보람과 기쁨을 얻는 데 두어야 하기 때문에도 중요하지만, 특히 노동운동에서 노동운동의 목표를 임금인상이나 노동조건의 개선에만 둘 것이 아니라 노동 속에서 보람과 기쁨을 얻는 데 두어야 하기 때문에도 중요하다.

필자는 민주노총 규탄대회를 열기도 하는 등 민주노총을 비판하는 일을 많이 해왔는데, 민주노총 조합원들이 우리 사회의 기득권층이 되어 과도한 특권을 누리고 있어서 이를 비판하기도 했지만, 그것보다 더 중요한 이유는 노동운동의 대의를 저버리고 집단적 이기심을 충족시키는 활동만 하고 있기 때문이다. 임금인상보다 노동에서 보람과 기쁨을 누리면서 살 수 있게 하는 노동조건을 확보하는 것을 주된 목표로 삼는 것이 가장 중요한 노동운동의 대의이기 때문이다.

요컨대 인간의 욕망이 이처럼 바뀔 수 있으려면 인간으로서의 기본생활이 어떤 상황에서도 보장되어 있어야 한다. 즉 사회보장제도가 확립되어 있어야 한다. 사회보장제도가 확립되어 있지 못해 자칫

하다가는 굶어죽을 수 있는 사회라면 결코 더 많이 소유하려는 욕망을 절제하기가 어렵다.

넷째, 지금까지의 경제학은 '경제적 합리성' 곧 "인간은 경제적으로 가장 이익이 되는 쪽을 선택한다"라는 것을 전제하고 있는데, 앞으로의 경제학은 '경제적 합리성'보다 '인간적 합리성'을 선택하는 것을 인정할 수 있어야 한다.

지금까지의 '경제적 합리성'이란 '공짜 점심은 없다'는 것을 의미하는데, 공짜 점심도 있을 수 있기 때문이다. 즉 '경제적 합리성'이 아니라 '인간적 합리성'에 따른 경제행위가 있을 수 있다는 것을 전제한 경제학이 나와야 한다는 것이다. 어떤 의미에서는 '경제적 합리성'의 내용 자체가 '인간적 합리성'으로 바뀌어야 할 것이다.

'경제적 합리성'이란 화폐단위로 표시될 수 있는 등가의 기회비용을 지불할 때만 어떤 소득을 얻을 수 있다는 것을 말하고, '인간적 합리성'이란 내가 지불한 기회비용과 같은 크기의 소득을 얻지 못하더라도 자아실현의 보람과 기쁨 같은 것을 얻게 된다면 경제행위를 할 수 있다는 것을 의미한다.

우리 속담에 "말 한마디에 천 냥 빚도 갚는다"라는 말이 있다. 지금까지의 '경제적 합리성'에 따라서 판단한다면 이런 일이 있을 수 없으나, '인간적 합리성'에 따라서 판단한다면 이런 경우의 빚 탕감 행위도 분명히 합리적인 경제행위가 될 수 있다. 남에게 공짜로 무엇을 해주는 일은 있을 수 없다는 것을 경제적 합리성이라고 보는 것부터가 잘못이다.

그래서 '경제적 합리성'의 개념이 바뀌어야 하겠다는 것이다.

인간은 다른 분야의 활동에서도 자아실현의 보람과 기쁨을 누려야 하지만 특히 경제활동에서 자아실현의 보람과 기쁨을 누리는 것이 무엇보다 중요하다. 경제활동이 인간활동의 기본을 이루기 때문이다. 그런 터에 경제활동은 '경제적 합리성'에 따라 이루어질 수밖에 없다는 이유로 경제활동의 자아실현성을 부정하는 경제학이 존속한다면 인간의 행복에 가장 중요한 요소인 경제활동에서의 자아실현을 놓치게 될 것이니, 이것은 중요한 문제이다. 경제학을 혁명해야 할 이유가 여기에 있다.

그리고 이런 경제학이 존속하는 한 경제행위만 비인간적이 되는 것이 아니라 인간의 생활 전체가 비인간적이 되게 마련이다. 경제학의 혁명을 통해 경제의 개념을 소득에서 자아실현으로 바꿈으로써 인간생활 전체를 바꾸어야 한다. 그래야 세상이 바뀔 수 있다.

다섯째, 지금까지의 경제학은 인간이 자연을 대상화하여 착취하거나 정복하는 것을 당연시하는 경제학이었으나, 앞으로의 경제학은 인간과 자연이 상생하는 것은 물론 인간의 삶이 자연의 순환질서에 부합되도록 하는 경제학이 되어야 한다. 굳이 이름을 붙여 말한다면 '자연착취 경제학'에서 '생태경제학' 내지 '상생경제학'으로 바뀌어야 한다.

여섯째, 지금까지의 경제학이 법칙처럼 간주해온 많은 경제원리들이 더 이상 통용될 수 없음을 알아야 한다. 그래서 새로운 경제원리들을 창출해야 한다.

몇 가지 예를 들어 보겠다. 각자가 자신의 이익을 위해 경제활동을 하다 보면 '보이지 않는 손'의 인도에 의해 전체의 이익이 증대된다는 '자유주의 경제철학', 그래서 인간의 이기심에 따른 경제활동이 국가사회 전체의 발전에 기여한다면서 인간의 이기성을 옹호하는 주장, '보이지 않는 손'에 의해 수요와 공급이 조절된다는 '수요공급의 법칙', 상품의 가치는 그 상품의 생산에 투입된 노동시간의 양에 의해 결정된다는 '노동가치설', 성장과 분배는 상충한다는 견해, 국제무역은 무역 당사자 모두에게 이익을 가져다준다는 '비교우위이론', 경제성장률을 경제발전의 척도로 보는 견해, GNP 곧 국민소득의 증대를 경제발전 내지 국민행복의 증진으로 보는 견해, 그리고 거시경제지표를 경제상황을 판단하는 중요한 자료로 삼는 일 등은 모두 배격되어야 한다.

한 예로 경제성장률이 높아도 소득양극화 구조가 시정되지 않는 한 국민의 경제생활은 전혀 나아지지 않는다. 경제성장률이 저조하거나 0% 이하인 것을 걱정하는 경우가 많은데, 이것은 잘못이다. 경제성장률이 높다고 해서 국민이 행복한 것이 아니기 때문이다. 물론 현 단계에서는 경제가 성장할 필요가 있기는 하지만 경제가 성장해야 국민이 행복한 것은 아닐 수 있음을 알아야 한다. 경제구조를 근본적으로 바꿀 생각을 해야 한다.

요컨대 지금까지의 경제학은 소득중심 경제학 내지 성장주의 경제학이었는데, 앞으로의 경제학은 '자아실현 경제학' 내지 '국민행복 경제학'이 되어야 한다.

그런데 경제학이 이런 방향으로 바뀌어야 한다고 주장하는 것은 자아실현의 경제활동을 통해 해방된 삶을 사는 이상사회를 건설하고 싶어서 뿐만이 아니라, 이런 방향으로 경제학이 바뀌지 않으면 오늘날의 경제위기를 극복할 수 없기 때문이다.

다시 말하면 경제학의 내용을 이런 방향으로 바꾸지 않으면 경제가 파탄하는 것은 물론 사회가 붕괴하게 되어 있기 때문에 이런 방향으로 바꾸어야 한다는 것이다. 이렇게 바꾼 경제학이 아니면 아무 쓸모없는 경제학이 될 수 있다. 이것은 오늘날의 세계적 대변화가 문명의 전환이자 후천개벽이기 때문이다.

6

정보문명시대의 도래는
인류에게 축복일까, 재앙일까?

정보문명시대가 도래하면 산업의 정보화 곧 자동화와 신제품으로 생산력이 비약적으로 발달하여 인간의 삶에 필요한 재화와 용역이 풍부해져 모든 사람이 자아실현의 보람과 기쁨을 누리며 행복하게 살 수 있는 사회적 조건이 조성된다는 점을 밝힌 바 있다. 그러나 이에 잘 대응하지 못하면 대량실업과 소득양극화 등으로 경제침체는 말할 것도 없고 사회가 붕괴하고 인생이 파탄되는 대재앙에 직면할 수 있다는 점도 밝혔다.

그런데 이러한 현상이 한국사회에서 극단적으로 나타나고 있다. 한국은 제2차 세계대전 후 산업화와 민주화를 이루었을 뿐만 아니라 국민소득, 첨단제품, 기술수준, 무역량 등에서 선진국 대열에 들어선 세계 유일의 나라라는 칭송을 듣고 있기도 하나, 다른 한편으로 산업문명시대의 부정적 요소인 대량실업, 소득양극화, 환경파괴, 인간성 상실 등이 극단적으로 나타나 전 세계에서 가장 빨리 사회는 붕괴하고 인생은 파탄하는 대재앙을 맞을 수 있음을 깊이 유념해야 한다. 세계 제1의 자살률, 세계 제2의 청년자살률, N포세대의 등장,

약 40만 명으로 추산되는 '은둔형 외톨이' 청년, 세계 최저 합계출산율, 사회 전 부문의 집단이기주의화에 따른 사회혼란, 아동학대·학교폭력·성범죄의 일상화, 묻지 마 범죄의 빈발, 무엇보다 양극화의 악순환 등이 심각한 수준에 이르렀으니, 이러고서야 어떻게 사회가 유지될 수 있겠나? 지금 대한민국을 기적을 이룬 나라라고 칭송만 하는 것은 무책임하기 짝이 없는 일이다. 기적을 이룬 것은 맞지만, 지금 기적처럼 붕괴하고 있음도 직시해야 한다.

양극화의 참상을 형상화한 넷플릭스 영화 '오징어게임'이 한국에서 나온 것은 한국의 영화인들이 우수해서라기보다 한국사회가 전 세계에서 양극화가 가장 심한 나라이기 때문으로 보는 것이 옳을 것이다.

그러면 정보문명시대의 도래는 인류에게 축복일까? 아니면 재앙일까? 이 문제를 검토해보고자 한다.

기본적으로 정보화와 세계화에 의한 정보문명시대의 도래는 인류에게 축복이다. 정보문명시대에 잘 대처하면 참된 의미의 자유와 평화와 복지가 보장된 가운데 자아실현의 삶을 살 수 있기 때문이다. 즉, 자아실현의 세상을 건설할 수 있기 때문이다.

그러나 '자아실현의 세상'을 건설할 수 있게 되었는데도 이런 세상을 건설해내지 못하면 거꾸로 사회가 붕괴하고 인생은 파탄하는 대재앙을 맞게 되어 있다. 오늘날 전 세계적으로 대량실업과 소득양극화, 비정규직, 청년실업, 환경파괴, 인간성 상실 등으로 총체적 위기를 맞고 있는 것은 '자아실현의 세상'을 건설할 수 있게 되었는데도 그렇게 하지 못하는 데 따른 업보라고 할 수 있다. 따라서 산업의 정보화를 통한 정보문명시대의 도래는 인간에게 축복이 될 수도 있고 재앙이 될 수도 있는데, 우리들이 어떻게 하느냐에 달려 있다. 세상의 모든 일에는 어느 한 측면만 있지 않고 양 측면이 다 있으니 당연하다.

위기는 기회라는 말을 많이 쓴다. 세상사가 다 그러하지만 문명의 전환과 관련해서도 이 기회를 잘 살리면 자아실현의 사회를 건설할 수 있겠으나 이 기회를 잘 살리지 못하면 현상유지도 못 하면서 크나큰 파탄을 맞을 수밖에 없다.

오늘날 전 세계가 맞고 있는 경제파탄은 자아실현의 보람과 기쁨을 누리면서 지금까지와는 전혀 다른 최상의 행복을 누리면서 살 수 있는 기회가 왔는데도 그렇게 하지 못한 데 따른 업보이다. 따라서 정보문명시대의 도래는 인류에게 엄청난 축복인데 이에 잘 대처하지 못해서 대재앙을 맞고 있는 것임을 직시해야 한다.

정보문명시대의 도래가 인류에게 축복이 되게 하려면 정보문명시대에 맞는 새로운 사상과 이념, 그리고 정책대안을 강구해야 하는데, 이에 대해서는 뒤에서 밝히고자 한다.

7

정보문명시대에는
어떤 이념을 강구해야 하나?

이념이란 사회를 보다 나은 방향으로 발전시키고자 하는 의도에서 설정한 사회발전의 목표와 이 목표를 달성하기 위한 전략을 정리해 놓은 이론체계이다. 따라서 올바른 이념은 올바른 역사의식에서 나올 수밖에 없다. 현재의 상황에 대한 정확한 인식에 기초해서 역사의 발전방향을 통찰하고 그 속에서 어떻게 해야 인간이 행복할 수 있겠는지를 판단하는 데서 이념이 나오기 때문이다. 그래서 역사의식이 올발라야 올바른 이념을 정립할 수 있다.

그런데 이념과 관련하여 지난 시대의 이념을 그대로 채택하는 경우가 많은데, 이것은 옳지 않다. 사회경제 상황이 바뀌면 인간이 행복하게 사는 방안 또한 바뀔 수밖에 없기 때문이다. 필자가 오래전부터 교조적 이념에 얽매이지 않고 끊임없이 새로운 이념을 제시해 온 이유도 바로 여기에 있다. 현실에서 이념이 나오고 실천에서 전략이 나오기 때문이다.

이런 관점에서 정보문명시대에는 어떤 이념을 정립해야 할까?

앞에서 언급했듯이 정보문명시대에는 사회적 생산력이 비약적으로 발전하고 대중의 사회정치 의식 또한 획기적으로 고양됨으로써 참된 의미의 자유와 평화와 복지를 누리면서 자아실현의 삶을 살 수 있게 되었다. 즉 인간이 누릴 수 있는 최상의 행복인 해방된 삶을 살 수 있게 된 것이다. 그래서 정보문명시대의 이념은 자아실현의 삶을 살 수 있게 하는 이념이어야 하겠기에, 어떻게 하면 자유와 평화와 복지를 누리면서 자아실현의 삶을 살 수 있겠는지를 알아보면서 거기에 맞는 이념을 정립해야 한다.

그리고 이와 더불어 자동화와 신제품 개발을 중요내용으로 하는 정보문명시대의 도래에 제대로 대처하지 못함으로써 발생하는 대량실업과 소득양극화, 환경파괴, 인간성 상실, 비정규직, 청년실업, 노인빈곤 등의 문제에 대처할 수 있는 이념이기도 해야 한다.

그러면 어떤 내용의 이념이라야 대량실업과 소득양극화 등에 대처할 뿐만 아니라 자유와 평화와 복지를 누리면서 자아실현의 삶을 살게 할 수 있을까?

첫째, 인간이 행복하게 사는 데 가장 중요한 가치는 자유이다. 그래서 자유를 보장할 수 있는 이념이라야 하는데, 자유를 보장하려면 민주주의를 통해 국민 개개인이 사회발전의 주인이 되게 하는 것이 무엇보다 중요하다.

민주주의는 독재로 인한 인권유린이나 잘못된 정책의 채택을 막기 위해서도 필요하지만 국민 개개인으로 하여금 사회발전의 주인이라는 의식을 갖게 하기 위해서도 필요하다. 자신도 사회발전의 주인이라는 의식을 가져야 자유를 누릴 수 있겠기 때문이다.

자유에는 소극적 자유와 적극적 자유가 있는데, 소극적 자유는 일반적으로 '구속의 배제', '타율적 강제를 벗어나는 것' 곧 '~로부터의 자유'이고, 적극적 자유는 '자아실현', '자기계발' 곧 '~을 하는 자유'를 말한다. 정치에 참여하는 것을 통해 사회발전의 주인이 되는 것이야말로 적극적 의미의 자유인데, 이것은 민주주의를 통해서만 보장될 수 있다. 그래서 민주주의가 중요하다.

그런데 민주주의를 국가 단위에서만 실천하면 자유의 보장 정도가 약할 수밖에 없기 때문에 지방자치단체나 기업을 비롯한 각급 공동체에서 민주주의를 실천할 필요가 있다. 이런 의미의 민주주의를 '공동체민주주의'라고 할 수 있다.

둘째, 인간이 행복하게 사는 데 가장 중요한 적극적 자유로서의 자아실현은 경제활동에서 이루어지는 것이 무엇보다 중요한데, 경제활동에서 자아실현을 보장할 수 있는 경제체제는 시장경제이기 때문에 시장경제를 채택해야 한다.

시장경제는 생산과 소비에서 생산자와 소비자의 자유로운 선택을 보장하는 경제체제이기 때문이다. 그리고 이렇게 하려면 이윤추구를 목적으로 하는 자본주의 체제나 중앙정부의 계획에 따라 경제활동이 이루어지는 사회주의 체제가 아니어야 한다.

그러나 시장경제에만 맡겨둘 경우 소득양극화로 인한 빈곤층의 생존권 위기, 환경파괴, 생명과 안전의 위협 등의 문제가 발생할 수 있기 때문에 독점, 분배, 환경, 보건, 안전 등의 문제와 관련해서는 민주적 통제가 가해져야 한다.

이처럼 정보문명시대에 자아실현을 구현할 수 있게 하기 위해서는 시장경제를 채택하되, 시장경제를 파괴하거나 국민의 안전을 위협하는 문제를 야기할 때는 민주적 통제를 가하는 경제체제여야 하겠는데, 이러한 경제체제가 '민주적 시장경제'이다.

그래서 산업문명시대까지는 생산성 향상과 소득증대에 유리한 경제체제가 채택되어 왔으나 정보문명시대에는 국민 개개인이 경제활동에서 자아실현의 보람과 기쁨을 누릴 수 있게 하는 경제체제가 채택되어야 한다. 즉, 경제활동에서 소득을 올리는 것보다 자아실현의 보람과 기쁨을 누리는 것이 더 중요하게 되었기 때문이다.

셋째, 인간의 행복에서 가장 중요한 자아실현은 정치, 경제, 교육, 문화 등 다양한 분야에서 구현되어야 하지만, 특히 경제활동에서 자아실현이 구현되는 것이 무엇보다 중요하다. 왜냐하면 인간의 여러 활동 가운데 경제활동이 가장 중심적인 활동이기 때문이다.

그래서 경제활동 곧 노동이 소득을 올리기 위한 활동만이 아니라 자아실현을 위한 활동이 되어야 하겠다는 것이다. 이렇게 해야 노동 속에서 보람과 기쁨을 얻을 수 있겠기 때문이다.

이처럼 자아실현의 정보문명시대 이념은 노동 속에서 보람과 기쁨을 얻도록 하는 이념이어야 하겠는데, 이렇게 할 수 있는 이념을 '노동보람주의'라고 할 수 있다. 그래서 노동보람주의가 정보문명시대의 이념에 포함되어야 한다.

그런데 노동보람주의가 실천되기 위해서는 가치관이 바뀌어야 한다. 더 많은 소유와 소비에서 기쁨을 얻는 가치관이 아니라 창조하고 생산하는 데서 기쁨을 얻는 가치관을 정립해야 하는 것이다.

넷째, 정보문명시대는 산업의 정보화 곧 자동화와 신제품 개발에 따라 대량실업과 소득양극화가 구조화되어 '20 대 80의 사회' 내지 '1 대 99의 사회'가 되기 쉽기 때문에, 국가가 소득의 재분배를 통해 국민의 복지를 보장하는 사회보장제도를 확립하는 것이 필수적이다. 이것은 국가가 국민의 복지를 책임지는 '국가복지주의'가 사회운영의 중요한 원칙이 되어야 함을 의미한다.

다섯째, 이념이란 사회운영의 원칙이자 전략인 만큼 사회구성원 사이의 대립과 갈등을 해결할 방안을 담고 있어야 한다.

기본적으로 사회구성원 사이의 대립과 갈등은 법과 정책에 따라 해결되어야 하지만 그렇게 해결하는 것보다는 국가가 나서서 상호조정을 통해서 해결하는 것이 더 좋다. 법과 정책에 따라 해결할 때는 승자와 패자가 있게 마련이나, 조정은 당사자 모두를 승자로 만들면서 사회를 화합케 하는 데 아주 효과적이기 때문이다.

이런 점에서 민사사건에서 민사조정제도가 널리 활용되는 것은 대단히 바람직스러운 일이다. 그리고 이런 문화가 정착되면 사인私人 간의 대립이나 갈등을 폭력적 방법으로 해결하는 일이 없어질 것이다. '비폭력조정주의'가 사회운영의 중요한 원칙이 되어야 한다고 보는 이유다.

여섯째, 과학기술의 혁명적 발달로 사회적 생산력이 최고도로 발전해서 더 이상 자연을 파괴하는 일이 없어야 함은 물론 자아실현을 통해 해방된 삶을 살 수 있어야 하는데, 이렇게 하기 위해서는 자연의 순환질서에 따라 사회를 운영하고 삶을 영위할 필요가 있게 되었다. 그래서 정보문명시대에는 자연의 순환질서에 따라 사회를 운

영하고 삶을 영위하는 '생태주의' 곧 녹색이념이 사회운영의 중요한
원칙이 되어야 한다.

　요컨대 정보문명시대에는 위와 같은 내용 곧 공동체민주주의, 민
주적 시장경제, 노동보람주의, 국가복지주의, 비폭력조정주의, 생태
주의를 포괄하는 이념이어야 하겠는데, 이러한 내용의 이념을 필자
는 '민주시장주의'로 표현하는 것이 좋다고 본다. 이념에서 가장 중
요한 부분은 경제체제를 어떻게 할 것이냐 하는 것이기 때문이다.
그러나 이념이란 한 개인의 정치적 신념을 넘어 국민대중이 일상적
으로 실천해야 하는 것이기 때문에 보편성을 띠어야 한다.
　이런 점에서 민주시장주의라는 말을 다소 생소한 것으로 받아들
일 가능성이 대단히 크다. 그래서 시장경제에 대한 민주적 통제와
사회복지를 중요내용으로 하는 사회민주주의를 자아실현의 시대에
맞게 보완한 '새로운 사회민주주의'와 자연의 순환질서에 따라 사회
를 운영하고 삶을 영위하는 '생태주의 곧 녹색이념'을 결합한 '민주
시장주의(녹색사회민주주의)'라는 말로 표현하는 것도 좋다고 본다.

　사실 사회민주주의는 100여 년 전에 수립된 이념으로 많은 변화
를 거쳐왔거니와, 정보문명시대를 맞은 지금은 초기의 사회민주주
의와는 그 내용이 크게 다를 수밖에 없다. 그리고 사회민주주의를
계속 유지 발전시키면서 국가이념으로 채택해온 서유럽 국가들이
요즘 경제위기, 사회불안 등 여러 어려움을 겪고 있는 터에 서유럽
의 사회민주주의를 그대로 채택하는 것은 옳을 수가 없다.
　어떤 이념도 시대상황의 변화에 따라 그 수명을 다하든지 아니면

수정 보완되어야 하기 때문에 사회민주주의의 수정 보완도 불가피하다. 그런 의미에서 서유럽에서 통용되어온 사회민주주의가 수정 보완되어야 하는 것은 너무나 당연하다.

필자가 제시한 '민주시장주의'는 이런 문제의식에서 나온 것이다. 특히 서유럽의 사회민주주의는 인간해방의 구현이라는 사회민주주의 본래의 의미를 상실한 채 자본주의체제에 사회복지를 강화한 정도의 이념으로 정착되었기 때문에 더욱더 인간해방의 구현을 보완한 '새로운 사회민주주의'가 나와야 하겠다는 것이다. 따라서 '민주시장주의'는 이전의 사회민주주의와는 판이하게 다른 새로운 이념이다. 문명의 전환 곧 정보문명시대의 도래라고 할 만큼 시대상황이 크게 변화한 터에, 100여 년 전에 제창된 이념들을 그대로 사용하는 것은 적절하지 않기 때문이다.

8
자아실현을 위해서는 왜 시장경제여야 하는가?

시장경제에 대한 비판이 거세다. 심지어 시장경제를 배격해야 한다는 주장이 나오기도 하는 상황이다. 다만 시장경제를 대체할 새로운 이념을 제시하는 경우가 없을 뿐이다. 은근히 시장경제가 아니라 사회주의여야 한다고 생각하는 사람들이 없는 것은 아니나 노골적으로 사회주의를 시장경제의 대안으로 제시하지 못하고 있을 뿐이다.

앞에서 자아실현의 보람과 기쁨을 누리며 행복하게 사는 시대가 된 정보문명시대에는 민주시장주의를 이념으로 채택해야 한다고 했는데, 민주시장주의에서 가장 중심적인 내용은 민주적 시장경제이다. 그런데 시장경제는 많은 폐해를 가져오기도 하는 데다 자본주의와 동일시하는 경향마저 있어 자아실현 곧 인간의 해방된 삶과는 동떨어진 경제체제로 생각하기 쉽다. 그래서 경제위기를 불러오거나 비인간적인 일이 발생하면 곧잘 시장경제 때문으로 치부해서 시장경제를 비난하는 경향이 있기도 하다. 그래서 시장경제에 대한 거부감이 대단히 크다. 그래서 시장경제를 옹호하기가 대단히 어렵게 되어 있다.

그런데도 불구하고 왜 시장경제를 통해서 자아실현 곧 인간해방
의 삶을 구현할 수 있다고 보는지 그 이유를 밝혀둘 필요가 있을 것
같다. 그 이유는 이렇다.

지금까지 시장경제를 채택해온 것은 개인이나 기업 등 각 경제주
체들로 하여금 자유로운 경제활동으로 이윤을 추구할 수 있도록 보
장함으로써 경쟁을 통해 창의성과 근면성을 발휘하여 경제적 효율
성을 제고할 수 있었기 때문이다. 이러한 의미의 시장경제는 바로
자본주의 시장경제인데, 이 자본주의 시장경제는 많은 우여곡절이
있기는 했으나 기본적으로 역사발전에 크게 기여해왔다.

그러나 정보문명시대에는 경제적 효율성이나 이윤추구보다는 자
아실현이 중요한데, 시장경제야말로 생산 활동에서든 소비생활에서
든 선택의 자유를 보장할 뿐만 아니라 자아실현의 보람과 기쁨을 누
릴 수 있게 한다. 따라서 소비자가 무엇을 소비할 것이냐를 자유롭
게 선택할 수 있으려면 계획경제가 아니라 시장경제라야 한다. 그리
고 재화나 용역을 생산해서 공급할 때 자아실현의 보람과 기쁨을 누
릴 수 있는 것도 계획경제에서가 아니라 시장경제에서 가능하다. 즉
소비자든 생산자든 시장을 통해야만 선택의 자유를 확보할 수 있을
뿐만 아니라 자아실현의 보람과 기쁨을 누릴 수 있다.

이런 관점에서 볼 때 자아실현을 구현할 수 있기 위해서는 시장
경제를 채택해야 한다. 시장경제가 아니면 계획경제인데, 계획경제
는 인간의 행복에 가장 중요한 요소인 자유와 자아실현이 불가능하
게 하기 때문이다. 그래서 시장경제의 채택은 불가피하다. 다만 시장
을 자유방임에 맡길 것이 아니라 독점, 분배, 환경, 보건, 안전 등과

관련된 문제에 대해서는 국민적 합의에 기초해 민주적으로 통제하도록 해야 한다.

그런데 많은 지식인들이, 특히 우리나라의 진보적 지식인들이 시장경제의 폐해, 곧 빈부격차의 심화, 폭리, 독점의 횡포 등을 이유로 시장경제를 비난하는 경우가 많다. 그러한 비난은 대체로 맞지만 그 비난이 시장경제를 근본적으로 부정하는 것이어서는 안 되는데도 근본적으로 부정하는 것처럼 비치는 언행을 하는 경우가 많다. 시장경제를 비난하면서 다른 대안을 내놓지 않으니 사회주의를 그 대안으로 생각하는 것처럼 인식되기 쉽다. 시장경제가 아닌 것은 계획경제이고, 계획경제는 곧 사회주의 경제체제이기 때문이다.

따라서 시장경제의 폐해를 지적하려면 그 폐해를 지적해야지, 그것 때문에 시장경제 자체를 부정하는 것은 옳지 못하다.

흔히 시장경제로 말미암아 자원의 배분이나 소득의 분배가 제대로 이루어지지 못해 경제가 비정상이 되었을 때 이를 '시장의 실패'라고 하는데, 시장의 실패 현상이 나타났으면 시장의 실패를 바로잡을 조치를 강구해야 하는 것이지, 그것 때문에 시장경제 자체를 배격하는 것은 옳지 못하다는 것이다.

시장의 실패를 시정하기 위해서는 시장에 대한 민주적 통제가 필요하다. 그리고 많은 경우 시장의 실패는 시장의 기능이 제대로 작동되지 못한 상태를 의미하니, 시장의 기능이 제대로 작동되지 못하는 시장경제는 시장경제일 수가 없다. 그러므로 시장경제가 회복되도록 해야지 시장의 실패를 이유로 시장경제를 부정하는 것은 옳지 않다.

그리고 시장경제의 폐해를 비판하는 사람들은 주로 '시장만능주의' 또는 '시장근본주의'라는 용어를 쓰면서 시장경제를 비판하는데, 이런 식으로 시장경제를 비판하는 것은 대단히 적절치 못하다.

세상의 어떤 이념이나 주장이든 '만능'이나 '근본'을 갖다 붙여 좋을 것은 하나도 없기 때문이다. 자유나 사랑만큼 소중한 가치는 없지만, 자유만능주의나 사랑만능주의가 무조건 좋을 수는 없다. 시장만능주의나 시장근본주의는 시장에 모든 것을 맡기는 자유방임 시장경제를 말하는데, 자유방임 시장경제가 좋지 않다는 것은 두말할 필요가 없다.

오늘날 시장경제가 크게 비난받는 것은 주로 시장경제를 신자유주의와 동일시하기 때문이다. 시장만능주의 또는 시장근본주의가 신자유주의이지, 시장경제가 신자유주의인 것은 아니다. 그래서 신자유주의를 배격하는 것은 옳으나, 그렇다고 해서 시장경제를 배격하는 것은 옳지 않다.

신자유주의는 자유방임 시장경제와 유사하기 때문에 당연히 배격되어야 한다. 또한 신자유주의는 모든 경제활동에서 개인의 자유를 최대한 보장하고 국가의 간섭 곧 규제를 최대한 줄이자는 것인데, 이것은 전혀 옳지 않다. 특히 정보문명시대에는 대량실업과 소득양극화가 구조화되어 '20 대 80의 사회'가 되기 쉬운 터라 더욱더 신자유주의는 옳지 않다.

그리고 시장경제를 자본주의와 동일시하는 경향이 있는데 시장경제와 자본주의는 다르다. 자본주의와 시장경제가 결합되기는 쉽지만 시장경제는 자본주의 사회에서만 채택할 수 있는 것이 아니다. 사회주의 사회에서도 시장경제를 채택할 수 있다. '사회적 시장경제'나 '사회주의 시장경제'가 존재하는 이유가 여기에 있다.

그리고 시장경제를 배제하고서도 자본주의는 유지될 수 있다.

가령 독점 기업이 국가경제를 주도하는 경우 시장경제를 통하지 않고도 기업은 이윤을 확보할 수 있다. 그리고 자본주의가 출현하기 전인 봉건제 사회에서도 시장은 있었다.

하여튼 민주시장주의에서는 민주적으로 통제할 수 있는 시장경제를 채택하되 자본주의는 배격한다. 자본주의의 기본원리는 이윤 추구에 있고 시장주의의 기본원리는 선택의 자유에 있다. 자본주의는 '이윤동기'에 의해 작동하고 시장주의는 '자유동기'에 의해 작동된다는 점에서 근본적으로 다르다. 따라서 시장경제를 채택한다고 해서 자본주의를 채택하는 것은 아니다.

흔히 '자본주의 시장경제'라는 말을 많이 쓰는데, 물론 그러한 말을 쓸 수 있고 시장경제가 자본주의와 결합될 수 있다. 지금까지의 시장경제는 대체로 자본주의와 결합되어 있었다. 그러나 우리는 '자본주의 시장경제'를 채택하려는 것이 아니라 '자아실현 시장경제'를 채택하려는 것이다.

9

자본주의 가치관은
왜 정보문명시대에 부적합한가?

현대사회는 자본주의 사회라고 할 수 있다. 1980년대 말 사회주의가 붕괴했을 때 자본주의가 승리했다고 하면서 앞으로 자본주의를 부정하는 어떤 이념도 나올 수 없을 것이라는 믿음이 전 세계를 지배했었다.

그러나 자본주의는 온갖 폐해를 야기하면서 엄청난 저항과 반대에 직면해 있다. 심지어 자본주의가 더 이상 유지될 수 없을 것처럼 인식되기도 한다. 자본주의자 내지 신자유주의자들의 최고 모임인 세계경제포럼(다보스포럼)을 반대하는 시위가 연례행사처럼 열리고 있다. 또 몇 년 전에는 미국 뉴욕에서 '월스트리트를 점령하라'는 시위가 발생했는데, 이 또한 자본주의 곧 신자유주의가 초래한 '1 대 99의 사회'에 대한 대중적 분노의 표시이자 자본주의의 폐기를 요구하는 것이었다.

미국발 금융위기에다 유럽발 재정위기까지 겹쳐 세계경제는 파탄으로 치닫고 있다. 그동안 한편으로는 구제금융으로 기업과 은행의 부채를 탕감해줌으로써 기업을 존속시키거나, 사회복지비를 축소함으로써 재정적자를 줄이는 등 많은 노력을 하고 있으나 그 어떤 노력도 효과적인 대책이 되지 못하고 있는 것이 현실이다.

그런데 이런 조치로 금융위기나 재정위기를 비롯한 경제파탄을 극복할 수 없으리라는 것은 너무나 명백하다. 미국의 경제연구기관 인 콘퍼런스보드가 내놓은 '세계경제전망GEO 보고서'(2012년 11월)에 의하면 세계경제가 장기 저성장 국면에 진입할 것이며, 그 여파로 한국의 경제성장률도 2025년경에는 최대 0%대까지 추락할 것이 라고 예측했다.

이 보고서는 '저성장'이 우려된다고 했으나 사실은 경제파탄을 예고한 것이나 마찬가지다. 자본주의를 유지하는 한 그 어떤 대책 도 효과를 발휘할 수 없게 되어 있다. 그래서 다보스포럼의 슈바프 회장조차 2012년 4월 열린 다보스포럼에서 자본주의의 실패를 선 언하며 '지금의 자본주의는 더 이상 작동하지 못할 것'이라고 밝히 기에 이르렀다.

자본주의란 모든 사람이 이윤을 추구할 수 있도록 경제활동의 자 유를 보장하는 이념이다. 즉 경제활동의 목적이 이윤추구에 있는 이 념이다. 산업문명시대까지는 이윤을 추구할 수 있도록 경제활동의 자유를 보장하는 것이 개인의 행복을 증진하는 데도 도움이 되고 사 회발전에도 도움이 되었다. 이윤추구를 위한 경제활동의 자유보장 은 경쟁을 촉진하여 창의성과 근면성을 발휘케 하여 생산성을 향상 시킬 수 있기 때문이다.

그러나 정보문명시대에는 인간의 행복에 필요한 재화와 용역이 충분해졌기 때문에 이윤추구가 경제활동의 동기가 되지 못한다. 그렇기에 이윤추구의 자유를 보장하는 것으로는 창의성과 근면성을 발휘케 하여 생산성을 향상시킬 수 없게 되었다.

정보문명시대에는 노동자의 자주성을 보장해서 자아실현의 보람과 기쁨을 누리게 하는 것이 창의성과 근면성을 발휘케 하여 생산성을 향상시킬 수 있는 방법이 되었다. 그러하기 때문에 이윤추구를 노동의 동기로 하는 자본주의는 정보문명시대에는 적합할 수 없게 되었다. 즉 자본주의로는 자아실현의 삶도 살 수 없지만 생산성도 향상시킬 수 없게 되었다는 것이다.

그리고 자본주의는 자본 곧 돈을 가장 중요한 가치로 인식하는 이념인데, 지금 전 세계가 경제위기를 비롯한 총체적 위기에 직면한 것은 바로 돈을 최고의 가치로 인식하는 가치관 때문이니 자본주의를 인정하고서는 오늘날 전 세계가 직면하고 있는 경제침체 등 총체적 위기를 극복할 수 없게 되어 있다. 그러니 돈을 최고의 가치로 인식하는 자본주의적 가치관을 극복해야 총체적 위기를 극복할 수 있는 것이다.

자본주의가 정보문명시대에 부적합하다고 해서 지난 시대에도 부적합했던 것은 아니다. 자본주의가 정보문명시대에 부적합한 것은 시대상황이 바뀌었기 때문이다.

인간의 행복한 삶에 필요한 재화와 용역이 부족했던 지난날에는 재화와 용역을 더 많이 생산해서 공급할 수 있는 이념이 개인적으로든 사회적으로든 가장 좋은 이념이었다. 그래서 각 개인에게 이윤추구의 자유를 보장함으로써 창의성과 근면성을 발휘할 수 있게 해서 생산성을 향상시킬 수 있는 자본주의가 정당했던 것이다.

그러나 지금은 한편으로는 산업의 정보화로 말미암아 재화와 용역이 부족하기보다 오히려 남아도는 시대가 되었거니와, 다른 한편으로는 재화와 용역의 더 많은 생산과 공급을 위한 창의성과 근면성을 발휘케 하기 위해서도 이윤추구의 자유를 보장하는 것보다 경제활동 곧 노동 속에서 자아실현의 보람과 기쁨을 누리게 하는 것이 필요하게 되었기 때문이다.

왜 이렇게 되었을까? 지난날처럼 먹고살기가 어려웠을 때에는 돈을 더 버는 것이 행복한 삶에 가장 필요한 일이었으나, 먹고사는 문제가 해결된 다음에는 돈을 더 버는 것보다는 경제활동 속에서 보람과 기쁨을 누리는 것이 행복한 삶에 더 필요한 일이 되었기 때문이다.

이처럼 이제 자본주의는 시대상황에 맞지 않으면서 오히려 많은 부작용만을 불러일으키고 있다. 자본주의는 황금만능주의 내지 물질만능주의를 뒷받침하는 이념이 되어 수많은 사회악의 원인이 되고 있다. 특히 모든 것을 돈으로 환산하도록 만드는데, 이것은 우리 사회를 비인간적인 사회로 만드는 가장 중요한 요인이다.

자본주의 곧 자본주의적 가치관은 경제에만 국한되어 있지 않다. 현대사회의 모든 부문에 팽배해 있다. 정치나 행정은 말할 것도 없고, 문화, 교육, 종교 등 모든 영역이 자본주의적 가치관에 매몰되어 있다 보니 모든 것이 돈 곧 화폐가치로 평가된다. 심지어 일상적인 인사에서도 "부자 되세요"라는 말이 유행할 정도이다.

우리는 이런 말을 많이 듣는다. "자본주의 사회에서는 돈이 중요하다", "자본주의 사회니까 돈을 아무리 많이 갖고 있더라도 어쩔 수 없다", "자본주의 사회니까 월급을 월등히 많이 받아도 상관없다",

"자본주의 사회니까 돈을 벌지 못해 가난하게 사는 것은 어쩔 수 없다"라고 말이다.

돈보다 가치 있는 일이 많이 있고, 한 사람이 돈을 과도하게 갖게 되면 불평등이 심화될 수밖에 없으며, 임금격차가 심하면 사회갈등이 심해질 수밖에 없고, 돈을 벌지 못하면 사회보장제도를 통해 국가가 구제해야 함에도 불구하고 자본주의를 인정하는 한 이러한 불평등과 사회갈등과 비인간적인 것들이 용인된다.

그러니 이런 자본주의적 가치관을 극복해야 이러한 잘못된 일들이 시정될 수 있다.

심지어 자본주의를 극복해야 한다고 주장하다시피 해온 민주화운동세력까지 자본주의적 가치관에서 벗어나지 못하고 있다. 상당히 오래전부터 민주화운동에 대해서도 돈으로 보상하는 풍조가 만연하고 있는데, 이것은 민주화운동의 진정한 가치를 훼손하는 일이 아닐 수 없다.

민주화운동을 할 때 그것으로 보상을 받으려고 한 것이 전혀 아니었는데도 몇 년 전부터 '민주화운동 관련자 명예회복 및 보상에 관한 법률'이 제정되어 민주화운동을 한 사람 대부분이 이 법에 따라 보상을 받았다. 그리고 민주화운동으로 유죄선고를 받은 것은 부당하다 하여 재심을 청구하여 무죄를 선고받은 다음 형사보상금이나 위로금으로 수억 원을 받은 경우도 많다.

민주화운동 보상금을 받지 않아야 한다고 보면서도 당장 먹고살기가 어려우면 돈에 대한 욕심이 생기기 마련이다.

물론 국가가 무고한 국민을 구속하여 고통을 준 것에 대해서 그에 따른 보상을 하는 것은 타당할 수도 있다. 그러나 이것이 너무 광

범위하게 이루어지고 마치 민주화운동을 한 것 자체가 보상을 받기 위해서 한 것처럼 인식됨으로써 민주화운동에 대한 국민의 인식이 아주 나빠지게 되었다. 이것은 민주화운동을 한 사람들의 어리석음을 드러내는 일이다.

물론 국민으로부터 존경받기 위해서 민주화운동을 한 것은 아니지만 국민으로부터 존경받도록 해야 마땅하다. 그런데도 민주화운동을 돈으로 보상받음으로써 더 이상 국민으로부터 존경받기 어렵게 되었으니, 결국 민주화운동을 한 사람들조차 자본주의적 가치관에서 벗어나지 못함으로써 민주화운동의 대의를 훼손하고 있다.

왜 이런 일이 벌어지는가? 두 가지 이유가 있다.

하나는 민주화운동을 한 사람조차도 속물적 자본주의 가치관에서 벗어나지 못했기 때문이고, 다른 하나는 사회보장제도가 확립되어 있지 못하기 때문이다. 근본적으로 사회보장제도가 확립되어 있음으로써 명예를 돈으로 바꿀 필요가 없는 세상을 만들어야 한다.

요컨대 오늘날의 모든 사회경제적 문제는 이윤추구의 자유를 보장하는 돈 중심의 경제 곧 자본주의에서 비롯되기 때문에 자본주의를 대체할 새로운 이념과 새로운 가치관을 정립해야 한다. 문명의 전환이라고 할 만큼 시대상황이 크게 바뀌었기 때문이다.

그래서 자본주의적 가치관이 극복되어야 하겠는데, 그 이유를 좀 더 자세히 밝혀두고자 한다.

오늘날 한국사회에서 아무런 불안을 느끼지 않고 사는 사람은 거의 없다. 설사 경제적으로 여유가 있는 사람이라 하더라도 언제 경제적 어려움에 처할지 모르는 데다 사회적 갈등과 흉악범죄 등으로 불안을 느끼지 않을 수 없다.

절대다수의 사람들이 취업불안, 양육불안, 교육비불안, 명퇴불안, 질병불안, 노후불안, 범죄불안 등에 시달리고 있다. 심지어 불안이라고는 모른 채 생기발랄하게 자라나야 할 청소년들조차 온갖 종류의 불안에 시달리고 있다. 입시지옥은 물론 학교폭력에다 청소년성폭력까지 만연하여 하루도 안심하고 살 수 없는 세상이 되었다. 노인자살률에 이어 청소년자살률까지 세계에서 1, 2위를 다투고 있으니 우리나라 청소년들이 얼마나 불안한 상황에 놓여 있는지를 알 수 있다.

도대체 왜 이럴까? 국민소득이 3만 달러가 넘은 데다 인구도 5천만 명이 넘어 명실상부한 선진국이 되어간다는데, 왜 이처럼 우리 사회 전체가 총체적 불안에 휩싸여 있을까?

그런데 이런 현상은 우리나라만의 현상이 아니라 국민소득이 높고 국민의 정치의식도 높은 소위 선진국들도 거의 다 마찬가지다.

그리고 지금 당장 불안한 것도 문제지만 앞으로는 더 불안해질 것 같고, 더욱이 이런 문제에 대한 온갖 처방이 끊임없이 제시되고 있는데도 오히려 나아지기는커녕 더 심해지고 있으니 보통 심각한 문제가 아니다.

과학기술의 혁명적 발달로 모든 사람이 최상의 행복을 누릴 수 있는 시대가 도래했는데도 이를 이루지 못하고 있는 것이 문제다. 즉, 산업의 자동화와 신제품 개발로 물질적 풍요를 달성할 수 있게 된 데다 대중의 사회정치의식이 고양되어 참된 의미의 자유와 평화와 복지를 누리는 가운데 자아실현의 삶을 살 수 있는 시대가 도래해서 이를 이룰 수 있는 이념과 정책을 강구해야 하는데도 그렇게 하지 못하니 거꾸로 대량실업과 소득양극화, 환경파괴, 인간성 상실 등으로 비인간적인 삶을 살고 있는 것이다.

이러한 비인간적인 삶을 극복하고 행복한 삶을 사는 데 가장 중요한 것이 경제활동 곧 노동에서 자아실현의 보람과 기쁨을 얻는 것이다. 즉 경제활동에서 이윤을 얻는 것이 아니라 자아실현의 보람과 기쁨을 얻어야 행복할 수 있다는 것이다.

요컨대 경제활동에서 자아실현의 보람과 기쁨을 추구하는 삶을 살아야 하는데 이렇게 하지 못하니 이윤 곧 돈을 추구하는 삶을 살게 되고, 바로 이것이 모든 사회악 곧 경제위기와 사회갈등, 사회범죄, 인간성 상실 등의 원인이 된다.

근본적으로 돈이 문제다. 돈을 더 많이 버는 것이 인생의 목표이고, 돈을 더 많이 벌 수 있게 해주는 것이 정책의 목표처럼 되어 있으니, 국민의 고통과 사회의 갈등이 더 심해진다. 돈을 더 많이 벌면, 또 돈을 더 많이 벌 수 있게 해주면 행복할 것 같지만 그것은 착각이다. 그런데도 돈을 더 버는 방법으로 고통과 갈등을 극복하려고 하니 더 어려워지고 있다.

그런데 돈이 문제이고 또 돈 때문에 고통이 심화되고 있다고 말하면, 그런 말은 하나마나 한 말이라고 생각하기 쉽다. 유사 이래 돈이 문제라는 말을 해왔고, 또 그런 말을 하면서도 누구나 돈을 더 많이 가지려고 노력해왔으며, 그리고 실제로 돈은 필요할 뿐만 아니라 대단히 소중한 것이기 때문이라는 것이다. 그래서 돈이 모든 불안의 원천인 양 말하는 것은 부질없는 일로 생각하는 경향이 있다.

그러나 지금은 다르다. 인간의 삶에 필요한 재화와 용역이 부족하던 시대에는 돈을 더 많이 가지는 것이 소중한 일일 수 있었으나 재화와 용역이 남아돌아가는 시대에는 돈을 더 많이 가지려 할 필요가 없게 되었고, 오히려 더 많이 가지면 인간이 불행하게 되어 있다. 그래서 돈의 중요성이 옛날과 지금은 다르다. 지금은 돈을 너무 많이 가지면 불행하고 적당히 가져야 행복하다.

그런데도 돈이 지나치게 강조되다 보니 다른 소중한 가치 곧 자유나 평화, 사랑, 정의, 자아실현 등은 무시된 채 오직 돈에 매달리게 된다. 말하자면 인간이 돈을 지배해야 하는데도 돈이 인간을 지배하게 되니 인간성은 파괴되고 사회는 더 불안해져 결국 불행하게 되는 것이다.

이처럼 돈을 최고로 생각하는 가치관이 바로 자본주의적 가치관이다. 그래서 자본주의적 가치관을 극복하지 않고는 그 어떤 사회문제도 해결할 수 없음을 직시해야 하겠다.

지금까지는 경제활동의 목표를 이윤추구에 두는 자본주의가 정당했다. 자본주의가 개인을 위해서만 좋았던 것이 아니라 사회발전을 위해서도 좋았기 때문이다. 자본주의는 개인의 자유를 보장하는 것을 최고의 가치로 삼는 개인주의 내지 자유주의 이념에 기초하고 있는데, 자유주의 또한 지난 시대에는 개인의 자유를 보장하는 데만 필요한 것이 아니라 사회발전을 위해서도 필요했다. 그러나 지금부터는 그렇지 않다.

그러면 먼저 이윤추구를 최고의 가치로 생각하는 자본주의가 왜 지금까지는 개인의 행복과 사회발전에 기여해 왔는지를 간단히 검토해보고자 한다.

자본주의가 싹튼 곳은 영국이었다. 17세기부터 신흥자본가들이 출현하기 시작했는데, 이들로 하여금 이윤추구를 위한 경제활동을 자유롭게 하도록 하는 것이 그 자본가 개인의 발전과 복리증진에도 도움이 되었지만 사회발전에도 크게 도움이 되었다. 그리고 이러한 경향은 그동안 상당한 우여곡절을 겪기는 했지만 20세기가 끝날 무렵 곧 1980년대 말까지 지속되어 왔다. 그러나 1990년대 이후부터는 자본주의가 사회발전을 추동하기보다 사회발전을 가로막는 요인이 되었는데, 이에 대해서는 뒤에서 밝히고자 한다.

그러면 어째서 이윤추구를 보장하는 자본주의가 개인의 복리증진에는 물론 사회발전에도 기여해왔을까? 개개인에게 이윤추구를 보장하기 위해 경제활동의 자유를 보장하게 되면 각 개인은 더 많은 이윤추구를 위해서 창의성과 근면성을 발휘하게 되고, 이것은 개인에게는 소득의 증대를 통한 복리의 증진을 가져오고, 사회적으로는 국민소득의 증대 등 경제의 발전을 가져오게 되기 때문이다.

이러한 내용을 가장 잘 설명하고 있는 책이 바로 아담 스미스의 『국부론』이다.

이처럼 인간의 행복한 삶에 필요한 재화와 용역이 부족하던 시대에는 재화와 용역을 더 많이 생산해서 공급할 수 있도록 하는 것이 개인적으로나 사회적으로나 좋은 일이었다. 그래서 각 개인에게 이윤추구의 자유를 보장해서 창의성과 근면성의 발휘를 통해 재화와 용역을 더 많이 생산해서 공급케 하는 자본주의가 개개인의 행복에는 물론 사회발전에도 도움이 되었다. 즉 자본주의가 정당했던 것이다.

그러나 지금은 산업의 정보화로 말미암아 인간의 행복한 삶에 필요한 재화와 용역이 부족하기보다 오히려 남아도는 시대가 되었기 때문에 재화와 용역의 더 많은 생산을 위해 이윤추구의 자유를 보장하는 것은 필요 없게 되었다. 즉 자본주의가 필요 없게 된 것이다.

설사 재화와 용역을 더 많이 생산할 필요가 있어서 창의성과 근면성을 발휘할 수 있도록 하기 위해서도 이윤추구의 자유를 보장하는 것보다 경제활동에서 자아실현의 보람과 기쁨을 누리게 하는 것이 더 효율적이 되었다. 바로 그렇기 때문에도 이윤추구의 자유를 보장하는 자본주의는 필요 없게 되었다.

그러면 왜 경제활동 곧 노동 속에서 보람과 기쁨을 누리게 하는 것이 이윤추구의 자유를 보장하는 것보다 더 창의성과 근면성을 발휘하는 데 효율적이 되었을까?

지난날처럼 먹고살기가 어려웠을 때에는 이윤을 더 많이 얻는 것이 행복한 삶에 도움이 되었기 때문에 더 많은 이윤을 얻기 위해 창의성과 근면성을 발휘했다. 그러나 이제 먹고사는 문제가 해결됨으로써 이윤을 더 많이 얻는 것보다 경제활동에서 보람과 기쁨을 누리는 것이 행복한 삶에 더 필요하게 된 것이다. 그래서 이윤을 얻는 것보다 자아실현의 보람과 기쁨을 누리게 하는 것이 창의성과 근면성을 발휘하게 하는 데 더 효과적이게 되었다.

이제 인간이 하는 경제활동의 목표가 더 많은 이윤을 추구하는 데 있기보다 경제활동 속에서 자아실현의 보람과 기쁨을 누리는 데 있게 된 것이다.

그런데 지금 우리 사회에서 위와 같은 주장은 많은 반론에 직면하지 않을 수 없다. 아직도 인간의 행복에 필요한 재화와 용역이 부족하다든가, 이윤추구의 자유를 보장하는 것이 보람과 기쁨을 누리게 하는 것보다 창의성과 근면성을 발휘케 하는 데 훨씬 더 효과적이라고 말이다.

그러나 현재 우리 사회가 생산하는 재화와 용역으로 우리가 행복할 수 없다면, 즉 현재의 국민소득인 3만 달러로 우리가 행복할 수 없다면 현재보다 몇 배나 더 많은 재화와 용역 곧 국민소득을 올린다 하더라도 행복할 수 없음을 통찰해야 한다. 미국이나 일본 등 선진국을 보면 이를 확연히 알 수 있다.

그럼에도 불구하고 더 많은 재화와 용역이 필요하다거나 이윤추구의 자유를 보장하는 것이 창의성과 근면성을 발휘케 한다고 보는 것 등은 아직도 자본주의적 가치관에 매몰되어 있기 때문이다. 그래서 자본주의적 가치관을 극복해야 한다고 주장하는 것이다. 자본주의적 가치관을 극복하게 되면 필요 이상의 더 많은 재화와 용역을 가지려 하지 않을 것이며, 자유를 보장하는 것이 창의성과 근면성을 발휘케 하는 데 더 효과적이라고 생각하지 않을 수 없을 것이다.

결국 사회 분위기가 바뀌어야 개인의 생각 곧 가치관도 바뀔 수 있는 것이지, 자본주의적 사회 분위기를 그대로 둔 채 개인에게만 가치관의 변화를 요구하는 것은 무리한 일이다. 우리는 사회적으로 자본주의적 가치관이 극복될 수 있게 해야 하고, 그렇게 하기 위해서는 우리 사회에서 자본주의가 더 이상 기능할 수 없게 해야 한다. 즉 새로운 이념이 사회를 주도할 수 있도록 세상을 바꾸어야 한다.

10
왜 자아실현을
추구해야 하는가?

1) 자아실현으로서의 인간해방, 그 의미와 유래

자아실현이란 자기의 고유한 취향과 소질에 따라 자기가 하고 싶은 일을 하면서 그 속에서 보람과 기쁨을 누리는 것으로 인간이 이룰 수 있는 최고의 행복을 이루는 것을 말한다. 자아실현이란 말은 마르크스가 말한 인간해방과 같은 말로, 종교에서 말하는 해탈(열반)이나 구원(자유)과도 같다.

인간해방은 마르크스가 제시한 이념이라고 할 수 있다. 마르크스 이전에는 종교 이외에는 막연히 이상사회를 추구한 일이 있을 뿐이다. 마르크스처럼 인간의 해방된 삶을 제약하는 구체적인 요인들을 분석하면서 인간해방을 이룰 수 있는 이념과 정책까지 제시한 사람은 없었다.

인간해방은 기독교나 불교 등 종교가 추구하던 목표였다. 그러니까 종교를 통해서나 이룰 수 있는 것으로, 그래서 어쩌면 이상으로만 존재할 뿐 인간의 노력으로 이루기는 힘든 것으로 보였던 인간해방을 마르크스는 사회정치적인 방법으로 이룰 수 있다고 보고, 이를 이룰 방안으로서 사회주의(공산주의)를 제창했던 것이다.

특히 마르크스는 인간활동의 중심내용인 노동을 소외된 노동이 아니라 해방된 노동이 되게 함으로써 인간의 해방된 삶을 이룰 수 있다고 보고, 소외된 노동 곧 노동의 소외를 극복할 수 있는 사회주의(공산주의) 사회가 이루어지면 인간해방이 구현될 수 있을 것으로 보았다.

이처럼 인간해방의 이념은 마르크스가 최초로 제시했기 때문에 인간해방이란 말을 쓰면 곧바로 마르크스주의를 추종하는 것으로 인식되어온 것이 저간의 사정이었다. 인간해방은 인간이 바라는 최고의 이상인 만큼 이 말은 누구나 쓸 수 있는 말이고 마르크스가 독점할 일은 아님에도 불구하고 말이다.

그래서 마르크스주의를 채택하지 않는 이상 굳이 인간해방이란 말을 쓸 필요가 없기도 하다. 그래서 필자 또한 인간해방이란 말을 쓰지 않고 '자아실현'이란 말로 대체해서 쓰고 있다.

특히 우리나라와 같이 마르크스주의 내지 사회주의에 대한 거부감이 강해 인간해방이란 말은 금기시 되다시피 한 나라에서는 더욱더 인간해방이란 말은 쓰지 않는 것이 좋을 수 있다. 동무라든지 사상, 이념, 반동, 주체 등의 말도 마찬가지다. 필자는 마르크스주의에 동의하지 않을 뿐만 아니라 마르크스주의를 통해서는 인간해방을 구현할 수 없다고 보는 사람이어서 더욱더 그랬다.

더욱이 이제 인간 중심의 사고로 인간만 해방되는 세상을 건설하려고 할 것이 아니라 인간이 자연과 함께 해방되는 세상을 건설해야 한다고 보아 자칫 인간만의 해방으로 볼 수도 있는 인간해방이란 말을 사용하지 않았으면 하는 생각도 들었다. 진정으로 인간이 해방된 삶을 사는 세상을 건설하려면 자연과 함께 해방되는 세상을 건설해 야지 인간만 해방되는 세상을 건설하려고 하면 인간도 해방될 수 없는 세상이 되겠기 때문이다.

이러함에도 불구하고 인간해방이란 말을 쓰기도 하는 것은 우선 인간해방이란 말을 대체할 말을 찾기가 어렵고, 특히 인간해방이란 말만큼 오늘날 이 시대가 나아가야 할 방향을 분명하게 제시해주는 말이 없는 것으로 보였기 때문이다. 더욱이 필자의 경우 인간해방의 세상을 건설하기 위해 사회운동과 정치를 해온 데다, 필자의 이런 정치사상을 그나마 가장 적확하게 드러낼 수 있는 말이 인간해방이 란 말이기 때문이다.

인간해방은 지금까지 인간이 추구해왔던 가치 내지 세상, 곧 불완전한 차원의 자유, 평등, 평화, 인권, 민주주의, 복지, 연대 등과는 전혀 다른 것이다. 완전한 의미의 자유, 평등, 복지, 평화, 인권 등을 구현하는 것을 의미한다. 완전한 의미라고 해서 불만과 갈등이 전혀 없는 것은 아님을 유념할 필요가 있다.

앞에서 말했듯이 인간해방은 종교에서 말하는 구원, 자유, 해탈, 열반, 천국, 극락, 정토 등과 같은 차원의 의미를 담고 있다. 더욱이 오늘날 이 시대에 우리가 이루고자 하는 인간해방은 위와 같은 가치만이 아니라 인간이 자연의 순환질서에 따라 삶으로써 자연과 함께 해방되는 인간해방이어야 한다.

그래서 필자가 말하는 인간해방이란 말은 '세상을 바꾸어 새로운 세상을 열어 인간이 누릴 수 있는 최고의 행복을 누리게 된다'는 뜻을 담고 있다. '후천개벽을 이룬다'는 것이라 하겠다.

필자는 이 책에서 역사의식의 중요성을 강조하면서 오늘날의 세계적 대변화는 인간의 해방된 삶을 구현할 수 있는 인간해방의 시대가 도래하고 있음을 의미하고, 특히 오늘날 이 시대가 안고 있는 경제침체, 사회불안, 교육붕괴, 국민갈등, 인간성 상실 등을 해결할 수 있는 해법을 찾으려면 올바른 역사의식을 가져야 함을 밝힌 바 있다. 올바른 역사의식에 기초해서 오늘날의 세계를 보노라면 인간해방의 시대가 도래하고 있는 것이다.

이처럼 인간해방의 시대를 맞고 있으니 인간해방이란 말을 쓰지 않을 수 없어서 인간해방이란 말을 쓰게 되었다. 그런데 인간해방이란 말을 쓰는 또 다른 이유는 전 세계적으로 인간해방의 세상을 건설하기 위해 노력하는 운동이나 정치 또는 지식인이 없어지다시피 한 때문이다.

그런데 인간해방이 구현될 수 없던 때에는, 그리고 인간해방을 구현할 수 없는 이념이 인간해방의 이념으로 행세하던 때에는 인간해방을 추구하는 운동이나 정치, 또는 지식인이 엄청나게 많았는데도, 정작 인간해방을 구현할 수 있는 시대가 도래하니까 인간해방을 추구하는 사람들은 없다시피 하니, 이래서는 안 된다는 것을 말하기 위해서도 인간해방이란 말을 쓰게 되었다.

인간해방의 사회를 추구하는 것이 진정한 의미의 진보이고, 이제야말로 인간해방을 구현할 수 있는 시대가 도래했는데도 요즘의 진보는 인간해방을 포기하고 있다. 물론 아직도 마르크스 레닌주의의 미망에서 깨어나지 못하고 마르크스 레닌주의를 통해 인간해방을 추구하려는 사람들이 있긴 하지만 말이다.

유감스럽게도 동유럽 공산주의의 붕괴와 더불어 공산주의 내지 공산주의국가만 붕괴한 것이 아니라 인간해방을 추구하는 유토피아니즘 자체도 사라지고 말았다. 인간해방의 구현은 불가능하다는 담론이 대세를 이루게 되었다. 그야말로 좋은 의미에서건 나쁜 의미에서건 개량주의가 세상을 주도하고 있다. 그래서 이런 풍조는 대단히 잘못된 것이라는 것을 밝히기 위해서도 인간해방이란 말을 쓰게 된 것이다.

필자는 오늘날의 이 난장판 세상을 바꾸어야 한다고 보며, 이 난장판 세상을 바꾸면 인간의 해방된 삶이 구현되는 새로운 세상이 열릴 수 있다고 보는 바, 이러한 뜻을 나타내는 데 가장 적합한 말이 인간해방이라고 보는 것도 인간해방이란 말을 쓰는 이유 가운데 하나다.

세상을 바꾸어야 하는데 세상을 바꾸려면 새로운 비전 곧 새로운 희망을 제시해야 하고, 새로운 비전을 제시하기 위해서는 새로운 말이 필요한 법인데, 이런 이유에서도 인간해방이란 말을 쓰는 것이 가장 좋을 것 같았다. 인간해방이란 말은 현존하는 세상을 바꾸어야 한다는 뜻을 강하게 담고 있기 때문이다.

즉, 인간해방이란 말은 현존하는 세상을 바꾸어 인간이 누릴 수 있는 최고의 행복을 누릴 수 있는 새로운 세상을 열어야 한다는 뜻을 담고 있기 때문이다.

여러 차례 강조했지만 필자는 인간해방의 시대가 도래하고 있다고 보며, 인간해방의 세상을 건설하기 위해 정치를 해왔다. 이러한 점에서 필자는 인간해방의 세상을 열어야 한다는 역사적 소명감으로 정치를 해온 것이다.

마르크스는 인간해방을 구현하려면 사회주의 곧 생산수단의 사회화(사유재산제의 폐지), **계획경제**(시장경제의 배격), 프롤레타리아독재(자유민주주의 거부)를 강구해야 한다고 주장했으나, 필자는 그렇게 해서는 인간해방이 달성될 수 없다고 본다. 즉 마르크스가 주장한 사회주의 곧 공산주의는 근본적으로 인간해방을 구현할 수 있는 이념이 될 수 없다는 것이다.

마르크스주의 곧 공산주의의 핵심은 생산수단의 사회화 곧 사유재산제도의 폐지, 계획경제 곧 시장경제의 거부, 프롤레타리아 독재 곧 자유민주주의의 배격인데, 이러한 이념으로는 인간해방을 구현할 수가 없다. 사유재산이 없거나 계획경제를 채택해서는 자유 곧 자아실현이 구현될 수가 없고, 프롤레타리아독재 곧 프롤레타리아 민주주의는 관념상의 민주주의일 뿐 실제에 있어서는 민주주의를 배격하기 때문이다.

요컨대 필자는 사유재산을 인정할 뿐만 아니라 시장경제와 민주주의를 채택해야 인간해방을 구현할 수 있다고 보는 것이다. 다만 새로운 세계관과 가치관을 정립할 뿐만 아니라 자아실현을 구현할 수 있는 경제시스템을 채택하면서 사회보장제도를 철저히 확립해야 한다고 보고 있다(자세한 내용은 이 책의 여러 곳에서 설명하고 있음).

그래서 필자는 마르크스가 제시한 인간해방을 구현해야 한다고 보지만, 마르크스주의를 통해서 이루어질 수 있는 것은 아니라고 본다.

아무튼 종교적 방법을 통해서나 이룰 수 있을 것으로 간주되어온 인간해방을 사회정치적 방법으로 이룰 수 있음을 발견하고 그 나름으로 그 방안까지 제시한 것은 마르크스의 위대한 공헌이 아닐 수 없다. 특히 인간해방의 구현을 위해서는 소외된 노동을 극복해서 자아실현의 노동이 되게 하는 것이 무엇보다 중요한데, 자본주의 사회에서는 노동의 소외가 발생할 수밖에 없음을 발견하고 자본주의가 극복되어야 노동의 소외를 극복할 수 있다고 본 것 또한 마르크스의 위대한 공헌이 아닐 수 없다. 다만 생산수단의 사회화, 계획경제, 프롤레타리아 독재를 통해 인간해방을 달성할 수 있으리라고 본 것은 오류였지만 말이다. 그러나 이것은 시대적 한계였을 수도 있을 것이다.

마르크스주의는 이미 인간해방의 이념이 될 수 없음이 판명되었지만 마르크스의 사상은 지금도 유용한 점이 많다. 마르크스의 사상을 제대로 이해하고 해석한다면 오늘날 이 시대에 마르크스 사상만큼 유용한 이념이 달리 있기도 어려울 것이기 때문이다.

마르크스는 하부구조로서의 사회경제적 조건에 따라 상부구조로서의 이념과 전략 등이 결정되기 때문에 사회경제적 조건 곧 시대상황이 변화하면 이념과 전략 또한 변화해야 한다고 밝혔다.

따라서 마르크스의 사상에 의하더라도 마르크스주의로서의 사회주의 이념은 이 시대의 이념과 전략이 될 수 없다. 사회주의 이념이 나왔던 시대는 초기 자본주의사회였는데, 지금은 정보문명시대로 크게 변화했기 때문이다. 그래서 마르크스 생존 시에 정립한 사회주의(공산주의) 이념은 더 이상 유효할 수가 없다. 마르크스주의 사상에 의하더라도 말이다.

이런 점에서 우리 사회의 자칭 진보주의자들이 아직도 시대상황의 변화를 제대로 파악하지 못하고 구시대에나 진보이념으로 통용될 수 있었던 마르크스 레닌주의에서 벗어나지 못하고 있는 것은 어리석기 짝이 없는 일이다. 그리고 이들의 이런 태도는 마르크스가 비난해 마지않던 관념론과 형이상학에서 벗어나지 못한 것이란 점에서 이들이 주장하는 유물론과 변증법은 관념론적 유물론이자 형

이상학적(정태적) 변증법일 뿐이다.

이처럼 마르크스주의로서의 사회주의가 인간해방의 이념은 될수 없었으나 소련, 중공, 북한 등에서 일정 정도 사회발전에 기여한점이 있음을 부인해서는 안 된다. 소련의 경우 1917년부터 1960년대 초반까지 후진국이었던 러시아가 미국에 필적할 만한 공업국가로 발전했는데, 이것은 사회주의 덕분이었다. 중공 또한 1970년대중반까지는 중국사회를 크게 발전시켰는데, 이 또한 사회주의 덕분이었으며, 북한이 1970년대 초반까지 남한보다 잘살았던 것 또한사회주의 덕분이었다.

사회주의의 경우 20년 내지 30년 정도 지나면 사회발전에 역기능을 하게 되는데, 이념에도 생명이 있기 때문이다. 사회주의의 경우 20년 내지 40년 동안은 그 사회의 발전에 기여하나 그 후에는 역기능하게 된다. 20년 내지 40년 후에는 왜 사회주의가 순기능을 할수 없는가 하면 인간은 어느 정도 먹고사는 문제가 해결되면 자유와자아실현을 바라기 때문에 자유와 자아실현이 불가능한 사회주의사회에서는 일을 하지 않으려 한다. 사회주의는 자유와 자아실현을구현하는 이념이 될 수 없기 때문이다. 오늘날 북한이 경제침체에서벗어나지 못하는 것은 사회주의 때문이다.

2) 자아실현이 삶의 목표가 되어야 하는 이유

우리는 살아가면서 삶(인생)의 목표를 상정하는 경우가 많다. 돈벌이를 목표로 삼는 경우도 있고, 높은 관직을 목표로 삼는 경우도 있다.특히 경제활동의 목표는 소득의 증대가 된다. 이것은 모두 행복을 증진하기 위한 것이다.

그런데 앞으로도 삶의 목표가 돈벌이나 높은 관직이 되어야 할까? 특히 경제활동의 목표가 소득의 증대가 되어야 할까? 그래서는 안 된다. 이제 자아실현 곧 해방된 삶이 삶의 목표가 되어야 하는 바, 지금부터 그 이유를 좀더 자세히 밝히고자 한다. 그리고 이 책의 다른 부분에서 자아실현의 이념을 채택해야 한다고 강조한 이유도 바로 여기에 있다.

첫째, 자아실현이 인간을 가장 행복하게 하는 터에 이제 자아실현이 가능해졌기 때문이다.

지금까지도 인간은 자아실현을 바라기는 했으나 자아실현보다 더 급하게 요구되는 것이 있는 데다 정치의식의 빈곤으로 자아실현이 인간을 가장 행복하게 하는 것임을 알지 못했다. 그래서 소득증대나 소비확대, 권력추구에 매달려 있었던 것이다. 사회적 생산력이 덜 발전해서 의식주와 의료, 교육 등 인간으로서의 기본생활을 영위하기가 어렵고 또 정치의식이 낮은 상태에서는 자아실현을 통해 행복하게 살 생각을 하게 되기가 어려웠다.

그러나 이제 사회적 생산력의 비약적 발전으로 물질적 풍요를 달성할 수 있게 된 데다 정보통신수단의 혁명적 발달로 대중(인간, 국민)의 정치의식(지식)이 최고의 단계까지 발전할 수 있어 자아실현을 통해 행복하게 살 생각을 할 수 있게 되었다.

둘째, 자아실현이 아닌 소득증대, 소비확대, 권력추구 등으로는 인간이 누릴 수 있는 최고의 행복을 누릴 수 없는 것은 말할 것도 없고 거꾸로 불행하게 되었기 때문이다.

국민소득이 대략 2만 달러 이하에서는(국민소득이 2만 달러 정도 되면 인간의 행복에 필요한 물질적 조건이 충족된다고 봄) 국민소득의 증대가 국민의 행복을 증진시키는 데 기여했으나, 국민소득이 2만 달러를 넘으면 소득이 증대되어도 행복은 정체되거나 오히려 감소하게 된다. 이러한 현상은 한계효용체감의 법칙으로도 설명할 수 있거니와, '이스털린의 역설'로 확인된 바도 있다.

우리는 이러한 예를 미국, 영국, 프랑스, 독일, 일본 등에서도 보고 있지만, 특히 복지천국이라는 스웨덴 등 북유럽 국가들에서도 보게 된다. 스웨덴의 경우 훌륭한 복지제도로 국민의 행복도가 높기는 하나 노인의 소외감, 높은 자살률 등의 문제를 안고 있는데, 이것은 인생 최고의 행복인 자아실현을 삶의 목표로 두고 있지 못하기 때문이다.

국민소득이 2만 달러일 때 국민이 행복할 수 없으면(국민이 최고의 행복을 누릴 수 없으면) 국민소득이 4만 달러, 10만 달러로 늘어도 국민이 행복할 수가 없다. 오히려 불행하게 될 것이다. 그래서 국민소득이 2만 달러를 넘으면 경제성장 내지 소득증대를 추구할 것이 아니라 자아실현을 추구해야 한다. 자아실현이 인생 최고의 행복이기 때문이다.

셋째, 삶의 목표 내지 국가발전의 목표를 자아실현에 두지 않고는 오늘날 전 세계가 직면하고 있는 대량실업과 소득양극화, 환경파괴, 인간성 상실 등의 문제를 극복할 수 없기 때문이다.

전 세계의 거의 모든 나라들이 경제성장 내지 국민소득의 증대를 목표로 하고 있는데, 이것은 어리석은 일이다. 2만 달러 이상의 국민소득은 일시적으로 행복을 증진시킬 수는 있을지언정 항구적으로 행복을 증진시킬 수는 없다. 오히려 불행을 증대시킬 뿐이다.

넷째, '모든' 사람이 행복할 수 있어야 하는데, 모든 사람이 행복할 수 있으려면 자아실현이 행복의 수단이 되어야 하기 때문이다.

소유, 소비, 권력, 명예 등을 추구할 경우 이것은 다른 사람과 충돌하기 때문에 이런 것으로는 '모든' 사람이 행복할 수가 없다. 이에 비애 자아실현은 각자가 자기의 적성과 취향에 따라 자아를 실현하는 것이기 때문에 다른 사람과 충돌하는 일이 없다.

그래서 자아실현이 행복의 수단이 될 때는 모든 사람이 행복할 수 있게 된다.

다섯째, 앞으로 포스트휴먼시대가 오고 있는데, 삶의 확고한 목표를 자아실현에 두지 않고 영생과 신성을 추구하게 되면, 인간은 행복은커녕 정체성마저 잃고서 인류의 종말을 맞게 될 것 같기 때문이다.

인간은 과학기술의 혁명적 발달로 한편으로는 자아실현의 해방된 삶을 살 수 있게 되었는가 하면, 다른 한편으로는 대량실업과 소득양극화 등은 말할 것도 없고, 인간으로서의 정체성을 상실한 채 인류의 종말을 맞을 수도 있다.

11

자본주의의 폐해를 극복할
대안이 있는가?

그동안 자본주의가 야기하는 이런저런 문제를 극복하기 위해 많은 방안들이 강구되어 왔다. 1930년대에는 수정자본주의가 나오기도 했고, 또 최근에는 '자본주의 4.0'이나 '따뜻한 자본주의'가 주장되기도 한다. 그리고 사회민주주의의 중요내용인 사회보장제도를 통해 자본주의의 폐해를 극복해오면서 자본주의가 발전해오기도 했다. 그렇다면 지금도 자본주의의 폐해를 극복할 보완장치를 강구하면 자본주의를 유지해도 될까?

그래서는 안 된다. 또 그럴 필요도 없고 그런 방식으로는 국민의 행복을 구현할 수 없게 되었다. 지금까지는 자본주의가 많은 폐해를 야기함에도 불구하고 자본주의의 장점 곧 이윤추구를 통해 창의성과 근면성을 발휘함으로써 그것이 개인의 행복에도 도움이 되었고 또 사회의 발전도 가져왔다. 그렇기 때문에 자본주의는 계속 유지할 필요가 있었다.

그러나 지식과 기술 곧 정보가 생산의 원동력이 되는 정보문명시대를 맞아 한편으로는 더 많은 생산을 통한 더 많은 소유보다 생산과정 곧 노동 속에서 자아실현의 보람과 기쁨을 얻는 것이 인간에게 더 큰 행복을 안겨주게 되었으며, 다른 한편으로는 이윤추구보다 노동 속에서 보람과 기쁨을 누리게 하는 것이 창의성과 근면성을 발휘케 하는 데 더 효과적이 되었기 때문에 자본주의는 더 이상 필요 없게 되었다. 그러니까 이제 이윤추구를 목표로 하는 경제활동 곧 자본주의는 필요 없게 된 것이다. 그 대신 경제활동 곧 노동 속에서 자아실현의 보람과 기쁨을 누리게 하는 새로운 이념이 필요하게 되었다.

자본주의자 내지 신자유주의자의 모임인 다보스포럼을 반대하는 시위가 연례행사처럼 열리고 있거니와, 2011년에 미국 뉴욕에서 있었던 '월스트리트를 점령하라'는 시위는 자본주의 곧 신자유주의가 초래한 '1 대 99의 사회'에 대한 대중적 분노의 표시였다.

자본주의자 내지 신자유주의자들의 최고 모임인 세계경제포럼(다보스포럼)의 슈바프 회장은 2012년 4월 열린 다보스포럼에서 '자본주의의 실패'를 선언하며, '지금의 자본주의는 더 이상 작동하지 못할 것'이라고 밝혔다. 그래서 각국에서는 신자유주의 곧 모든 경제활동을 자유방임적 시장경제에 맡기는 것에 대한 반성이 일어나면서 많은 대책이 쏟아져 나왔다.

가장 중요한 개선책은 시장근본주의 내지 시장만능주의에 경제를 맡겨두어서는 안 되고 정부가 경제활동을 규제해야 한다는 것이었다. 신자유주의에 입각한 경제학이 주류경제학이 된 지금 주류경제학을 대체한 케인즈 경제학이 나서야 한다는 것이다. 특히 금융산업에 대한 규제가 대폭 강화되어야 한다는 것이다.

그러면 케인즈 경제학이 자본주의의 병폐를 극복할 정보문명시대의 대안 이념이 될 수 있을까?

'케인즈 경제학'이란 경제를 시장에만 맡겨 둘 것이 아니라 정부가 시장에 개입하는 것은 물론 정부가 국가재정으로 대규모 국책사업을 벌여 실업자를 흡수하고 그것을 통해 유효수요를 창출하여 경기를 진작하는 것을 의미한다.

그러면 지금 이런 정책으로 오늘날의 금융위기와 경제침체를 극복할 수 있을 것인가?

물론 도산하는 기업이 많고 실업이 홍수를 이루고 있는 상황이라 구제금융을 충분히 제공하여 기업이 회생토록 하고 대규모 국책사업으로 실업자를 흡수하면서 유효수요를 창출하는 것은 경제회생에 도움이 될 수 있다. 그러나 이것이 근본적인 대책이 될 수 없음은 물론 구제금융을 제공할 재정적 여력도 없는 상황이다. 이미 너무 많은 재정투입으로 엄청난 재정적자 때문에 국가재정이 파탄 날 지경에 처해 있기 때문이다.

무엇보다 케인즈 경제학이 효과를 보던 1930년대와는 시대상황이 크게 바뀌었다. 1930년대의 대공황은 생산과잉과 투기로 기업이 도산하고 실업자가 폭증하면서 유효수요 곧 구매력이 떨어져 발생한 경제침체였으나, 지금은 산업의 정보화 곧 자동화와 신제품 개발에 따른 대량실업과 소득양극화의 구조화로 말미암은 경제침체여서 그 원인이 근본적으로 다르다.

따라서 1930년대의 대공황 때는 국가재정을 투입한 대규모 국책사업으로 유효수요를 창출함으로써 경기를 회복할 수 있었으나 지금은 그러한 정책으로는 경제를 회복할 수 없게 되어 있다. 우선 수요 곧 소비 자체가 포화상태에 있는 데다 더 많이 생산하는 것도 바람직스럽지 않게 되어 있기 때문이다.

1930년대에는 생산물이 적체되기는 했으나 유효수요가 없어 생산물이 적체되어 있었지 국민의 행복한 삶에 필요한 재화와 용역이 과잉이어서 적체되어 있었던 것은 아니다. 그리고 1930년대에도 실업자는 많았으나 일을 해야 하는데도 기업이 생산을 중단해서 실업자가 많았을 뿐이다. 국가재정을 투입해서 대규모 국책사업을 벌이면 그곳에서 일을 하면 되었다. 이렇게 해서 소득을 올려 유효수요가 증대하면 기업들도 회생할 수 있게 되어 있었다.

그러나 지금은 이미 유효수요 자체가 과잉이기 때문에 수요를 촉진하는 것이 일시적인 대책이 될 수는 있으나 근본적인 대책은 될 수 없다. 요즘 우리나라 경제가 어려우니 소비를 진작할 정책을 찾고 있는데 이것은 임시적인 해법은 될 수 있을지언정 근본적인 해법은 될 수가 없다.

케인즈 경제학의 대표적인 사람이 미국 프린스턴대학의 폴 크루그먼 교수인데, 그는 구제금융을 충분히 제공해야 할 뿐만 아니라 재정적자와 인플레를 감수하고서라도 재정지출을 해야 한다고 주장한다. 물론 이렇게 하면 일시적으로 경기가 회복될 수는 있겠으나 더 큰 공황을 맞을 뿐이다. 인간해방의 시대가 왔고, 이것은 자본주의의 극복을 통해서 이루어지게 되어 있는데, 이에 대한 인식이 없이 계속해서 자본주의적 사고방식을 갖고 있으니 이런 해법을 내놓게 되는 것이다.

그러면 자본주의 4.0은 어떤가? '자본주의 4.0'이란 금융위기 이후 영국의 경제평론가인 아나톨리 칼레츠키가 내놓은 처방인데, 이윤추구를 속성으로 하는 자본주의라는 점에서 올바른 처방이 될 수 없다. 칼레츠키는 자유방임의 시장경제를 자본주의 1.0, 정부가 시장에 개입하는 수정자본주의를 자본주의 2.0, 시장만능주의인 신자유주의를 자본주의 3.0으로 규정하고, 다시 시장과 정부의 역할을 동시에 인정하는 것이 자본주의 4.0이라고 규정했다.

자본주의 4.0은 경제를 시장에만 맡겨둘 것이 아니라 정부가 시장에 개입해야 한다는 점에서는 케인즈 경제학과 별반 다를 것이 없으나, 기업의 사회공헌을 강조하고 대기업과 중소기업의 상생과 협력을 강조한다는 점에서 약간 다르다. 그래서 자본주의 4.0을 '따뜻한 자본주의'로 부르기도 한다.

정보문명시대는 소득증대 경제가 아니라 자아실현 경제여야 한다는 점에서 어떤 형태의 자본주의도 정보문명시대에는 적합할 수가 없기 때문에 자본주의 4.0 또한 정보문명시대의 이념이 될 수는 없다. 그리고 이윤추구 경제가 지속되는 한 '따뜻한' 자본주의가 될수도 없다. 근본적으로 경제철학 자체를 바꾸어야 한다. 그렇게 해야할 때가 온 것이다.

몇 년 전부터 프랑스의 젊은 경제학자 피케티가 그의 저서 『21세기의 자본Capital in the Twenty-First Century』을 통해 자본주의가 21세기에 와서는 자본이익률이 경제성장률을 상회하면서 소득에 대한 자본의 비중이 과도하게 증가하였고, 이 증가한 자본이 세습되어 세습자본주의가 구조화함으로써 불평등이 심화되는 것은 물론 민주주의가 위협받게 되었다고 분석하면서, 이를 극복하기 위해서는 한편으로는 자본주의가 공공의 이익에 복무하도록 민주주의 이념과 제도를 강화해야 하고, 다른 한편으로는 자본에 대한 누진세를 전 세계적 차원에서 실시해서 자본의 세습을 억제해야 한다고 주장했다.

그래서 피케티의 이런 주장이 세계적 각광을 받은 바 있고, 특히 우리나라의 진보진영에서는 소득양극화 등에 대한 탁월한 해법이 제시된 것처럼 인식하여 피케티 열풍이 일어나기도 했는데, 이것은 역사의식의 빈곤 내지 지식의 빈곤을 말해줄 뿐이다.

왜냐하면 오늘날 전 세계적으로 문제가 되고 있는 부와 소득의 불평등 심화는 세습자본주의의 구조화에 따른 것이라기보다 산업의 정보화와 시장의 세계화에 따른 것이고, 그 해법 또한 자본에 대한 누진세 강화로 자본의 세습을 억제하는 정도에 머물러서는 안 되기 때문이다.

피케티는 지난 200년 동안 부와 소득의 불평등이 어떻게 심화되어왔는지를 연구해서 이런 결론을 도출했다고 하는데, 우선 연구의 대상으로 지난 200년 동안의 부와 소득의 불평등 심화과정을 삼은 것부터 시대착오적이다. 지난 200년 동안 부와 소득의 불평등이 심화된 이유와 21세기 들어와서 부와 소득의 불평등이 심화된 이유는 근본적으로 다르기 때문이다.

지난 200년 동안은 세습자본주의에 의해 부와 소득의 불평등이 심화되어왔지만, 21세기 정보사회에서는 세습자본주의에 의해서라기보다 산업의 정보화와 시장의 세계화에 의해 부와 소득의 불평등이 심화되었기 때문이다. 전 세계적인 갑부들은 자본 곧 부의 세습을 통해서가 아니라 산업의 정보화를 통해서 최대의 갑부가 되었으니 말이다.

세계적 갑부인 미국의 제프 베조스나 빌 게이츠, 워런 버핏, 마크 저커버그 또는 중국의 마윈이나 재일동포 손정의 등이 자본의 세습을 통해서가 아니라 산업의 정보화와 시장의 세계화 때문에 세계적 갑부가 된 것만 보더라도 이를 알 수 있다. 한국의 이건희도 엄청난 돈을 상속받기는 했으나 세계적 갑부가 된 것은 반도체와 스마트폰 등 때문이라는 점에서 자본의 세습을 통해서가 아니라 산업의 정보화와 시장의 세계화 덕분이었다.

그래서 그 해법 또한 자본에 대한 누진세를 넘어 소득에 대한 누진세를 강화하는 것이어야 한다.

피케티의 근본적 한계는 부 내지 소득의 문제를 현대사회의 현안으로 삼음으로써 돈 중심의 가치관에서 벗어나지 못하고 있다는 점이다. 돈 중심의 가치관에 머물러 있는 한 현대사회의 문제를 해결할 수 없기 때문이다. 돈 중심의 가치관이 아니라 자아실현 중심의 가치관으로 현대사회의 현안을 파헤쳐야 하기 때문이다.

백보를 양보하여 피케티의 주장이 일리가 있다 하더라도 그것은 어느 한 부분의 해결책은 될 수 있을지언정 전 세계가 직면하고 있는 총체적 위기의 근본적 해법이 될 수는 없다. 다른 경제학자들의 주장이나 해법도 마찬가지다. 다들 부분적 해법은 될 수 있을지언정 근본적 해법이 되지 못하는 한계를 지니고 있다. 노벨 경제학상을 수상한 연구주제들도 마찬가지다. 그런 부분적이고 기능적인 해법으로는 전 세계가 직면한 총체적 위기를 해결할 수 없기 때문이다. 오히려 방해가 될 뿐이다.

이처럼 자본주의가 오늘날 전 세계가 직면한 경제침체, 인간성 상실 등의 문제를 해결하기는커녕 이들 문제의 원인이 되고 있는 것은 시대상황이 변했기 때문이다.

앞에서 언급했듯이 자본주의가 인류 역사의 발전과 인간 행복의 증진에 기여한 것은 엄청나다. 자본주의는 기본적으로 경제성장의 이념인데, 자본주의 덕분에 경제가 이만큼 성장할 수 있었기 때문이다. 엄청난 공헌이 아닐 수 없다.

그러나 이제는 성장이 중요하지 않은 시대가 되었고, 심지어 성장의 시대는 끝났다고 보아야 한다. 굳이 성장이라고 말한다면 성장의 개념이 바뀌어야 한다. 이제는 성장 곧 더 많은 소유보다 자아실현 곧 인간해방이 중요해졌다. 인생의 목표는 행복인데, 더 많이 소유하는 것으로는 행복을 누릴 수가 없고 경제활동 속에서 자아실현의 보람과 기쁨을 누리는 것이 행복한 삶을 이루는 길이기 때문이다.

그래서 자본주의의 대안으로서 뿐만 아니라 자아실현의 해방된 삶을 누릴 수 있기 위해서는 앞에서 언급한 대로 민주시장주의를 채택해야 한다. 민주시장주의야말로 자아실현을 구현할 수 있는 정책을 제시하고 있기 때문이다.

12

왜 한반도에서
새로운 이념이 나와야 하는가?

자아실현의 삶을 살 수 있게 할 21세기 정보문명시대의 이념은 한반도에서 나오게 되어 있는데, 그 이유를 밝혀두고자 한다.

20세기는 이념대립의 시대였다. 미국을 중심으로 한 자본주의와 소련을 중심으로 한 사회주의 곧 공산주의가 전 세계를 동서 양 진영으로 나누어 대결했던 시대였다.

20세기 전 세계를 주도한 이 자본주의와 사회주의의 대립이 가장 치열하게 나타났던 곳이 바로 한반도이고, 그래서 한반도의 민중은 이 이념대립으로 말미암아 가장 큰 고통을 겪었다. 그러기에 이념대립으로 가장 큰 고통을 겪은 이곳 한반도에서 자본주의와 사회주의 모두를 극복할 새로운 이념이 나오는 것이 세상의 이치이다. 그리고 이것을 해내는 것이 한반도 민중운동과 한반도 통일운동이 떠맡아야 할 역사적 과제이다.

필자는 한반도에서 민중운동과 통일운동을 해온 사람으로서 이러한 역사적 책무를 감당해야 한다는 역사적 소명감으로 새로운 이념 곧 정보문명시대에 부응할 진보이념의 정립을 위해 노력해 왔다. 앞에서 제시한 민주시장주의는 이러한 문제의식과 노력의 산물이다.

그리고 필자는 이런 문제의식을 '한반도 통일의 세계사적 의의'라는 말로 표명한 바도 있다.

이런 점에서 한반도의 통일은 세계사적인 의미가 있으며, 한반도를 통일하는 이념은 20세기 전 세계를 지배해온 자본주의와 사회주의의 대결을 넘을 수 있는 새로운 이념이 될 것이다.

따라서 우리가 제시하는 새로운 이념인 '민주시장주의'는 우리 사회의 정상적 발전과 국민의 행복한 삶을 이루는 데만 필요한 이념이 아니라, 21세기 전 세계가 지향해야 할 이념이 되기도 할 것이고, 또 통일한국의 이념이 되기도 할 것이다. 그리고 이 새로운 이념을 통해 통일한국의 비전을 제시함으로써 민족통일을 앞당길 수도 있을 것이다.

전 세계가 나아가야 할 새로운 방향으로서의 새로운 이념을 우리가 제시해야 하는 것은 우리 민족이 감당해야 할 세계사적 책무이자 세계사적 소명이라는 점을 깊이 인식할 필요가 있다.

앞으로 아시아태평양지역이 세계의 중심이 되는 아시아태평양시대를 맞게 되는 터에 한반도는 아시아태평양지역의 중심에 위치하고 있다는 점에서도 그러하지만, 특히 4000여 년 전 우리 민족이 나라를 세우면서 다른 민족의 건국이념에서는 찾아볼 수 없는 '홍익인간 이화세계弘益人間 理化世界' 곧 전 인류를 널리 이롭게 하면서 우주 내지 자연의 이법에 맞게 세상이 운영되게 해야 한다는 것을 건국이념으로 내세웠기 때문이다. 홍익인간 이화세계라는 우리 민족의 건국이념은 이 시대에 꼭 들어맞는 이념이겠기 때문이다.

사실 이런 내용의 이념을 건국이념으로 내세운다는 것은 결코 쉬운 일이 아니다. '홍익인간', 곧 전 인류에게 널리 이롭게 한다는 내용을 건국이념으로 내세울 수는 있겠으나, '이화세계', 곧 우주 내지 자연의 이법에 맞게 세상이 운영되게 해야 한다는 것을 건국이념으로 내세운다는 것은 대단히 있기 어려운 일로 세상에 대한 탁월한 통찰이 있기 때문에 가능했을 것이다.

이처럼 이미 4000여 년 전 우리 민족은 바로 이러한 이념에 기초해서 나라를 세운 민족이니, 우리 민족은 이 건국이념이 전 세계에서 구현될 수 있게 할 세계사적 소명을 부여받고 있다 하겠다.

필자는 이런 역사적 소명감을 부여받고 있다는 자부심을 가지고 민주시장주의를 정립해서 제시했다. 그래서 민주시장주의는 '홍익인간 이화세계'를 현대화한 이념이라고 생각한다.

우리는 민주시장주의로 '홍익인간 이화세계'를 실천하는 통일한국을 세계적 모범국가가 되게 함으로써 '홍익인간 이화세계'의 이념에 따라 전 인류가 서로 사랑하며 자연의 이법에 따라 삶으로써 자아실현의 해방된 삶을 누리도록 해야 하겠다.

바로 이것이 필자가 새로운 이념의 정립을 강조하면서 민주시장주의를 정립해서 이를 구현하기 위해 노력해온 중요한 이유이다.

그리고 앞으로의 이념은 자아실현의 해방된 삶을 구현할 수 있는 인간해방의 이념이어야 하는 만큼 물질적 발전만을 이루는 이념이 아니라 정신적 희열도 이루는 이념이어야 한다. 그런 의미에서 앞으로 지향해야 할 이념은 종교가 추구해왔던 정신적 해방 내지 정신적 희열도 포괄해야 한다는 점에서 앞으로의 정치는 종교와 통합된 정치가 되어야 할 것이다.

필자가 이런 주장을 하는 것은 '지상낙원'과 관련이 있다. 마르크스가 한때 공산주의 사회를 건설함으로써 지상낙원을 건설하려고 했으나, 그것은 이미 실패로 끝났다. 그래서 지상낙원은 종교적으로나 추구될 수 있을 것으로 간주되고 있다.

기독교에서 말하는 에덴동산이나 천국, 불교에서 말하는 극락세계나 정토가 바로 지상낙원이다. 기독교나 불교에서 말하는 천국이나 정토를 죽은 후의 나라나 세상으로 생각하는 경향이 있으나, 이것은 옳지 않다.

기독교의 <주기도문>에서 "아버지의 나라가 오게 하시며 아버지의 뜻이 하늘에서 이루어진 것과 같이 땅에서도 이루어지게 하소서"라고 한 것을 보더라도 죽어서의 천국이 아니라 살아서의 천국 곧 지상천국을 지향하고 있음을 알 수 있다. 더욱이 예수께서 "기독교의 하나님은 죽은 사람의 하나님이 아니라 살아있는 사람의 하나님"이라고 말한 것이나 "살아서 믿는 사람은 영원히 죽지 않을 것"이라고 말한 것 등은 죽은 후의 천국이 아니라 지상천국이 건설되어야 함을 역설한 것으로 보아야 할 것이다.

불교에서 사홍서원四弘誓願이나 반야심경의 '구경열반究竟涅槃', 또는 금강경의 '약견제상비상 즉견여래若見諸相非相 卽見如來' 등을 보더라도 극락세계나 정토는 죽어서의 세상이 아니라 살아서의 세상 곧 지상낙원임을 알 수 있다.

그래서 기독교나 불교를 진실로 믿는 사람은 사후천국이나 사후극락이 아니라 지상천국, 지상낙원을 바라야 할 뿐만 아니라 이를 이루어야 할 것이다. 천도교, 원불교 등 다른 종교도 마찬가지다.

필자가 정치와 종교가 통합되어야 한다고 주장하는 이유가 여기에 있다.

행복정치론

Welfare State
Joyful Country
Self-Supporting Country

Democratic Country
Environmental Country
Cultural Country

Moral Country
Independent Country
Peaceful Country
Safe Country

자아실현을 구현할 국가발전 목표

1. 복지국가(Welfare State)

2. 보람국가(Joyful Country)

3. 자립국가(Self-Supporting Country)

4. 민주국가(Democratic Country)

5. 환경국가(Environmental Country)

6. 문화국가(Cultural Country)

7. 도덕국가(Moral Country)

8. 자주국가(Independent Country)

9. 평화국가(Peaceful Country)

10. 안전국가(Safe Country)

앞 장에서 자아실현을 통해 보람과 기쁨을 누리며 행복하게 살 수 있기 위해서는 그렇게 할 만한 '사회적 조건'이 확보되어야 하는 것은 물론 그렇게 할 만한 인품으로서의 '주체적 조건'도 확보되어야 한다는 것을 밝혔다.

이러한 사회적 조건과 주체적 조건을 확보하기 위해서는 이것을 확보할 수 있는 나라가 되어야 하는데, 이것이 결코 쉬운 일이 아니다. 지금까지는 국민 개개인이 자신의 꿈과 희망을 이루며 행복하게 살 수 있는 나라를 만드는 것을 국가발전의 목표로 하기보다 부국강병 곧 국민소득이 높고 군사력이 강한 나라를 만드는 것을 국가발전의 목표로 해왔다.

거듭 말하지만 모든 것은 시대상황에 의해 규정되는 측면이 강하다. 지금까지는 국민소득이 높고 군사력이 강한 나라를 만드는 것이 필요했다. 어쩌면 자아실현의 보람과 기쁨을 누리며 행복하게 사는 나라를 만드는 것이 불가능했던 점도 있었다. 그러나 산업의 정보화로 사회적 생산력이 비약적으로 발전하고 정보통신수단의 혁명적 발달로 대중의 사회정치의식이 고도화된 정보문명시대에는 모든 국민이 자아실현을 통해 행복하게 살 수 있게 되었기 때문에 국가발전목표도 이에 맞게 설정되어야 한다. 오히려 모든 국민이 자아실현을 통해 행복하게 살 수 있는 나라를 건설하지 않으면 모든 국민이 불행한 나라가 될 수 있다.

그렇기 때문에 국가를 발전시키는 데 주도적인 역할을 하는 정치가 새로워져야 한다. 즉 국민소득을 높이고 군사력을 강화하며, 나아가 민주주의를 확립하고 인권을 보장하는 정치를 넘어 모든 국민이 정치적으로나 사회적으로 안정된 가운데 자아실현의 보람과 기쁨을 누리며 행복하게 살 수 있도록 하는 정치, 즉 '자아실현의 정치'가 이루어져야 한다.

그래서 모든 국민이 자아실현의 보람과 기쁨을 누리며 행복하게 살 수 있게 하기 위해서는 어떤 나라가 되어야 하겠는지를 밝히고자 한다.

1

복지국가(Welfare State)

모든 국민이 자아실현의 보람과 기쁨을 누리며 행복하게 살 수 있게 하기 위해서는 무엇보다 먼저 의식주와 의료, 교육 등 인간으로서의 기본생활이 보장되어야 한다. 즉, 사회보장제도의 확립을 통해 국민의 복지가 보장되어야 한다.

사회보장제도는 모든 국민의 기본생활을 보장하기 위해서도 필요하지만 모든 국민이 자기가 하는 일 속에서 보람과 기쁨을 누리면서 살 수 있게 하는 '보람국가'를 뒷받침하기 위해서도 필요하다.

그리고 대량실업과 소득양극화가 구조화되어 '1 대 99의 사회'가 되기 쉬운 정보문명시대에는 경제발전을 위해서도 사회보장제도를 확립해야 한다. 사회보장제도를 통해 빈곤층의 소득을 보전함으로써 유효수요를 창출해야 경제가 선순환 할 수 있기 때문이다.

이런 점에서 문재인 정부가 내세운 '소득주도성장' 자체는 틀린 정책이 아니다. 문제는 저소득층의 소득이 오르도록 해서 성장을 이루도록 하는 정책을 폈어야 하는데, 저소득층의 소득이 오히려 줄어들게 해서 성장도 할 수 없게 했기 때문에 소득주도성장이 되지 못하게 한 데 있다. 최저임금의 급격한 인상은 영세상공인들의 도산을 불러와 저소득층의 소득이 더 내려가게 하면서 저임금노동자들로 하여금 실직하게 해 저임금마저 받지 못하게 했기 때문이다.

우리 사회에서는 성장과 복지를 대립적인 개념으로 간주하는 사람들이 절대다수인데, 이것은 엄청난 착각이다.

대량실업과 소득양극화의 구조화로 '1 대 99의 사회'가 된 정보문명시대에는 사회보장제도를 통해 1%의 부유층이 얻은 소득을 99%의 빈곤층에게 재분배해 주어야 빈곤층의 구매력이 증대하여 부유층이 생산한 물품을 구매할 수 있게 됨으로써 경제가 발전할 수 있다. 그래서 사회보장제도는 99%의 빈곤층만을 위한 제도가 아니라 1%의 부유층을 위한 제도이기도 하다.

사회복지에는 선별적 복지와 보편적 복지가 있는데, 보편적 복지가 바람직하다. 사회복지는 의식주 등 기본생활을 해결하는 데 도움을 주기 위한 것이기도 하지만 인간으로서의 존엄을 유지하면서 행복하게 살 수 있게 하기 위한 것이기도 하기 때문이다. 보편적 복지로 국민 누구나 국가로부터 혜택을 받는 것으로 인식되게 해야지 자기가 빈곤해서 국가로부터 혜택을 받는 것으로 인식되게 하는 것은 인간의 존엄을 해칠 수 있기 때문이다.

그리고 선별적 복지의 경우 선별하는 데 드는 비용이 너무나 많아 때로는 보편적 복지를 실시할 때보다 더 많은 비용이 들 수 있기 때문에도 보편적 복지를 채택하는 것이 옳다. 선별적 복지를 채택할 경우 그 기준이 애매한 경우가 대단히 많을 수밖에 없으며, 이런 이유로 부정이 개입될 소지가 대단히 크다. 실제로 복지와 관련한 부정이 많이 일어나는 것은 이 때문이다.

그런데 빈곤층을 구제하기 위한 방법으로 공적 부조인 사회보장제도보다 사적 부조인 '나눔'을 주장하는 경우가 대단히 많은데, 이것은 잘못된 일이다. 나눔에 의한 빈곤층 구제는 선별적 복지보다 더 인간의 존엄을 해치기 때문이다.

인간사회에 나눔이 있어야 하는 것은 너무나 당연하고 또 나눔은 대단히 아름다운 일이나, 사회보장제도로 해결해야 할 일을 나눔으로 해결하는 것은 대단히 잘못된 것이다. 그리고 나눔의 강조가 사회보장제도의 확립을 방해하는 경우가 대단히 많다는 점에서 나눔의 강조는 오히려 사회적 해악일 수도 있다.

특히 사회보장제도가 확립되어 있지 못한 한국 사회에서 나눔을 강조하는 것은 무지의 소치이거나 사회보장제도의 확립을 반대하기 위한 술책일 뿐이다. 빈곤층의 구제를 나눔 곧 기부에 의존할 경우 복지사각지대가 발생할 수밖에 없기 때문이다. 이와 관련해서는 보론에서 자세히 다루고 있다.

미국의 빌 게이츠 MS회장과 워런 버핏, 버크셔 해서웨이 회장이 그동안 수천억 달러에 달하는 돈을 기부해왔는데, 그들의 기부행위는 아름다운 행위로 칭송받아 마땅하지만, 그 돈은 기부자인 그들의 뜻에 따라 쓰이게 할 것이 아니라 국가에 세금으로 납부하게 해서 국가가 체계적으로 국민복지를 위해 쓰이게 하는 것이 더 옳다. 그래야 그 돈이 합리적으로 쓰일 수 있기 때문이다.

그리고 기부행위에 조세를 감면해주는 것이 일반화되어 있는데, 이것은 국가에 낼 세금으로 기부하는 것이어서도 옳지 않지만, 이것이 탈세의 수단이 되는 경우가 대단히 많기 때문에도 옳지 않다.

사회복지와 관련하여 복지는 좋은 것이지만 예산이 어디 있느냐 하는 '예산타령'과 사회복지가 잘되어 있으면 일하지 않으려는 사람이 많아져 경제가 침체한다는 '복지망국론' 등 사회복지를 반대하는 주장들이 많은데, 어리석은 주장일 뿐이다. 예산이 없어 사회복지를 실시하지 못하는 것은 전혀 아니며, 복지망국현상 또한 생산적 복지제도를 채택하면 능히 극복할 수 있기 때문이다.

그밖에도 사회복지를 반대하는 주장은 너무나 많다. 대표적인 것이 '일자리가 최대의 복지'라면서 복지에 쓰는 예산을 경제가 성장할 수 있도록 기업을 지원하는 데 써서 일자리가 창출되게 해야 한다는 주장이다. 그럴듯해 보이는 주장이지만 복지를 반대하고 기업을 지원하기 위한 주장일 뿐이다.

일자리를 창출하는 것은 좋은 일이지만 일자리 창출로 빈곤층의 문제를 해결할 수 있는 것이 아닌 세상이 되었다. 더욱이 사회복지에 써야 할 돈을 일자리 창출이란 명분으로 기업에게 지원하는 것은 전혀 옳지 않다. 사회복지에 돈을 쓰면 기업을 지원할 돈이 없는 것도 아니거니와 사회복지에 돈을 써야 소비가 진작되고 생산활동이 활발해져 일자리가 창출될 수 있기 때문이다. 더욱이 지금은 유효수요 곧 대중의 구매 내지 소비가 줄어 기업의 생산활동이 저조해지고 있음도 감안되어야 한다.

모든 국민이 전통적 개념의 일자리를 갖는 것은 원천적으로 불가능한 시대가 되었음을 알아야 한다. 모든 국민이 일자리를 갖는 것은 불가능한 시대가 되었기 때문에 완벽한 사회보장제도의 확립이 불가피한 시대가 되었다. 그런데도 이것을 무시하고 일자리 공급을 위해 국가재정을 사용해야 한다고 주장하는 것은 무지의 소치이거나 사회복지를 반대하기 위한 국민기만일 뿐이다. 오히려 사회보장제도를 통해 모든 국민이 일할 수 있도록 사회적 일자리를 최대한 공급해야 하는 시대가 된 것이다.

사회보장제도가 불가피한 시대가 되고, 또 사회보장제도를 실시하지 않다가는 정권도 체제도 유지할 수 없게 되자 정치권에서 복지정책을 마구잡이로 쏟아내 복지는 어느 정도 확충되어 가고 있다. 그러나 아무런 철학과 원칙이 없이 포퓰리즘적으로 복지정책을 강구하다 보니 과잉복지와 복지사각지대가 혼재한 가운데, 국가재정이 파탄 날 지경에 이르렀다. 그럼에도 불구하고 지금은 돈이 남아돌아 엉뚱한 데 국가재정을 낭비하고 있지만 말이다. 철학과 원칙에 입각해 복지제도를 재정비할 것이 시급하게 요청된다. 현재의 복지제도가 문제가 많다고 해서 복지제도를 폐기할 것이 아니라 재정비해야 한다.

2

보람국가(Joyful Country)

　자아실현의 보람과 기쁨을 누리며 행복하게 살 수 있게 하기 위해서는 모든 국민이 자기가 하는 일에서 보람과 기쁨을 누릴 수 있게 하는 '보람국가'가 건설되어야 한다.

　보람국가의 개념은 소득국가에 대치되는 개념이라고 할 수 있다. 지금까지는 국민소득을 올릴 수 있도록 하는 것을 국정운영의 가장 중요한 목표로 삼아왔으나, 이제 자아실현의 보람과 기쁨을 얻게 하는 것을 국정운영의 가장 중요한 목표로 삼아야 하겠다는 것이다. 국민이 행복해지는 데 소득보다 보람이 더 중요해졌기 때문이다. 그런데 소득증대보다 자아실현을 국정운영의 중요한 목표로 설정해야 하는 것은 자아실현이 인생의 최고 목표이기 때문만이 아니라 자아실현을 목표로 하는 국정운영이 이루어져야 경제적 효율성도 더 높아지기 때문이다.

　인간의 행복한 삶에 필요한 재화와 용역이 부족했던 산업문명시대까지는 소득 곧 임금이 노동의 주된 동기였으나, 인간의 행복한 삶에 필요한 재화와 용역이 충분하게 된 정보문명시대에는 소득보다는 보람이 노동의 주된 동기가 되기 때문이다.

　보람국가를 국정운영의 중요한 목표로 설정하는 것은 사회 전 부문에 걸쳐 국민이 일 속에서 보람과 기쁨을 누릴 수 있도록 국정 을 운영해야 함을 의미한다. 국민이 일 속에서 보람과 기쁨을 누릴 수 있게 하기 위해서는 모든 국민이 일거리를 확보하고 있어야 한 다. 보람과 기쁨은 기본적으로 창조적이고 생산적인 일 속에서 얻 어지기 때문이다.

　그러나 산업의 정보화로 생산력이 고도화된 정보문명시대에는 모든 사람이 창조적이고 생산적인 일을 하는 것은 사실상 불가능하 게 되었기 때문에 문화활동과 봉사활동에서 보람과 기쁨을 누릴 수 있게 할 필요가 있게 되었다. 앞에서 밝힌 대로 문화활동과 봉사활 동을 하더라도 사회보장제도에 의해 의식주 등 인간으로서의 기본 생활은 할 수 있도록 보장해야 한다.

　모든 사람이 일 속에서 보람과 기쁨을 누리게 하기 위해서 어떻 게 해야 할지에 대해서는 이념과 정책을 다루면서 밝히고자 한다.

8

자립국가(Self-Supporting Country)

'자립국가'란 기본적으로 국민이 그 나라가 가진 물적, 인적 자원에 기초해서 살아가는 국가를 말한다. 물론 그렇다고 해서 외국과의 무역을 하지 않는 것을 의미하지는 않는다. 부족한 물자가 있으면 외국에서 수입해야 하고, 또 남아도는 물자는 수출할 수 있다. 따라서 자립국가는 자급자족경제autarky를 지향하는 것은 아니다. 그런데 이른바 글로벌경제시대에 굳이 자립경제를 채택할 필요가 있는지, 더욱이 자유무역의 개방경제를 채택하는 것이 경제적으로 더 이익이 된다면 자립경제가 아니라 자유무역의 개방경제를 채택해야 하는 것이 아닌지, 그리고 자립경제가 가능하기는 하는지가 문제다.

우선 자립경제가 자유무역의 개방경제보다 '경제적으로 손해가 되더라도' 자립경제를 채택할 필요가 있다. 그 이유는 국민들이 자아실현의 삶을 사는 데 개방경제보다 자립경제가 더 도움이 되기 때문이다. 여기서 '경제적으로 손해가 되더라도'라는 것은 무역상의 손해를 말하는 것이지 국민경제상의 손해를 의미하는 것은 아니다.

자유무역의 개방경제를 채택하게 되면 국제경쟁력이 있는 산업과 기업은 많은 이익을 올리게 되겠지만 국제경쟁력이 없는 산업과 기업은 존속하기도 어렵게 된다. 이렇게 되면 설사 국민소득은 늘어날 수 있어도 도산하는 산업과 기업이 많아져 국민들이 일할 것을 잃게 된다. 일 속에서 자아실현의 보람과 기쁨을 누려야 하는 터에 일자리가 줄어드니 그만큼 국민이 불행하게 된다.

자유무역협정FTA은 전형적인 개방경제인데, FTA는 국제경쟁력이 없는 산업과 기업은 몰락하게 해서 많은 국민들로 하여금 일자리를 잃게 하여 자아실현의 기회를 갖지 못하게 하기 때문에 옳지 않다. 그리고 문화와 전통조차 경제적 경쟁력에 따라 평가되게 함으로써 전통문화를 파괴하기 때문에도 옳지 않다. 전통문화가 파괴되면 국민이 행복한 삶을 살기 어렵게 된다. 국민이 행복하게 사는 데 도움이 되는 정책이어야지 국민을 불행하게 하는 정책이라면 그것이 경제적으로 아무리 이득이 되더라도 옳지 않다.

FTA란 무역에서 품목제한만 없애는 것이 아니라 원칙적으로 관세까지 없애서 협정 당사국의 경제를 통합하는 것이나 마찬가지다. 협정 당사국이 경제를 통합하게 되면 국가를 통합하는 것과 비슷하다. 개인도 개성이 있어야 행복할 수 있듯이 국가도 각 국가의 고유한 정체성이 있어야 행복한 국가가 될 수 있다. 그래야 국가도 발전하고 개인도 행복할 수 있다. 공자의 '화이부동和而不同'이란 말이 꼭 들어맞는다. 화합할지언정 꼭 같을 필요는 없기 때문이다.

자유무역을 옹호하는 이론으로 영국의 19세기 경제학자 리카도의 '비교우위이론'이 있는데, 이 이론의 상당 부분은 타당한 점이 있으나 몇 가지 맹점이 있다.

무엇보다 19세기 초와 지금은 시대상황이 달라졌다. 19세기 초에는 경제적 효율이 가장 중요한 가치였으나, 지금은 경제적 효율보다 자아실현이 더 중요한 가치가 되었다. 그리고 비교우위이론은 생산비의 비교우위에 따라 국제분업이 이루어지더라도 각국에서는 노동과 자본의 자유로운 이동이 이루어져 완전고용이 이루어질 것을 전제하고 있는데, 지금은 그렇게 될 수 있는 시대가 아니다.

즉 비교우위이론은 어떤 산업이 비교열위로 도산하게 되면 그 산업에 종사하던 노동자들이 비교우위의 산업으로 이동한다는 것을 전제하고 있는데, 전혀 그렇지 못하기 때문이다. 그래서 비교우위이론은 자유무역을 정당화하는 이론이 될 수 없다. 또한 비교우위이론은 국제분업에서 생기는 이득을 각 국가가 형평성 있게 공유하는 것을 전제하고 있는데, 이것 또한 전혀 사실이 아니다. 따라서 비교우위이론에 입각한 자유무역은 정당성이 없다.

한때 자유무역협정FTA이 세계적 추세인 것처럼 인식되었으나 몇 년 가지 않아 FTA가 와해될 가능성이 대단히 커졌다.

영국의 EU탈퇴를 의미하는 브렉시트Brexit가 국민투표에 의해 결정되었는데, 이는 영국만의 문제가 아닐 것이다. 프랑스, 네덜란드의 EU탈퇴를 의미하는 프렉시트Frexit와 넥시트Nexit도 시간문제인 것처럼 보이며, 다른 EU국가들도 EU를 탈퇴할 가능성이 대단히 크다.

영국의 EU탈퇴를 두고 전 세계적으로 비난하는 것이 대세였고 심지어 정신이 나간 짓으로 몰아 영국인들이 잘못된 결정을 한 것처럼 간주되었으나, 이런 비난이야말로 잘못된 것이다.

FTA를 체결하면 수출대기업과 국제경쟁력이 있는 사람들 곧 부자들에게는 유리하지만, 중소기업과 국제경쟁력이 없는 사람들 곧 서민대중은 기업이 도산하거나 일자리를 빼앗기기 때문에 손해가된다. 그래서 서민대중이 EU탈퇴를 지지하는 것은 너무나 당연하다. 그런 이유로 경제공동체로서의 EU는 해체될 가능성이 대단히 크다.

미국에서도 공화당의 대통령후보 트럼프가 FTA를 강력히 반대하고 있는데, 타당한 주장이 아닐 수 없다. 앞에서 지적한 대로 FTA는 부자와 국제경쟁력 있는 사람에게만 유리하고 서민대중에게는불리하게 되어 있기 때문이다. 한국의 일부 논자들은 미국의 트럼프 후보가 한미FTA를 반대하고 있는 것과 관련하여 트럼프 후보가 '한미FTA는 미국에 불리한 것'이라고 하면서 이를 폐기해야 한다고 주장하니, 트럼프의 이런 주장은 한미FTA가 한국에 유리하기 때문에 나오는 주장이 아니냐고 하면서 한미FTA를 옹호하는데, 이것은 어리석은 일이다.

한미FTA를 평가함에 있어 한미FTA가 한국에 유리하니 미국에불리하다든가, 한국에 불리하니 미국에는 유리할 것이라고 판단해서는 안 된다. 한국과 미국 모두에게 유리할 수도 있고, 한국과 미국모두에게 불리할 수도 있기 때문이다. 그런데 현재 한미FTA는 한국과 미국 모두에게 불리하게 되어 있다. 무역흑자가 늘어난다고 해서유리한 것이 아니다. 이런 이유로도 국가 경제정책의 기본을 '자립경제'로 설정하는 것이 대단히 중요하다.

세계에서 자원이 가장 풍부하고 과학기술도 가장 뛰어난 미국조차자립경제를 기본으로 하지 않기 때문에 엄청난 곤경에 처해 있다. 미국은 사기성이 농후한 금융산업에 치중하게 됨으로써 제조업이붕괴되다시피 했는데, 이것이 결국 대량실업과 무역적자, 나아가 재정적자를 초래해 국가적 위기를 초래하게 되었다. 미국은 대체로 무역적자가 연간 3천억 달러에 재정적자가 5천억 달러로, 달러를 발행하는 나라가 아니라면 IMF의 자금을 다 투입하더라도 국가파산을 면치 못했을 것이다.

그런데 과학기술의 혁명적 발달은 각국으로 하여금 자립경제가 가능하도록 만들고 있음도 주목해야 한다. 자립경제에서 가장 중요한 것이 식량과 에너지, 그리고 제조업인데, 과학기술의 혁명적 발달로 이것이 자립하는 방향으로 나아가고 있기 때문이다.

식량의 경우 지난날에는 토지가 결정적인 요소였으나 지금은 영농의 기계화와 정보화가 이루어져 좁은 토지에서도 엄청난 양의 식량을 생산할 수 있다. 또 식량을 토지에서만 생산하는 것이 아니라 아파트와 같은 시설에서도 생산할 수 있게 되었다. 그래서 식량을 수입하는 것은 식량생산이 어려워서가 아니라 식량수입으로 경제적 이득을 보는 사람들의 농간 때문으로 보아야 한다. 식량자급을 목표로 하는 정책을 펴면 몇 년 안에 식량을 자급할 수 있게 되어 있기 때문이다.

에너지도 마찬가지다. 상당한 시일이 걸리긴 하겠으나 신재생에너지산업을 육성하면 자연조건을 활용해서 에너지를 생산할 수 있기 때문에 에너지의 자급률을 크게 높일 수 있다. 원자력 발전의 경우 지난날은 원자력 기술의 저급성으로 위험이 커서 탈원전으로 나아갈 필요가 있었으나 지금은 원자력 기술이 뛰어나 위험이 크게 감소했기 때문에 원자력 에너지로 에너지의 자립도를 크게 높일 수 있다.

다른 제조업 분야도 마찬가지다.

요컨대 자아실현의 보람과 기쁨을 누리면서 행복하게 살 수 있기 위해서는 국가경제 정책의 기조를 자립국가로 설정해야 하며, 이것은 얼마든지 가능하다.

민주국가(Democratic Country)

민주주의는 독재에 의한 인권유린을 방지하기 위해서도 필요하지만, 그것보다 민주주의를 통해 자신이 사회운영의 주인임을 인식하게 하기 위해서도 필요하다.

선거는 국민이 국가사회 운영의 주인으로서의 권리를 행사하는 기회인데, 이것은 대단히 중요하다. 투표자가 1천만 명일 경우 자신이 사회운영에 영향을 미치는 것은 불과 1천만분의 1이지만, 이런 사람들이 결집해서 사회운영의 방향을 결정하는 것인 만큼 보람 있는 일이 아닐 수 없다.

인간의 권리 가운데 가장 소중한 권리는 자유인데, 자유에는 소극적 자유와 적극적 자유가 있다. 소극적 자유는 남으로부터 구속받지 않을 권리이고, 적극적 자유는 내가 어떤 일을 내 마음대로 할 수 있는 권리인데, 선거는 적극적 자유의 하나다.

민주주의는 국가 단위에서만 이루어져야 하는 것이 아니다. 가정이나 친목모임 같은 특수한 성격의 단체 이외에는 모든 단체에서 이루어져야 한다. 그래서 필자는 각급 공동체가 민주적으로 운영되어야 한다는 이유로 '공동체 민주주의'를 자아실현을 위한 이념의 중요한 내용으로 삼고 있다. 각급 공동체에서 민주주의를 실천하는 것이 자아실현에 크게 기여하기 때문이다.

5
환경국가(Environmental Country)

'환경국가'를 국가발전 목표의 하나로 설정하는 것은 환경보전을 위해서만이 아니라 삶이 자연의 이법에 따라 이루어지도록 하기 위해서다. 자연환경을 원형대로 보존하는 과정에서 자연의 이법에 따라 살아야 행복할 수 있다는 것을 깨달아 자연의 이법대로 살아가도록 해야 한다는 것이다. 이것이 가장 행복한 삶이기 때문이다.

그런데 인간은 자유의지를 가진 존재이고 자아실현은 자유의지에 따라 사는 것을 의미하기 때문에 자아실현과 자연의 이법에 따른 삶은 서로 무관하거나 배치되는 것으로 생각할 수 있지만, 그렇지 않다. 인간이 자연의 이법대로 산다는 것은 동물이 본능적으로 자연의 이법대로 사는 것과는 달리 인간은 자신의 자유의지에 따라 자연의 이법대로 산다는 것을 의미한다.

인간은 끊임없이 자연의 이법에서 벗어난 삶을 영위코자 하는 경향이 있는데, 이런 경향을 바로잡아 자연의 이법대로 삶을 영위케 하는 것이 자유의지이고, 자유의지로 자연의 이법에 따라 살 때 행복하게 살 수 있다. 자연의 이법대로 살려는 '노력'으로 자연의 이법대로 살아야 자아실현의 보람과 기쁨을 누릴 수 있기 때문이다.

자연환경을 온전히 보전하는 게 얼마나 중요한지는 새삼스럽게 설명할 필요가 없다. 자연환경의 보전을 위해서는 기술개발에 앞서 인간도 자연의 일부임을 깨닫고 자연과 인간은 상생해야 한다는 것을 깊이 인식하는 것이 중요하다.

환경국가를 통해 자아실현의 삶을 살 수 있기 위해서는 국민의 놀이문화도 크게 바뀌어야 한다. 도시에서 즐기는 오락보다 관광을 통해 자연을 즐기도록 유도해야 할 것이고, 이를 위해서는 관광시설을 잘 정비해야 할 것이다.

우리나라는 4계절이 분명하고 산과 강과 바다가 조화롭게 펼쳐져 있어 관광지로서의 좋은 조건을 갖추고 있는 만큼 관광자원을 잘 활용해야 할 것이다. 이것은 돈벌이를 위한 것이라기보다 우리 국민이 진정으로 자아실현의 행복을 누릴 수 있게 하기 위한 것이다.

그런데 자연의 순환질서에 따라 국가가 운영되고 삶이 영위되게 하기 위해서는, 즉 환경국가가 제대로 되기 위해서는 농축수산업이 자연의 순환질서에 맞게 경영되어야 한다.

먹거리가 자연의 순환질서에 맞게 공급되어야 인간의 삶이 자연의 순환질서에 맞게 영위될 수 있고, 그래야 현대사회의 질병으로부터도 벗어나 행복한 삶을 살 수 있다. 지금 먹거리가 온갖 약품의 사용으로 건강에 크게 해롭게 되어 있는데, 이를 반드시 바로잡아야 한다. 이를 위해서는 불량식품에 대한 엄벌이 불가피하다.

6

문화국가(Cultural Country)

'문화국가'를 건설한다는 것은 사회의 전 영역에 문화적인 기풍이 배어 있는 나라, 모든 국민이 문화적인 생활을 즐기는 나라를 건설하는 것을 의미한다.

문화는 인간이 도달해야 할 최고의 목표이기도 하지만, 그 목표에 도달할 수 있는 최고의 수단이기도 하다. 문화는 기본적으로 예술인데, 예술이 아름답고 감동적인 것은 그것이 자연, 우주의 섭리를 압축적으로 표현한 것이기 때문이다. 그래서 문화를 생활 속에서 실천한다는 것은 자연의 섭리 곧 자연의 순환질서에 따라 사는 것을 의미한다.

일찍이 김구 선생은 "우리 민족은 부강한 나라가 되기보다 가장 아름다운 나라가 되기를 바란다"라고 하면서 "그것은 높은 문화의 힘을 가진 나라"라고 했다. 정확한 지적이 아닐 수 없다. 문화국가만큼 자랑스러운 호칭이 달리 없을 것이다.

특히 산업의 자동화로 생산적인 활동에 종사하지 못하는 사람이 많아지고 있는데, 이에 대한 대책도 문화활동이다. 문화활동을 통해서 자아실현의 보람과 기쁨을 누리도록 해야 할 것이다.

7

도덕국가(Moral Country)

도덕이 무너졌다. 도덕이 무너지면 정치도 경제도 교육도 문화도 다 무너지고, 결국 인간은 불행해진다.

도덕은 사회를 위해서나 다른 사람을 위해서만 필요한 것이 아니라, 자신의 행복을 위해서 필요하다. 도덕은 인간으로서 지켜야 할 도리인데, 인간으로서 지켜야 할 도리를 지키지 않으면 인간일 수가 없다. 인간일 수가 없는데 어떻게 행복할 수 있겠는가?

도덕은 인간으로서 지켜야 할 도리라고 했는데, 이것은 곧 우주의 섭리, 자연의 순환질서의 다른 표현이다. '도덕'의 한자어는 '道德'인데, 道는 우주의 질서, 자연의 순환질서이고, 德은 이 우주의 질서, 자연의 순환질서가 무엇인지를 이해하고 이를 실천하는 인간의 능력을 말한다. 그러니 도덕적인 사람은 자연의 순환질서를 잘 알고 실천해서 행복한 삶을 살 수 있게 된다.

일찍이 공자는 "아침에 도를 깨치면 저녁에 죽어도 좋다"라고 했다. 공자만이 아니라 석가나 예수도 결국 도덕을 통해 일상에서의 행복은 말할 것도 없고 영원한 생명까지 얻는다고 설파했다. 불경이나 성경 등 종교적 교리들은 모두 최고의 도덕률을 집대성한 것이겠기 때문이다. 도덕은 윤리적 차원에서만 의미가 있는 것이 아니라 정치, 경제, 교육, 문화, 예술 등이 제대로 이루어지기 위해서도 꼭 필요하며, 인간의 모든 활동은 도덕에 기초해야 한다.

세계화시대가 된 오늘날 국가브랜드의 중요성이 크게 강조되고 있다. 국가브랜드가 도덕적이어야 한국인이 세계인으로부터 존경받는 것은 물론 한국 상품에 대한 수요도 많아질 것이다.

그런데 도덕을 지키라고만 강조할 것이 아니라 도덕이 지켜질 수 있는 사회환경을 만들어야 한다. 도덕적으로 살다가는 생계도 유지하기 어려운 사회, 거기에다 바보 취급을 당하는 사회가 되어서는 도덕이 지켜지기가 어렵다. 사회를 도덕적으로 만들어야 개인도 도덕적일 수 있다. 물론 개인이 도덕적이 되어야 사회가 도덕적이 될 수도 있지만 말이다.

도덕적인 사회를 만드는 데 가장 중요한 것은 공직자의 부정부패를 없애는 것이다. 특히 정치가 도덕적으로 이루어지게 해야 한다. 정치가 부정부패의 소굴이 되어서는 결코 도덕국가를 건설할 수 없다. 정치인을 포함한 공직자의 부도덕한 행위, 특히 부정부패는 어떤 일이 있더라도 척결해야 한다.

스마트시대 운운하는 첨단문명사회에서 공직자의 부정부패가 지금도 지속되고 있는 것은 국가적 수치다. 위정자들이 봉건시대에 못지않은 특권을 누리고 있는 나라는 민주국가라고 할 수 없다.

공직자의 특권을 폐지해야 하는 것은 자아실현의 삶이 보편화되게 하는 데도 대단히 중요하다. 그래서 공직자의 특권을 폐지해야 할 이유를 뒤에서 자세히 밝히고자 한다.

8
자주국가(Independent Country)

모든 국가는 주권을 가지고 있기 때문에 자주국가로 볼 수 있다. 그러나 정치적으로, 군사적으로, 외교적으로, 심지어 문화적으로 자주성을 확보하고 있지 못한 나라가 대단히 많다. 이래서는 안 된다. 특히 국민으로 하여금 자아실현의 보람과 기쁨을 누릴 수 있게 하기 위해서는 국민이 사는 국가공동체가 자주적인 국가가 되어야 한다.

한 개인이 자아실현의 삶을 살 수 있기 위해서는 자신의 개성을 살려 살아야 하듯이 국가도 그 국가 나름의 정체성을 살려 운영될 수 있어야 한다. 그러기 위해서는 개인도 국가도 자주성을 확보하고 있어야 한다. 각 나라에는 그 나라 고유의 역사와 전통, 문화와 습속이 있다. 이것을 최대한 창조적으로 계승하면서 사는 것이 가장 행복하게 사는 길이다.

그래서 정치적으로나 군사적으로, 외교적으로 자주성을 확보하는 것도 중요하지만 문화적으로 자주성을 확보하는 것이 대단히 중요하다. 문화에는 우열이 있을 수 없다. 개인의 개성에 우열이 있을 수 없듯이 말이다.

그러므로 그 나라의 고유문화를 최대한 계승할 필요가 있다. 경제적 효율성을 따져 고유문화를 없애는 것은 대단히 어리석은 일이다. 고유문화를 통해 자아실현의 보람과 기쁨을 누릴 사람이 많겠기 때문이다.

제4장

9

평화국가(Peaceful Country)

자아실현의 보람과 기쁨을 누리면서 행복하게 살 수 있기 위해서는 국제관계에서도 국내적으로도 평화가 유지되어야 한다. 전쟁을 치르거나 사회가 불안해서는 결코 행복할 수가 없기 때문이다. 평화국가가 되어야 국민이 행복할 수 있다.

그런데 평화를 유지한다는 것은 보통 어려운 일이 아니다. 인류의 역사가 전쟁의 역사라고 할 만큼 전쟁은 항상 있어왔는데, 국가 사이의 관계가 원칙과 정도, 정의와 신의에 기반하지 못하고, 국가이익이라는 국가이기주의에 기초하고 있으니, 국가 간에 서로 다툴 수밖에 없다.

더욱이 국제사회에서는 약육강식이라는 정글의 법칙이 존재할 수밖에 없다는 인식이 보편화되어 있어 국제사회에 평화가 정착되기가 어려운 실정이다. 그러나 전쟁을 해서 득 볼 나라는 없는 만큼, 그리고 전쟁을 치르는 한 국민이 결코 행복할 수 없는 만큼 전쟁을 종식하고 평화를 정착시켜야 하는 것은 너무나 당연하다. 그래서 평화국가를 지향해야 하고 평화를 정착시켜야 한다.

평화국가가 되기 위해서는 어떻게 해야 할까? 더욱이 국가이기주의에 입각한 정글의 법칙에 의해 국제사회가 지배되고 있는 오늘날의 세계에서 말이다. 평화국가가 되기 위해서는 최소한 다음과 같은 정책을 강구해야 할 것이다.

첫째, 국제관계에서도 원칙과 정도, 정의와 신의에 입각해서 외교정책을 수립하고, 국가이익을 따져 대외정책을 강구하는 국가이기주의를 배격해야 한다.

'국가이익'을 내세우면 어떤 불의와 불공정도 정당화하는 일이 많은데, 이래서는 안 된다. 국제회의에서 우리나라의 국가이익을 위한다는 명분으로 불의한 쪽의 편을 들어서는 안 된다. 우리나라에 이익이 되게 하기 위해 다른 나라에 손해가 되는 일을 해서도 안 된다. 국가 간에도 진정으로 서로 이해하고 협력해야 한다.

사실 엄격히 따지면 국가이기주의는 다른 나라에만 손해를 입히는 것이 아니라 자기 나라에도 손해를 입힌다는 것을 깨달아야 한다. 흔히 내가 이익을 보려면 다른 사람에게 손해를 입혀야 하고, 다른 사람이 이익을 보게 하려면 내가 손해를 보아야 한다고 생각하는 경향이 있는데, 이것은 바른 생각이 아니다.

다른 사람이 이익을 보게 하는 것이 나에게도 이익이 되는 것임을 알 필요가 있다. 불교에는 '자리이타自利利他', 곧 나에게도 이익이 되고 남에게도 이익이 된다는 말이 있는데, 이 말이 옳다.

그래서 필자는 "사랑은 이익의 상호성에 기초하고 있다"라고 말한 일이 있다. 이것은 나를 위한 것이 남을 위한 것이고 남을 위한 것이 나를 위한 것이라는 말이다. 국제사회도 '사랑' 곧 이익의 상호성에 기초해야 한다. 다른 나라를 위해서라기보다 우리나라를 위해서 말이다.

둘째, 자국의 방어를 위해서만 군사력을 사용할 수 있을 뿐 그 밖의 일로 군사력을 사용하는 일은 절대로 없게 해야 한다.

셋째, 외국과 군사동맹을 맺는 일이 없는 방향으로 나아가야 한다. 외국과 군사동맹을 맺게 되면 군사력을 사용하지 않을 수 없는 상황에 처할 수 있기 때문이다. 다만 유엔회원국으로서의 의무를 이행하며 세계평화의 유지를 위한 유엔의 결정은 준수한다.

넷째, 자국의 국가안보를 위해 무기를 생산할 수 있을 뿐 무기를 다른 나라에 수출하는 일은 없어야 한다. 무기수출은 금지해야 한다. 무기수입은 반대하면서 무기수출은 찬성하는 경우가 많은데, 이래서는 안 된다. 내가 싫어하는 것을 상대방에게 요구하거나 권장해서는 안 되기 때문이다.

10

안전국가(Safe Country)

사람이 행복하게 살기 위해서는 의식주 등도 필요하지만 안전한 삶이 보장되어야 한다.

그런데 우리의 삶은 어떤가? 위험하기 짝이 없다. 현대사회를 '위험사회'라고 하기도 하는데, 인간의 어리석음 때문이 아닐 수 없다. 물질적으로 풍요롭고 정신적으로 총명할 수 있는 사회환경이 조성되었는데도 생명과 건강에 해로운 삶을 살고 있으니 말이다.

문명의 이기利器를 인간의 삶을 황폐케 하는 데 쓰는 경우가 얼마나 많은가. 요즘 영화를 보면 주제와 스토리를 드러내는 장면은 아주 적고 위험하고 잔인하기 그지없는 폭력장면이 주를 이루는 경우가 너무 많다. 좋게 말하면 스릴을 느낀다고 말할 수 있겠으나 언필칭 종합예술인 영화를 통해 인생의 깊은 맛을 느끼지 못하고 말초신경이나 자극하는 스릴이나 느껴서야 되겠는가? 전자게임은 더 심하다. 온통 폭력투성이니 말이다. 청소년치고 전자게임을 즐기지 않는 청소년이 없는 터에 전자게임이 폭력투성이니 위험사회가 되지 않을 수 없다. 특단의 대책이 있어야 할 것이다.

교통사고나 산재로 생명을 잃거나 불구가 되는 사람도 대단히 많다. 또한 환경오염이나 공해식품으로 생명과 건강에 치명타를 입는 경우도 대단히 많다. 식품의 경우 방부제나 식품첨가물 때문에 마음 놓고 먹을 수가 없다. 음식은 즐겁게 먹어야 하거늘 불량식품은 인생의 맛을 뺏는다.

식품범죄에 대단히 엄격한 미국에서조차 1년에 약 4,800만 명이 불량식품 때문에 질병에 걸리고, 이 가운데 12만 8천여 명이 입원을 하고 3천여 명이 사망한다는 보도가 있었다. 우리나라의 경우 통계상으로는 식품체감안전도가 높아지고 있다고 하나 그것을 믿는 국민은 별로 없을 것이다. 중국산 식품이 범람하면서 식품안전도가 크게 떨어져 있기 때문이다.

그래서 생명과 건강에 관련된 문제에는 안전조치를 강화해야 하는데, 특히 식품에 관해서는 더욱 엄격한 안전조치를 강구해야 한다. 얼마 전에는 가습기살균제 문제가 심각한 사회문제로 대두되면서 경종을 울린 바 있다. 이렇듯 국민의 생명이나 건강을 해치는 제품의 생산과 판매에 대해서는 엄벌하는 제도적 장치가 반드시 마련되어야 한다.

행복정치론

Welfare State
Joyful Country
Self-Supporting Country

Democratic Country
Environmental Country
Cultural Country

Moral Country
Independent Country
Peaceful Country
Safe Country

민주시장주의의 기본원리와 기본원칙

이 글의 여러 곳에서 언급했듯이 지식과 기술 곧 정보가 생산의 원동력이 되면서 사회적 생산력이 비약적으로 발전하고 대중정치의식이 크게 고양됨으로써 인류의 꿈이었던 참된 의미의 자유와 평화와 복지, 그리고 자아실현의 삶을 누릴 수 있는 인간해방의 시대를 맞게 되었으니, 인간해방을 이룰 이념과 정책을 강구해야 한다.

  그래서 자아실현 곧 인간해방을 구현할 뿐만 아니라 정보문명시대의 도래에 제대로 대처하지 못해서 겪고 있는 대량실업과 소득양극화, 환경파괴, 인간성 상실 등을 해결하기 위해서는 곧 민주시장주의를 채택해야 한다는 것을 앞에서 밝힌 바 있다.

  그래서 이 장에서는 민주시장주의의 중요내용을 구체적으로 밝혀두고자 한다.

1
민주시장주의의 기본원리

민주시장주의는 정보문명시대를 맞아 인간의 궁극적 목표인 자유와 평화와 복지가 보장된 가운데 자아실현의 삶을 누릴 수 있게 하는 이념이고, 인간을 우주 내지 자연의 한 부분으로 보거나 인간 개개인을 하나의 소우주로 보는 세계관에서 나온 이념이다. 즉 인간의 삶도 자연의 순환질서에 따라서 이루어지게 함으로써 인간의 궁극적 목표인 자아실현의 삶을 살 수 있게 하려는 이념이다. 그래서 민주시장주의는 자연의 순환질서를 기본원리로 하고 있다.

인간은 자연의 순환질서 곧 자연의 이법에 따라서 살되 동물적 본능에 따라 그렇게 하는 것이 아니라 인간의 자유의지에 따라서 그렇게 살아야 한다는 것이다.

인간이 자유의지로 자연의 순환질서에 따라 산다면 그것은 어떤 원리에 기초하고 있을까? 그것은 자율, 상생, 순환, 조정이 되리라고 본다. 즉 자신의 문제는 자신의 자주적인 판단에 따라 행동하고, 다른 존재와의 관계에서는 다른 존재와 상생하며, 모든 삶은 자연의 순환질서에 맞도록 하고, 그렇게 하는데도 자연의 순환질서에 어긋

날 때는 조정을 통해 자연의 순환질서에 맞게 해야 한다는 것이다.

그래서 민주시장주의는 자연의 순환질서인 자율, 상생, 순환, 조정을 기본원리로 하고 있으며, 이 기본원리는 개인의 삶에서도 적용되어야 할 원리이지만 사회의 운영에서도 적용되어야 한다.

민주시장주의는 정보문명시대를 맞아 인간의 궁극적 목표인 자유와 평화와 복지가 보장된 가운데 자아실현의 삶을 누릴 수 있게 하는 이념인 만큼, 인간에게서 더없이 중요한 문제인 죽음의 문제까지도 해결할 수 있는 이념이 되어야 한다. 민주시장주의는 인간을 우주 내지 자연의 한 부분으로 보거나 인간을 하나의 소우주로 보는 세계관에서 나온 이념인 만큼, 인간의 죽음도 자연의 순환질서의 한 부분으로 받아들이게 되어 있기 때문이다.

인간의 삶이 자연의 순환질서에 따라 이루어지고 있음을 진실로 알고 믿으며 실천해서 자아실현의 보람과 기쁨을 누리게 된다면 인간의 죽음도 자연의 순환질서에 따라 이루어지고 있음을 알고서 기쁜 마음으로 죽음을 받아들일 수 있을 것이다.

그러나 앞에서 지적한 바 있듯이 아는 것만으로는 부족하고 훈련을 통해 체화해야 한다. 이렇게 하면 죽음까지 극복할 수 있는 것은 물론 기쁜 마음으로 죽음을 받아들일 수 있게 될 것이다. 죽음도 자연의 순환질서의 한 과정이고 심지어 인생의 한 발전과정이기도 하겠으니 어찌 죽음을 기쁜 마음으로 받아들일 수 없겠는가?

인생에서 죽음이 있는 것은 더없는 축복이 아닐 수 없다. 인간이 도저히 해결할 수 없는 문제를 죽음이 해결하는 경우가 대단히 많기 때문이다. 죽음을 통한 문제 해결은 인간적 관점에서는 대단히 바람직스럽지 않을 수 있으나, 우주적 내지 자연적 관점에서는 대단히 바람직스러운 일일 수 있다. 최후의 순간에는 죽음이 문제를 해결해 주는 것을 무수히 보게 되니 말이다.

디지털시대의 아이콘으로 불리기도 한 애플의 창업자 스티브 잡스는 "죽음은 변화를 만들어 내고 새로운 것이 헌 것을 대체할 수 있도록 해준다"고 말하면서, "죽음은 삶이 만든 최고의 발명품"이라고 말했다. 자연의 순환질서를 따라 삶을 살고, 죽음을 인생의 한 발전과정으로 이해한 데서 나온 말일 것이다.

죽음을 담담히 받아들일 수 있어야 한다. 죽음을 담담히 받아들이는 것은 삶을 더 의미 있게 살기 위한 것이다. 스티브 잡스의 경우, "중요한 결정을 내릴 때 내가 곧 죽을 것이라고 생각하는 게 가장 큰 도움이 되었다. 왜냐하면 외부의 기대, 온갖 자존심, 당황하거나 실패할까 두려워하는 마음, 이런 모든 것은 죽음 앞에서 떨어져 나가고 진정으로 중요한 것만 남게 되기 때문"이라고 말했다.

이처럼 죽음을 담담히 받아들이고 죽음을 통해 삶을 보다 더 의미 있게 살기 위해서는 인생은 자연의 순환질서에 따라 이루어지는 것임을 깊이 인식하고 이를 체화해야 한다.

2

민주시장주의의 기본원칙

위와 같은 기본원리를 현실사회에서 실천할 뿐만 아니라 이를 통해 인간의 참된 자유와 평화와 복지와 자아실현의 삶을 구현하려면 삶의 영위와 사회운영의 기본원칙이 있어야 하겠는데, 다음과 같은 기본원칙이 있어야 하리라고 본다. 즉 공동체민주주의, 민주시장주의, 노동보람주의, 국가복지주의, 생태주의, 비폭력조정주의가 그것이다.

1) 공동체민주주의

'공동체민주주의'란 인간이 생활하는 모든 공동체의 운영을 그 공동체 구성원의 민주적 결정에 따르는 것을 말한다.

인간의 해방된 삶에 있어서 가장 중요한 요소는 역시 자유이다. 그런데 자유는 기본적으로 남의 간섭을 받지 않는 것에서 얻어지지만 이것은 소극적 의미의 자유일 뿐이다.

적극적 의미의 자유가 보장되어야 하는데, 이것은 자기의 주체적 행위로 자기의 뜻을 실현하는 것을 의미한다. 그래서 직장이나 직업에서 자기가 하고 싶은 일을 할 수 있어서 그 속에서 성취감 곧 보람과 기쁨을 얻어야 하는 것은 물론 자기가 속해 있는 공동체(사회)의 운영에 주체적으로 참여해서 자기의 의사를 반영시킬 수 있어야 한다.

자기가 속해 있는 공동체의 운영에 주체적으로 참여하는 것은 인간의 해방된 삶의 실현에 가장 중요한 요소인 자유를 확보하는 데 꼭 필요하다. 설사 자기의 의사를 충분히 반영시키지 못한다 하더라도 그러한 과정을 통해 공동체의 주인임을 자부할 수 있게 된다.

그래서 공동체민주주의가 인간의 해방된 삶의 실현에 대단히 중요한 요소이다.

민주주의가 많은 부작용을 야기함에도 불구하고 민주주의를 포기하지 않고 그것을 유지하는 것은 민주주의야말로 인간에게 적극적 의미의 자유를 보장케 하는 정치이념이기 때문이다.

다음으로 정보문명시대에는 더욱더 각급 공동체의 구성원이 공동체 운영의 주인이 되는 공동체민주주의를 채택해야 하는데, 그것은 생산성 향상을 위한 기술혁신에도 필요하다. 공동체민주주의를 통해 대중(일하는 사람)의 자주성을 보장해야 대중이 창의성과 근면성을 발휘해서 기술을 혁신할 수 있겠기 때문이다. 그리고 이를 위해서는 노동자들로 하여금 소유와 경영에 참여하게 하여 기업의 운영이 민주적으로 이루어지게 해야 한다.

그러나 이것이 가능하려면 새로운 사회기풍을 조성함과 아울러 기업풍토와 법률제도도 근본적으로 바꾸어야 한다.

요컨대 공동체민주주의는 공동체 구성원에게 자유를 보장하기 위해서도 필요하지만, 그 공동체의 효율적 운영을 위해서도 필요하다.

2) 민주시장주의

'민주시장주의'란 생산, 유통, 소비 등의 경제행위가 수요와 공급이 자유로운 시장을 통해 이루어지게 하되, 시장의 기능을 파괴하거나 국민경제의 건전한 운용을 침해하는 독점, 사기, 환경, 보건, 안전 등과 관련한 문제, 분배와 관련한 문제에 대해서는 국민의 민주적 합의에 따라 통제를 가할 수 있게 하는 경제체제를 말한다.

지난날은 경제적 효율성, 즉 자원배분의 적정성과 창의성의 발현을 위해 시장경제를 채택해 왔으나, 이제 경제활동(노동)의 자아실현성(성취감)이 확보될 수 있도록 하기 위해서도 시장경제를 채택할 필요가 있다.

흔히 진보주의자로 자처하는 사람들이 시장경제를 자본주의와 동일시하여 시장경제를 배격하는 경향이 있으나 그것은 무책임한 일이다. 시장경제가 옳지 않다고 생각한다면 시장경제의 대안을 내놓아야 하는데 그렇게 하지 못하기 때문에 더욱더 그렇다.

지금 우리 사회에는 막연히 시장경제의 폐해를 지적하면서 시장경제는 배격되어야 하는 듯한 논조를 펴는 사람들이 많은데, 이것은 대중적으로 사회주의를 지향하는 듯한 인상을 불러일으킴으로써 이 땅의 진보주의자들이 사회주의 곧 공산주의를 지향하는 것으로 인식되게 한다. 사회주의를 지향하는 것이 아닌데도 말이다.

경제운용에 잘못이 있으면 그것을 구체적으로 지적하면 될 일인데, 그 원인을 막연히 시장경제 탓으로 돌리는 경우가 대단히 많다. 이렇게 하는 것은 굉장히 정확한 것 같으면서도 내용이 없으며 공연히 사회주의를 지향하는 듯한 오해나 불러일으킬 뿐이다.

3) 노동보람주의

'노동보람주의'란 인간의 진정한 행복은 자아실현의 노동 속에 있음을 알고 한편으로는 이것이 이루어지게 하는 사회경제체제를 수립함과 더불어, 다른 한편으로는 이것을 생활 속에서 실천하는 것을 의미한다.

그런데도 불구하고 대개의 경우 노동과는 무관하거나 노동을 기피한 채 더 많은 것을 소유하거나 맛있는 음식을 먹을 때 또는 오락을 할 때 행복을 누릴 수 있는 것으로 인식되고 있다. 특히 노동은 고통으로 인식되어 기피의 대상이 되는 경우가 많다. 그러나 이것은 잘못된 생각이다. 현실적으로 고통스러운 노동이 없는 것은 아니지만 근본적으로 노동이야말로 행복의 원천이다. 지금까지 노동이 고통스럽게 느껴졌던 것은 노동이 자신의 지향 곧 인생관이나 가치관에 배치되어서 이루어져 왔기 때문이다.

사회적 생산력이 고도로 발달한 정보문명시대에는 자신의 인생관이나 가치관에 배치되지 않는 자아실현의 노동이 가능하게 되었다. 그리고 인간이 더 많은 소유에서 행복을 찾으려 들면 사회적으로만 해로운 것이 아니라 개인적으로도 해롭다. 하루에 밥을 세 끼만 먹어야 행복하지 네 끼를 먹으면 고통스럽게 되는 것과 같은 이치다.

노동보람주의는 개인의 행복한 삶을 실현하기 위해서도 필요하지만 산업의 정보화에 따른 소득의 양극화로 절대다수의 국민이 빈곤에 처하게 되는 '20 대 80의 사회' 내지 '1 대 99의 사회'에 대처하기 위해서도 필요하다. 노동보람주의에 따라 삶을 영위함으로써 더 많은 소유나 더 많은 소비에서 보람과 기쁨을 누리려 할 것이 아니라,

노동 속에 보람과 기쁨이 있음을 알고 이를 실천함으로써 보람과 기쁨을 누리려 해야 할 것이다.

그리고 환경파괴 문제도 노동보람주의를 통해야 해결할 수 있다. 환경파괴를 수반하기 마련인 더 많은 소유와 더 많은 소비를 지향하는 삶을 살아서는 환경을 보전하기가 대단히 어렵다. 더 많은 소유나 더 많은 소비가 아니라 자아실현의 노동 속에서 보람과 기쁨을 누리는 삶을 살게 되면 환경을 보전하기가 한결 쉬워질 것이다.

따라서 창조하고 생산하는 노동이나 자아실현의 활동(문화활동이나 봉사활동 등) 속에서 행복을 누릴 수 있게 되는 노동보람주의야말로 현대사회가 안고 있는 소득양극화와 환경파괴를 해결하는 근본적인 방안이 될 것이다. 그리고 노동 속에서 보람과 기쁨을 누릴 수 있게 해야 노동생산성도 향상될 것이다.

4) 국가복지주의

'국가복지주의'란 국가가 사회보장제도를 확립해서 국민의 복지를 보장하는 것을 의미한다. 즉 국가가 국민으로 하여금 경제적으로나 정치사회적으로 궁핍함이나 불안함이 없이 안심하고 살 수 있도록 해 주는 것을 의미한다.

국가복지주의 곧 사회보장제도의 확립은 기본적으로 모든 국민의 인간다운 삶을 위해서 필요하지만, 특히 산업의 정보화에 따른 '20 대 80의 사회'에 대처하기 위해서도 필요하다.

그리고 문명의 전환에 따라 사회운영의 기본구조를 변화시켜야 할 일이 많은데, 이를 위해서도 사회안전망으로서의 사회보장제도가 확립되어야 한다.

우리 사회에는 사회보장제도에 대한 인식이 왜곡되어 있는 경우가 많아 사회보장제도를 확립해야 할 이유를 정리해서 밝혀두고자 한다.

첫째, 국가는 기본적으로 모든 국민의 인간다운 삶을 보장해야 하는데, 이렇게 하려면 국민의 의식주와 의료, 교육을 보장하는 사회보장제도를 확립해야 한다.

국민은 많은 세금을 낸다. 국가는 국민이 낸 세금으로 운영된다. 그런 터에 국민이 인간답고 행복하게 살 수 있도록 국가가 보장해주지 않는다면 국가가 있을 필요가 없다. 이런 말을 하는 것은 국가와 국민의 삶을 별개로 생각하는 사람들이 너무나 많기 때문이다. 심지어 국가를 국민을 괴롭히는 존재로 인식하는 경우조차 대단히 많다. 국민이 낸 세금으로 운영되는 국가가 국민을 괴롭힌다면 그러한 국가는 있을 필요가 없다.

설사 지난날은 국가가 국민을 괴롭히는 일이 있었다 하더라도 나라의 주인이 국민이라는 것을 모르는 국민이 없게 된 지금은 국가가 국민에게 봉사하도록 해야 한다. 그 가운데 가장 중요한 것은 국민이 어떤 상황에 처하더라도 인간답게 살아갈 수 있게 해주는 것이다. 이를 위해서는 사회보장제도가 확립되어 있어야 한다.

둘째, 정보문명시대의 도래와 함께 신제품과 자동화로 대량실업과 소득양극화가 일상적으로 나타나기 쉬운데, 이에 대처하기 위해서도 사회보장제도를 완벽하게 실시해야 한다.

셋째, 문명사적 대전환을 맞아 기업구조조정을 포함한 사회 각 부문을 개혁해야 하는데, 이를 원만히 추진하기 위해서도 사회보장제도가 확립되어 있어야 한다. 기업구조조정 등 개혁을 하다 보면 기존의 지위와 소득을 잃게 되는 사람이 있게 되어 있다. 따라서 이런 상황에서 이들에 대한 대책을 마련해 주지 않고서 이들을 내쫓으려 할 때는 극단적인 저항이 발생할 수 있고, 이렇게 되어서는 구조조정이나 개혁이 어렵다. 사회보장제도를 확립해서 구조조정이나 개혁으로 손해를 보는 사람을 보호해 주어야 한다. 이런 의미에서 사회보장제도를 사회안전망이라고도 한다.

넷째, 국가경쟁력을 강화하기 위해서도 사회보장제도를 확립해야 한다. 즉 사회보장제도를 실시함으로써 임금과 물가가 현재보다 20% 이상 인하되도록 해야 한다. 의료비나 교육비를 국가가 책임지는 사회보장제도를 확립하면 임금과 물가가 인하될 수 있기 때문이다.

그런데 오랫동안 사회보장제도를 반대하는 논리가 무성했으나 국민들이 하도 살기 어려워지니 정치권에서 경쟁적으로 사회보장제도의 도입을 주장해서 최근 들어 사회보장정책이 많이 강구되기도 하고 또 사회보장제도를 반대하는 논리들이 쏙 들어가긴 했다.

그러나 여전히 교묘한 논리로 사회보장제도를 반대하고 있는데, 그 대표적인 것이 예산타령과 복지망국론이다. 돈(예산)이 없어서 사회보장제도를 실시하지 못하는 것은 전혀 아니며 돈을 절약하기 위해서도 사회보장제도를 실시해야 한다. 또 복지망국적 현상이 없지는 않겠으나 그것 때문에 사회보장제도의 확립을 기피해서도 안 된다. 생산적 복지제도를 강구하면 복지망국현상이 나타나지 않게 된다.

사회보장제도를 완벽하게 실시하려면 국민이 부담해야 할 세금이 늘어나게 된다. 이것 때문에 사회보장제도의 확립을 반대하는 국민들이 대단히 많다. 때로는 조세저항까지 발생한다. 국민들이 세금이 늘어나는 것을 반대하는 것은 국민이 낸 세금이 국민을 위해서 쓰이지 않아 왔기 때문이다.

만약 국민이 낸 세금이 국민을 위해서 쓰일 것이 확실하다면 반대할 이유가 없다. 서유럽 복지국가들에서는 조세부담률을 높여야 국민의 지지를 받을 수 있었다.

5) 생태주의

자연의 순환질서에 따라 사회를 운영하고 삶을 영위하는 '생태주의' 곧 녹색이념을 일상적으로 실천해야 한다.

과학기술의 혁명적 발달로 사회적 생산력이 최고도로 발전하게 되었다. 그래서 한편으로는 자연을 더 이상 파괴하지 않고도 인간의 삶에 필요한 재화를 충분히 조달할 수 있게 되었고, 다른 한편으로는 자연을 파괴하면서까지 재화를 조달하게 되면 자연만 파괴되는 것이 아니라 인간도 불행할 수밖에 없다. 그래서 자연을 파괴하는 일이 없이 자연의 순환질서에 부응해서 사회를 운영하고 삶을 영위하는 생태주의를 실천할 수 있게 되었다. 그리고 근본적으로 인간은 자연의 순환질서에 따라 살아야 행복하다.

그래서 이제 인간해방의 시대에는 인간만 해방된 삶을 살려고 해서는 해방된 삶을 살 수 없다. 자연도 자연의 순환질서에 따라 순환될 수 있게 하는 가운데 인간도 자연의 순환질서에 따라 살 수 있게 해야 하겠다. 그야말로 자연과 인간이 상생하도록 함으로써 인간도 자연도 해방되게 해야 인간이 해방된 삶을 살 수 있다.

이런 점에서 이제 환경문제도 환경보호나 환경보전의 차원을 넘어 자연과 인간의 상생 차원에서 접근해야 하겠다.

6) 비폭력조정주의

'비폭력조정주의'란 자기의 의사를 관철하기 위해서 상대방에게 폭력이나 강압적 수단을 사용하는 일이 없이 토론과 협의를 통해 쌍방이 납득할 수 있도록 상호 조정해 나가는 것을 의미한다. 그리고 이것은 법치주의를 확립하는 것이기도 하다.

요즘 가정폭력, 학교폭력, 성폭력 등 폭력이 절대로 용납될 수 없는 곳에까지 폭력이 만연해 있다. 학교폭력이 사회문제가 된다는 것은 교육의 붕괴를 의미한다. 특히 미성년자에 대한 성폭력은 인간이기를 포기한 처사이다. 폭력이 없는 사회를 만들려면 다음과 같은 장치들이 강구되어 있어야 한다.

첫째, 누구나 자기의 의사를 충분히 개진할 수 있고, 그래서 합리적인 방법으로 자기의 주장을 관철할 수 있는 제도가 마련되어 있어야 한다.

이렇게 함으로써 설사 자기의 의사가 관철되지 않는다 하더라도 부당하거나 억울하다는 생각이 들지 않을 수 있어야 한다. 남들은 사기, 공갈, 폭력, 청탁 등의 방법으로 자신의 이익을 실현해 가는 마당에 자기만 합법적인 방법에 의존하다 보면 손해 본다는 느낌이 들게 되고, 그렇게 되면 폭력의 유혹에 빠지기 쉽다. 설사 경쟁에서 패배하더라도 그 패배가 정당한 절차에 의한 것임을 알게 되어 부당하다거나 억울하다는 생각이 들지 않아야 한다.

그리고 법치주의를 확립해서 법을 위반한 행위에 대해서는 엄격하게 제재해야 한다. 소위 '떼법'은 통하지 않아야 한다.

둘째, 사회보장제도를 실시해서 각박하지 않은 세상을 만들어야 한다.

세상이 너무나 각박하면 죽기살기 식의 경쟁이 있게 되고, 그렇게 되면 수단과 방법을 가리지 않고 이기려고 해서 폭력이 나올 수 있기 때문이다.

셋째, 어릴 때부터 인권존중의 사상과 더불어 대화와 토론을 통해 문제를 해결하는 능력을 교육해야 한다. 사회적으로도 폭력을 즐기거나 숭상하는 분위기가 없도록 해야 한다.

넷째, 궁극적으로 지배와 착취와 혹사와 투쟁이 아니라 창조와 생산과 봉사와 절제에서 기쁨을 얻는 새로운 가치관을 정립해야 한다.

사실 요즘 횡행하는 폭력은 무엇이 부족해서 일어나는 폭력이라기보다 생활여건은 풍요로운데 마땅한 기쁨을 찾을 수 없어 발생하는 폭력이 더 많다. 따라서 올바른 가치관을 정립케 하는 일이 무엇보다 중요하다.

행복정치론

Welfare State
Joyful Country
Self-Supporting Country

Democratic Country
Environmental Country
Cultural Country

Moral Country
Independent Country
Peaceful Country
Safe Country

제6장

자아실현 세상을 위한 민주시장주의 중요정책

오늘날의 세계적 대변화는 산업의 정보화를 통한 새로운 문명의 등장을 의미한다. 즉 정보문명시대의 도래인 바, 정보문명시대는 사회적 생산력의 비약적 발전과 대중정치의식의 획기적 고양으로 참된 의미의 자유와 평화와 복지가 보장된 가운데 자아실현의 보람과 기쁨을 누리며 행복하게 살 수 있는 자아실현의 시대가 될 것이다.

그러나 정보문명시대에 제대로 대처하지 못하면 대량실업과 소득양극화, 환경파괴, 인간성 상실로 사회는 붕괴하고 인생은 파탄하는 대재앙을 맞게 되어있다.

오늘날 전 세계가 경제위기와 사회불안, 그리고 환경파괴와 인간성 상실 등으로 난장판 세상이 되고 있는 것은 바로 정보문명시대의 도래에 제대로 대처하지 못한 때문이다.

정보문명시대에 잘 대처하여 자아실현의 사회를 건설하기 위해서는 정보문명시대에 맞는 새로운 이념과 정책을 강구해야 하는데, 여기서 제시하는 '자아실현 세상을 위한 민주시장주의 중요정책'은 이런 문제의식에서 나온 것이다.

그래서 불만과 불안, 갈등과 투쟁으로 점철된 오늘날의 이 난장판 세상을 끝내고 자유와 평화와 복지가 구현된 가운데 자아실현의 보람과 기쁨을 누리며 행복하게 살 수 있는 자아실현의 새 세상을 건설하기 위해서는 민주시장주의 이념에 기초해 다음과 같은 정책을 강구해야 할 것이다.

우리가 건설할 자아실현의 새 한국은 전 세계를 자아실현의 새 세상으로 만드는 데 크게 기여할 것으로 기대한다.

(1) 의식주와 의료, 교육 등 국민의 기본생활을 국가가 보장하는 사회보장제도를 확립한다.

▶ 현행 사회보장제도를 전면적으로 재편해서 그 내용을 누구나 쉽게 알 수 있게 한다.

지금까지 국민복지에 대한 아무런 철학과 원칙, 그리고 준비가 없이 당장 힘센 계층이 요구하는 대로 복지정책을 강구하다 보니 이중복지, 과다복지가 이루어지면서 복지사각지대가 생기고 있다. 이렇게 되면 국민복지도 제대로 이루어지지 않으면서 국민갈등이 심화되고 국가재정이 파탄 나게 된다. 그래서 국민의 기본생활 곧 의식주와 의료, 교육을 국가가 보장하면서 이와 겹치는 부분은 과감하게 폐지해야 한다. 이렇게 하면 현재의 비용으로도 완전한 국민복지를 확립할 수 있다.

이렇게 하는 경우 아래와 같은 정책은 재조정되어야 한다.

▶ 국민기초생활보장법을 보완하여 국민의 기본생활을 실질적으로 보장한다. 소득인정액이 최저생계비 이하인 국민에게는 최저생계비까지 소득을 보전한다. 이렇게 할 경우 차상위계층도 기초생활수급자가 될 것이다. 소득인정액을 산정할 때 기초연금은 공제한다.

▶ 부양가족의 유무, 현재의 소득과 상관없이 65세 이상의 모든 노

인에게 매월 약 50만 원(물가상승률 연동)의 노령연금(기초연금)을 지급한다.

▶ 자녀가 부모를 모시고 살 수 있도록 정책적으로 유도한다.

부모를 모시고 사는 세대의 경우, 주택구조의 변경 또는 새로운 주택구입을 위해 자금지원을 요청할 경우 연리 1% 정도의 주택융자를 한다. 이렇게 하는 것은 사회발전에 기여한 노령세대에 대한 국민의 보답이기도 하지만, 자녀들이 부모를 봉양함에 있어 경제적인 어려움을 겪는 일은 최대한 없게 하기 위한 것이다. 이렇게 하면 자녀가 부모를 모시는 것을 기피하는 경우가 현저히 줄어들 것이다. 근본적으로 자녀가 부모를 모시고 살도록 해야 한다.

▶ 장애인에게는 소득인정액과 선정기준액, 그리고 국민연금 등과 상관없이 매월 30만 원(1급 장애인) 내지 10만 원(6급 장애인)의 장애수당을 지급한다.

▶ 법정최저임금(2019년 시급 8,350원) 이상의 소득을 보장하는 공공근로(사회적 일자리)를 500만 개 이상 다양하게 공급해서 실업자와 노인, 주부 등 누구나 자기가 하고 싶은 일을 함으로써 자아실현의 기회를 가질 수 있게 한다.

국가는 사회적 일자리를 통해 국토의 효율적 이용과 사회의 조화로운 발전을 도모한다.

▶ 개발제한구역과 국공유지에 공공할부주택을 최대한 건설하여 모든 국민이 '내 집'을 가질 수 있게 한다.

【82.6평방미터(25평)아파트의 경우, 아파트가격 1억 5천만 원(입주금 5천만 원, 매월 50만 원 씩 20년간) 납부하면 '내 집'이 되게 함. 시세에 따라 매매 가능】

▶ 무주택자나 주택을 구입할 수 있는 경제적 능력이 없는 사람에

게는 임대주택을 공급하고, 그렇게도 할 수 없는 국민에게는 국가가 무상으로 주택을 제공한다. 그래서 모든 국민이 최소주거면적 이상의 집에서 살 수 있게 한다.

▶ 사회보장제도의 확립으로 국민의 기본생활을 보장할 뿐만 아니라 사회적 일자리를 최대한 공급하는 대신 노점상 등 불법적인 영업행위는 엄격하게 통제한다.

▶ 사행심을 조장하는 고액의 복권은 폐지한다.

▶ 국민건강보험료의 상당 부분을 국가재정으로 충당하고, 국민건강보험에 의한 요양급여의 대상을 크게 확대해서 경제적 부담 때문에 치료를 받지 못하는 일은 없게 한다.

▶ 건강보험 지급대상을 대폭 확대한다. 진찰과 치료에 필요한 모든 비용은 건강보험 지급대상이 되게 한다. 본인부담률은 15% 정도로 하되 본인부담금이 1년에 200만 원을 초과하지 못하게 한다.

의료비 문제는 국민건강보험으로 해결할 수 있게 함으로써 실손보험에 가입할 필요가 없게 해야 한다. 지금 실손보험 가입자가 약 4천만 명이나 되는데, 국민건강보험료를 세대당 2만 원 정도만 더 내면 실손보험에 가입할 필요가 없을 텐데, 그렇게 하지 않고 세대당 6만 원 정도의 실손보험료를 내고 있으니 이것은 어리석은 일이다. 현재 국민건강보험 보장률이 65% 정도인데, 이를 80%까지 높여 본인부담금 15% 정도만 유지하고 비급여 부분을 대폭 축소해야 한다.

▶ 희귀병환자나 중환자의 의료비를 본인이 부담하게 하는 경우가 대부분인데, 이것은 보험제도의 근본취지에 배치된다. 비용이 많이 드는 질병일수록 건강보험 지급대상이 되게 해야 한다.

▶ 누구나 의료기관을 자유롭게 설립할 수 있게 해서 의료의 질을

개선하고 일자리를 늘린다.

▶ 의료비와 교육비를 국가가 부담하게 되면 임금과 물가가 약 20% 정도 인하할 수 있어 국가경쟁력을 강화할 수 있다. 그래서 자본의 국외유출과 노동력의 국내유입을 줄이고, 수출의 신장과 수입의 감소를 가져와 산업을 활성화할 수 있다. 이를 통해 중소기업을 활성화하고 일자리를 창출하여 대량실업, 소득양극화, 비정규직, 청년실업 등의 해결에 활용한다.

▶ 저출산 문제를 해결하기 위해서도 사회보장제도를 확립해서 어떤 상황에 처하더라도 인간답게 살 수 있게 해야 한다.

지금 한국의 합계출산율은 전 세계에서 꼴찌인데, 이것은 출산장려정책이 미흡해서라기보다 대한민국이 전 세계에서 가장 살기 힘든 나라이기 때문이라는 것을 직시해야 한다.

그동안 역대 정부가 저출산 문제의 해결을 위해 온갖 정책을 강구하고, 이에 따라 엄청난 예산을 투입했다. 그럼에도 불구하고 합계출산율은 높아지기는커녕 더 낮아지고 있다. 전 세계에서 가장 낮은 0.7%대로 말이다.

왜 이런가? 여러 사회문화적인 요인도 크게 작용하고 있기는 하지만, 기본적으로는 살기가 너무 힘든 나라가 되었기 때문이다. 양육이나 교육의 문제라기보다 아이를 낳아 이 아이를 이런 험난한 세상에 살게 하고 싶지 않기 때문일 것이다. 그동안 양육비나 교육비 문제로 아이를 낳을 형편이 되지 못했던 때가 있었으나 지금은 그 단계를 지나 양육과 교육을 국가가 책임져 준다고 해도 아이를 낳고 싶은 생각이 별로 없게 되었다. "이렇게나 힘든 세상, 내 아이까지 이런 세상에서 살게 하고 싶지는 않다"라는 것이다.

그래서 저출산 문제를 해결하기 위해서는 양육비와 교육비 걱정을 하지 않도록 사회보장제도를 확립해야 하기도 하지만, 근본적으로는 모든 국민이 인간답게 살 수 있는 나라를 만들어야 한다.

(2) 모든 경제활동은 시장경제의 원리에 따라 자유롭게 이루어지게 하고 법률에 의해서만 규제할 수 있게 할 뿐 정부에 의한 행정규제는 할 수 없게 함으로써 기업인들이 자유롭게 기업활동을 할 수 있게 한다. 다만 시장경제를 왜곡하거나 악용하는 독점, 분배, 환경, 보건, 안전과 관련된 사항은 관련 법률로 엄격히 규제한다.

독점 및 분배와 관련된 사항도 엄격히 규제해야 하지만, 환경, 보건, 안전과 관련한 사항은 더욱더 엄격히 규제한다. 특히 식품의 안전과 관련해서는 특단의 조치를 취해서 불량음식을 공급하는 사람은 중형에 처함으로써 어떤 음식이든 마음 놓고 먹을 수 있게 한다.

(3) 법정근로시간(주 40시간)을 초과하는 연장근로는 할 수 없게 함으로써 고용률이 80% 이상 되게 하여 일자리를 대폭 늘리며, 아울러 기업에 인력수급의 자율성을 보장함으로써 청년실업과 비정규직을 해소한다.

산업의 정보화로 대량실업이 구조화하기 마련인 정보사회에서 취업노동자들에게 연장근로까지 하게 하여 장시간 노동을 하게 하는 것은 국가적으로도 옳지 않고 개인적으로도 옳지 않다. 국가적으로는 일할 수 있는 기회를 많은 국민에게 보장해야 한다는 점에서 옳지 않고, 개인적으로는 국민소득이 3만 달러가 넘는 나라에서 돈을 더 벌기 위해 연장근로까지 하는 일은 없어야 한다는 점에서 옳지 않다. 국민소득이 3만 달러를 넘으면 연장근로로 돈을 더 벌지 않더라도 국민이 행복할 수 있어야 한다.

법정근로시간만 일을 하고도 경제적으로 부족함 없이 행복하게 살 수 있는 나라가 되어야 한다. 자아실현을 위해 노동을 하는 것이어야지 돈을 벌기 위해서 노동을 하는 것이 되지 않도록 해야 한다. 다만 돈을 더 벌기 위해서가 아니라 자아실현을 위해서 자발적으로 일하는 것은 아무리 오래 노동을 해도 상관없다.

기업이 신규인력을 자유로이 채용할 수 있게 함으로써 기술혁신과 품질개선을 이루어 생산성을 향상함과 더불어 청년들의 취업을 증대시켜 청년실업과 비정규직을 해소한다. 기업에 인력수급의 자유를 보장해야 청년실업과 비정규직이 해결될 수 있기 때문이다. 그동안 청년고용할당제, 청년인턴제, 비정규직 차별철폐법, 청년실업 해소법 등 다양한 방법을 강구했으나 청년실업과 비정규직 문제가 해결되지 않았다.

박근혜 정부 때 임금피크제, 저성과자 해고, 청년펀드 등을 통해 청년실업을 해결할 수 있을 것처럼 말했지만, 전혀 사실이 아니었다. 임금피크제는 청년실업을 더 심화시킬 뿐인데도 이에 대한 비판적 지지조차 없었다.

청년실업은 청년들만의 고통이 아니다. 대학 등에서 배운 새로운 지식과 기술을 산업현장에서 활용하지 못하는 것도 엄청난 국가적 손실이지만, 몇 년간 실업자로 지내다 배운 것을 잊어버리면 그것은 더욱더 큰 손실이다. 기업 입장에서도 청년 신규직원을 채용할 수 없게 되면 기술혁신과 품질개선의 기회를 놓쳐 손실을 입게 된다. 무엇보다 청년들이 폐인이 될 수 있으니, 이것은 나라가 망하는 일이다.

비정규직의 경우 정규직과의 차별에서 오는 인간적 모멸감은 너무나 크다.

(4) 기업의 경영진과 노동자가 다 같이 기업공동체의 구성원임을 인식해서 경영진과 노동자 및 주식소유자가 공동으로 기업의 경영방침을 결정한다. 노동자 대표도 기업경영에 참여하게 한다.

이를 위하여 '기업공동체법'을 제정하여 기업이 민주적으로 경영되게 한다. 이렇게 함으로써 노동조합이나 노동자들의 파업이 필요 없게 해야 한다.

이처럼 기업이 민주적으로 운영되게 함으로써 한편으로는 기업의 모든 구성원들이 자아실현의 삶을 살 수 있게 하고, 다른 한편으로는 창의성과 근면성을 발휘하게 해서 생산성을 향상시킨다.

(5) 기업공동체 안에서의 이해충돌은 '기업공동체조정위원회'를 설치하여 협의와 조정을 통해 해결토록 하고, 협의와 조정으로 해결되지 않는 문제는 기업공동체 전담법원을 설치하여 취급하도록 한다.

(6) 재벌의 순환출자와 상호지급보증 등의 통제를 통해 기업의 집단화를 최대한 억제하고, 성장선도형 중소기업지원정책을 강구함으로써 일자리를 창출함과 아울러 미래성장잠재력을 확충한다.

▶ 기업집단(재벌)의 경우 상법에 따라 상호출자, 상호지급보증, 내부자거래가 없도록 엄격히 통제하고, 상법의 주식회사제도에 따라 기업의 경영이 이루지게 할 뿐 그 밖의 규제는 폐지한다.

▶ 기업의 구조조정과 통폐합에 정부가 관여하는 일이 없도록 하며, 시장경제의 원리에 따라 처리되게 한다.

▶ 기업이나 금융기관이 부도가 나면 부도가 나는 대로 관련 법률(상법과 금융관계법)에 따라 청산절차를 밟아야 한다. 따라서 부실채권 정리를 위해 공적자금을 투입하는 일은 없게 한다. 기업의 도산으로 말미암은 은행부채는 은행이 책임지게 한다.

(7) 임금체계를 재정비하고, 이를 통해 비정상적인 비정규직은 없게 한다.

▶ 기본적으로 임금의 차이가 크지 않아야 한다. 그러나 임금이나 소득이 꼭 같게 할 일은 아니다. 임금이나 소득은 자아실현의 구체적 표현일 수 있기 때문이다.

소득을 더 많이 올리기 위해 일을 하는 것이 아니라 자아실현을 위해 일을 해야 한다는 점에서도 임금의 차이가 크지 않도록 해야 하지만, 상대적 박탈감을 느끼는 일이 없게 하기 위해서도 임금이나 소득의 차이가 크지 않도록 해야 한다.

▶ 연봉 8천만 원 이상의 고임금자에게는 고율의 소득세를 부과함으로써 세후 임금은 크지 않게 한다. 임금의 차이가 크지 않도록 하기 위해서도 사회보장제도가 확립되어야 한다.

▶ 학력에 따른 임금의 차이가 없게 한다. 이렇게 해야 사회적으로는 물론 개인적으로도 대학진학을 자제할 것이다. 대학을 졸업하

지 않아도 인간답게 살 수 있는 사회를 만들어야 하기 때문이기도 하다. 현재 고교졸업생의 약 80% 이상이 대학을 진학하는데, 이를 30% 이하로 줄어들게 하면서 대학등록금을 없애야 한다.

▶ 직업과 직위에 따른 차별대우가 없어지게 해야 한다. 고학력자와 저학력자, 사무직과 생산직, 대기업과 중소기업, 남성과 여성, 심지어 고위직과 하위직 사이의 임금격차가 크지 않아야 한다.

대학교수, 초중고 교사, 의사, 변호사, 세무사, 반도체 기술자, 자동차 조립공, 선반공, 미장공, 미싱공, 청소원 등의 임금이 거의 같은 수준이어야 한다. 모든 직종이 소중한 전문직이기 때문이다. 그러니 임금의 차이가 클 이유가 없다. 직업에 귀천이 없거늘 소중하지 않은 직업이 있을 수 없다. 기능을 익히기 위해서 들인 시간과 비용에 따라 임금이나 소득이 결정되어서도 안 되지만, 굳이 그것에 따라 임금과 소득을 결정하더라도 대학교수나 변호사가 되기 위해서 들인 시간과 비용이 미장공이나 미싱사가 되기 위해서 들인 시간과 비용보다 더 많은 것도 아니다.

특히 대학교수와 대학강사의 처우는 비교가 안 될 정도로 차이가 큰데, 이는 지식인사회의 부끄러운 단면이다. 반드시 시정되어야 한다.

이렇게 하는 것이 세상을 바꾸는 것이다. 그리고 이렇게 하는 데 대해 대학교수나 변호사가 불만스러워 해서는 안 된다. 인생의 목적이 영리추구에 있는 것이 아니라 자아실현에 있는 세상을 만들어야 하고, 이런 세상에서는 임금이나 소득의 다과多寡는 중요한 것이 아니기 때문이다.

이런 세상이 되면 임금이나 소득은 누구나 인간답게 살 수 있도록 보장되기 때문이다. 그래서 세상을 바꾸어야 한다. 그래야 인류의 행복과 세상의 평화가 이루어질 수 있다. 그리고 오늘날의 이 난국을 극복할 수 있다.

(8) 조세제도를 혁명해야 한다. 세금의 종류를 소득세·법인세·소비세· 상속세·증여세·재산세·관세로 단순화하고, 기부금·성금 등의 준조세를 폐지하며, 공제제도를 없앤다.

▶ 세금의 종류와 세율을 단순화함으로써 국민 누구나 자신이 납부해야 할 세금을 스스로 계산할 수 있게 한다. 이를 위해 수많은 세법을 하나의 세법으로 통합해서 100여 개의 조문이 되게 한다.

세법이 너무 복잡하고 어렵기 때문에도 조세제도를 고쳐야 하지만, 지금의 조세제도는 소득의 편차가 심하지 않던 시대에 제정된 제도라 소득의 편차가 엄청나게 큰 소득양극화시대에는 맞지 않기 때문에도 고쳐야 한다. 획기적으로 고쳐야 한다는 점에서 조세제도를 혁명해야 한다.

그리고 사회보장제도 확립을 위해 세금을 더 많이 거두어야 하기 때문에도 혁명적으로 고쳐야 한다.

지금 시행되고 있는 세법을 다 아는 사람은 아무도 없다. 국세청장이나 국세청 관리, 세무사나 변호사도 지금의 세법을 다 알 수가 없다. 양이 너무나 많고 복잡하여 계산이 어렵기 때문이다. 따라서 세법을 단순화하고 세율을 시대상황에 맞게 조정해야 한다.

저소득층의 담세율은 30% 정도 낮추고, 고소득층의 담세율은 30% 정도 높이면서 누진세율을 대폭 강화해야 한다. 지난날 소득의 차이가 크지 않을 때는 소득세의 누진율이 크지 않아도 별 문제가 아니었으나, 소득의 차이가 하늘과 땅만큼이나 큰 정보사회에서는 소득세의 누진율을 대폭 강화해야 한다(법인세, 상속세, 증여세도 같다). 이렇게 하는 것은 저소득층만을 위한 것이 아니라 고소득층을 위한 것이기도 하다. 저소득층의 구매력이 떨어져 소비를 할 수 없으면 고소득층이 생산을 해도 팔리지 않기 때문이다.

그래서 소득세율, 법인세율, 상속세율, 증여세율을 다음과 같이 조정해야 한다.

■ 소득세율(단위 원)

현행 종합소득 과세표준(7단계)	
1천 200만 이하	과세표준의 6%
1천 200만 초과 4천 600만 이하	72만 + 1천 2백만 초과분의 15%
4천 600만 초과 8천 800만 이하	582만 + 4천 6백만 초과분의 24%
8천 800만 초과 1억 5,000만 이하	1천 590만 + 8천 8백만 초과분의 35%
1억 5,000만 초과 3억 이하	3천 760만 + 1억 5,000만 초과분의 38%
3억 초과 5억 이하	9천 460만 + 3억 초과분의 40%
5억 초과	1억 7천 460만 + 5억 초과분의 42%

종합소득세율 개혁안 (9단계)	
2천만 이하	과세표준의 5%
2천만 초과 4천만 이하	100만 + 2천만 초과분의 10%
4천만 초과 6천만 이하	300만 + 4천만 초과분의 20%
6천만 초과 8천만 이하	700만 + 6천만 초과분의 30%
8천만 초과 1억 이하	1,300만 + 8천만 초과분의 40%
1억 초과 5억 이하	2,100만 + 1억 초과분의 50%
5억 초과 10억 이하	2억 2,100만 + 5억 초과분의 60%
10억 초과 30억 이하	5억 2,100만 + 10억 초과분의 70%
30억 초과	19억 2,100만 + 30억 초과분의 75%

■ 법인세율

현행 법인세 과세표준(3단계) <개정: 2011.12.31>	
2억 이하	과세표준의 100분의 10
2억 초과 200억 이하	2천만 + 2억 초과분의 20%
200억 초과	39억 8천만 + 200억 초과분의 22%

법인세율 개혁안 (6단계)	
2억 이하	과세표준의 5%
2억 초과 20억 이하	1천만 + 2억 초과분의 10%
20억 초과 100억 이하	1억 9천만 + 20억 초과분 20%
100억 초과 500억 이하	17억 9천만 + 100억 초과분의 30%
500억 초과 1조 이하	137억 9천만 + 500억 초과분의 40%
1조 초과	3,937억 9천만 + 1조 초과분의 50%

■ 상속세율 및 증여세율

현행 상속세 및 증여세 과세표준(5단계) <개정: 2010.1.1>	
1억 이하	과세표준의 10%
1억 초과 5억 원 이하	1천만 + 1억 초과분의 20%
5억 초과 10억 원 이하	9천만 + 5억 초과분의 30%
10억 초과 30억 원 이하	2억 4천만 + 10억 초과분의 40%
30억 초과	10억 4천만 + 30억 초과분의 50%

상속세율 및 증여세율 개혁안 (9단계)	
2억 이하	과세표준의 5%
2억 초과 5억 이하	1000만 + 2억 초과분의 10%
5억 초과 10억 이하	4000만 + 5억 초과분의 20%
10억 초과 20억 이하	1억 4000만 + 10억 초과분의 30%
20억 초과 50억 이하	4억 4000만 + 20억 초과분의 40%
50억 초과 100억 이하	16억 4000만 + 50억 초과분의 50%
100억 초과 500억 이하	41억 4000만 + 100억 초과분의 60%
500억 초과 1천억 이하	281억 4000만 + 500억 초과분의 70%
1천억 초과	631억 4000만 + 1천억 초과분의 80%

▶ 소득세의 경우, 20억 원의 소득을 올리면 12억 2,100만 원의 세금을 내고 세후소득은 7억 7,900만 원이다. 세금이 너무 많다고 생각할 사람이 있겠으나 세후소득 7억 7,900만 원도 많은 소득이다. 불만스러워 할 일이 전혀 아니다. 20억 원의 높은 소득을 올리면 소득이 많아서도 좋겠지만 그만한 소득을 올리는 동안 자아실현의 보람과 기쁨을 누릴 수 있어서도 좋은 것이다.

특히 10억 원 또는 100억 원의 소득을 올리면 자기의 능력이 뛰어나서만 그런 소득을 올렸다고 생각할 일이 전혀 아니다. 여러 가지 사회간접시설에 국가방위, 주변인물의 도움 등에 힘입어 그런 소득을 올릴 수 있었다고 생각하고, 그만한 소득을 올렸으면 그만한 세금을 내야 사회가 유지된다고 생각해야 할 것이다. 그리고 자기가 그런 소득을 올릴 수 있도록 여러 측면에서 도와준 사람들에게 감사해야 할 것이다.

무엇보다 7억 원 넘게 소득을 올릴 수 있는 사람이 어디에 있겠는가?

▶ 법인세의 경우, 1조 원을 초과한 법인소득의 법인세율 50%는 너무 높은 것으로 생각하는 사람이 많겠으나, 1조 원의 법인소득을 올린다면 이것 자체가 엄청나게 기뻐해야 할 일이다. 법인세율을 올리면 기업이 해외로 빠져나간다고 하는데, 이렇게나 많은 소득을 올릴 수 있는데도 세금이 너무 많다고 외국으로 빠져나가는 일은 있을 수가 없다.

기업이 1조 원이 넘는 어마어마한 순이익을 올렸는데도 세금을 많이 내지 않아 사내유보금이 지나치게 많게 되면 노동자들이 순이익의 상당부분(현대자동차 노동조합의 경우 2017년에는 30%)을 성과급으로 지급할 것을 요구하여 파업 등 강경투쟁을 하게 된다. 평균연봉이 9,600만 원이나 되어 성과급을 더 지급하는 것은 사회적으로 옳지 않은데도 말이다. 그렇기 때문에 과다할 정도의 순이익을 올린 경우에는 법인세를 많이 내게 해서 순이익이 적어지게 할 필요도 있다.

▶ 상속세와 증여세의 경우 복잡한 공제제도를 없애고, 그 대신 상속재산이 적은 경우에는 세율을 낮추고 상속재산이 많은 경우에는 세율을 대폭 높여야 한다. 국민의 기본생활을 국가가 보장하는 경우에는 부모가 자녀에게 재산을 상속할 필요는 현저하게 줄어진다. 부모에게서 물려받은 재산을 관리하는 것보다는 자아실현에서 보람과 기쁨을 누리게 하는 것이 자녀의 행복을 위해서도 좋다.

상속세를 없애자는 주장이 있으나 우리나라같이 지나치게 부가 세습되는 나라에서, 그래서 '금수저', '은수저' 타령이 나오는 나라에서 상속세를 없앤다면 부의 세습에 의한 양극화는 더욱더 심해질 것이고, 이것은 사회붕괴를 촉진할 것이다. 그리고 기회균등이라는 헌법정신에도 부합하지 않는다. 물론 미국 등과 같이 자본이득세로 대체하는 방법이 있겠으나 그것으로는 불충분하고, 상속세가 가업 승계 등에 장애가 된다면 그 부분을 보완하는 데서 그쳐야 할 것이다. 더욱이 이미 가업상속공제 제도 내지 기업상속공제 제도가 있어 500억 원까지 가업상속공제 제도가 마련되어 있으므로, 상속세를 없애려 할 것이 아니라 그 제도를 보완하면 될 것이다.

우리나라처럼 부가 세습되는 나라는 없다시피 하다. 사회보장제도가 확립되어 있지 못하기 때문이다.

영국, 프랑스, 독일, 호주 등에서는 재산을 상속하는 일이 거의 없다. 국민의 기본생활이 보장되어 있기도 하지만 상속은 상속인으로 하여금 인생의 최대 기쁨인 자아실현의 기회를 갖지 못하게 하기 때문이다. 자기 인생을 살면서 보람과 기쁨을 누려야지 부모로부터 상속받은 재산을 관리하느라 자기 인생을 살지 못하는 것은 불행한 일이다.

▶ 탈세를 없애야 하고, 특히 합법을 가장한 탈세를 철저히 없애야 한다. 재벌이나 대기업이 문화재단, 장학재단, 연구소 등을 설립하거나 비영리법인에 기부하는 경우 세금을 내지 않게 하거나 소득공제를 해주는데, 이런 것을 없애야 한다. 재벌이나 대기업이 문화재단 등을 설립하는 경우 세금을 다 내게 해야 하며, 비영리법인에 기부하는 경우에도 세금을 내고서 기부하게 해야 한다.

지금과 같은 조세감면은 조세부정을 방조하는 일이다. 기부를 장려하기 위해 기부금에 대한 조세감면이 있어야 한다는 주장이 있으나 국가에 세금으로 내야 할 돈으로 기부하는 것은 옳지 않다. 세금이 우선이지 기부가 우선일 수는 없다. 기부하고 싶은 마음이 있으면 세금을 내고 기부를 해야 옳다. 기부금에 세금을 면제해 주게 되면 이것이 편법기부 곧 탈세로 악용될 가능성이 대단히 크다.

기부를 엄청난 선행으로 생각하는 경향이 있으나 착각이다. 기부가 필요 없는 세상을 만들어야 한다. 나눔의 기만성과 위선을 깨달아야 한다.

　▶ 공정과세는 국가운영의 기본이다. 민주주의는 공정과세를 위한 투쟁의 결과물일 만큼 공정과세가 중요하다.

　▶ 주식거래로 인한 소득에 소득세를 부과해서 시세차익을 노린 투기 목적의 주식거래를 제한해야 한다.

　▶ 세금을 많이 낸 사람에게는 국가가 포상함은 물론 노후에 고액납세자 포상금을 지급하는 것이 옳다. 그 방안을 연구해 볼 필요가 있다.

(9) 대외개방을 적극 추진하되 자유무역협정(FTA)은 체결하지 않아야 한다. 이미 체결된 자유무역협정은 재협상을 통해 폐지한다.

　▶ 관세까지 완전 폐지하여 양국의 경제를 통합하는 자유무역협정은 그 나라 산업과 문화의 차이를 인정하지 않음으로써 전통문화의 황폐화와 대량실업을 가져와 자아실현의 기회를 박탈하기 때문이다.

　▶ 수출을 통해 국민소득이 증대되는 것만 좋아해서는 안 된다. 모든 국민으로 하여금 일을 통해 자아실현의 기회를 가질 수 있도록 하는 것이 경제의 요체임을 인식해야 한다. 국제무역을 정당화하는 이론인 비교우위이론은 이미 시대착오적이 되었으며, 글로벌 스탠더드는 공산품에나 적용될 수 있을 뿐 농·축산업이나 문화서비스업에까지 적용되어서는 안 된다.

　그래서 공산품시장은 적극 개방할 수 있지만 1차 산업과 문화서비스산업의 개방은 제한적이어야 한다.

(10) 농·축산업을 육성하여 식량자급률을 현재의 24%에서 60% 이상 되게 한다.

　▶ 직접지불제의 범위와 지원액을 획기적으로 늘린다.

▶ 농업생산시설을 사회간접자본화 하여 국가재정으로 건설해서 귀농 인구에게 공급한다. 귀농하는 청년들에게 매년 최소의 이자율로 2천만 원씩 5년간 지급해서 농업을 기간산업으로 육성한다.

(11) 교육의 자율성을 보장함으로써 자아실현을 구현케 함과 아울러 창의성을 향상시킨다.

▶ 이 세상은 다양한 소질과 성품을 필요로 함을 인식하고 각자가 지닌 고유한 소질과 성품에 따라 교육을 받을 수 있도록 해야 한다. 그렇게 해야 개인은 자아실현을 할 수 있고 사회는 조화롭게 발전할 수 있다.

▶ 소질과 성품은 다양함을 인정해서 한 가지 기준으로 개인의 소질과 성품을 평가하는 일은 없어야 한다. 수학을 잘하는 소질과 음악을 잘하는 소질을 비교해서 우열을 가릴 수는 없다.

▶ 초·중·고등학생들의 성적을 등수로 매기는 일이 없게 하며, 상대평가를 없애고 절대평가만 할 수 있게 한다.

▶ 수도권과 지방의 교육 격차를 해소할 수 있도록 지방의 국공립학교에 대한 지원을 대폭 강화함으로써 국가의 균형발전을 도모하고 수도권 과밀도 해소한다.

▶ 고교평준화를 폐지하고 자립형 사립학교의 설립을 자유화해서 교육의 자율성을 보장한다.

▶ 수월성 교육을 보장하여 능력이 뛰어난 학생은 능력을 최고도로 발휘케 하여 자아실현의 기회를 갖게 하고, 아울러 사회발전에 기여하도록 한다. 그리고 능력이 뒤처져 경쟁에서 탈락한 사람은 다른 분야의 일에서 자아실현의 기회를 갖게 한다. 이를 위해서는 사

회안전망으로서의 사회보장제도가 확립되어 있어야 한다.

▶ 공교육의 강화로 사교육이 필요 없도록 한다. 사교육을 받는 학생이 있을 수 있으나 입시지옥과 사교육비 부담은 없어야 한다. 공부를 열심히 하고 싶은 학생에게 억지로 공부하지 않게 할 필요는 없다.

▶ 사립학교의 자율적 운영을 보장하고 사립학교에 대한 국가의 재정지원을 중단한다. 사립학교를 운영할 능력이 없으면 국가에 헌납해서 공립학교로 전환해야 한다.

▶ 경제적 궁핍 때문에 자기가 하기 싫은 공부를 하는 경우는 없어야 한다. 사회보장제도가 확립되어 있어 어떤 경우에도 의식주와 의료, 교육을 걱정하지 않아도 되면 누구나 자기의 소질과 성품에 따라 자기가 하고 싶은 공부를 할 수 있게 된다. 이렇게 해서 개인적으로는 자아실현의 행복을 누리게 하고, 국가적으로는 모든 국민으로 하여금 자신의 능력을 최고도로 발휘하게 해서 국가사회의 발전을 도모한다.

▶ 각급 학교는 기초학문과 윤리교육을 강화한다.

▶ 학급당 학생 수를 20명 이하로 줄여 교육의 질을 향상시킴과 더불어 교육부문의 일자리를 10만 개 이상 늘린다.

(12) 법치주의를 엄격히 확립해서 불법행위로 인한 사회적 불안과 경제적 손실이 발생하지 않도록 한다. 특히 전관예우라는 이름의 부정과 불의가 없도록 하기 위해 판사나 검사가 퇴임하면 변호사가 될 수 없게 한다.

▶ 집회와 시위는 어떤 경우에도 법에 따라 보장하되, 법률을 위반

한 집회와 시위, 농성 등은 엄격히 통제한다.

▶ 민주화투쟁은 민주화투쟁이 필요 없는 사회를 건설하기 위한 것인데, 민주화가 되어도 민주화투쟁이 있어야 한다면 그것은 잘못이다. 민주화된 사회에서는 민주주의를 일상적으로 실천해야 하고, 국민의 모든 권리는 합리적인 절차에 따라 보장되어야 한다.

▶ 국민의 모든 권리는 법률과 규정에 따라 보장된다. 권리가 침해된다고 판단될 때는 관련 국가기관에 요구해서 관철되게 한다.

▶ 검사와 판사는 임용고시를 통해 임용하며, 퇴임 후 변호사가 될 수 없게 한다. 판사나 검사 퇴임 후 변호사가 되게 하는 것은 판검사에게 과도한 특혜를 부여하는 것이기도 하지만 사법부패의 중요한 요인인 전관예우가 있게 하는 것이기 때문이다. 판사 임용고시 응시 자격은 법조경력이 5년 이상이어야 한다.

변호사는 변호사 자격시험을 통해 자격을 부여하며, 세무사, 회계사, 변리사 등도 해당 분야의 재판에서 변론할 수 있게 한다. 판·검사 퇴임 후 별도의 변호사 자격시험을 통해 변호사 자격을 얻는다 하더라도 퇴임 후 5년을 경과하지 아니하면 그 자격을 인정받을 수 없게 한다.

판사나 검사가 되었으면 그것이 그 사람의 평생직업이라는 생각으로 근무하는 것이 옳다. 변호사를 할 생각으로 판사나 검사의 직을 수행해서는 그 일을 잘할 수 없을 것이기 때문에 더욱더 그렇다. 그리고 우리 사회에 판·검사의 권력이 너무 강한 것도 문제인 터에, 판·검사를 그만두면 변호사를 해서 엄청난 치부를 하고, 그것에 더해 정치권으로 진출하는 일이 많은데, 이래서는 정치가 제 역할을 다하기가 어려울 것이다.

이런 폐단을 없애려면 임용고시를 통해 판·검사를 채용하고 퇴임 후에는 변호사가 될 수 없게 해야 한다.

오랜 경력에서 얻은 전문지식을 활용토록 해야 한다거나 또 직업 선택의 자유를 침해한다는 이유로 위의 정책을 반대할 수 있겠으나 옳지 않다. 부정부패를 없애는 것이 전문지식을 활용하는 것보다 더 중요하고, 실업상태에 있는 사람이 대단히 많은 터에 특정한 사람들에게만 일할 기회를 더 많이 부여하는 것은 사회적 형평성에도 맞지 않기 때문이다.

▶ 고위 공직자의 범법행위와 부정부패에 대해서는 엄벌한다. 이를 위해 우선 유명무실한 '공익신고자 보호법'과 이해충돌 방지 부분이 빠진 '부정청탁 및 금품 등 수수금지에 관한 법률'이 개정되도록 한다.

공익신고자 보호법의 경우 금융실명거래 및 비밀보장에 관한 법률, 주식회사의 외부감사에 관한 법률, 상법, 형법 등 기업의 불법비리 행위와 관련 있는 법률들이 공익신고 대상 법률에서 모두 제외되어, 차명계좌, 분식회계, 배임과 횡령 등 기업의 부패행위에 대한 공익신고는 보호대상에서 배제되어 있기 때문이다.

그래서 공익신고자 보호법을 개정하거나 새로이 '내부고발자 보호법'을 제정해야 한다. 그리고 부정청탁 및 금품 등 수수의 금지에 관한 법률의 경우 국회가 이 법률의 제정과정에서 빼버린 '이해충돌 방지'에 관한 부분이 보완되어야 한다.

(13) 정부조직을 시대적 요청에 맞게 조정 통합하면서 공무원의 수를 대폭 줄이고 행정부처 소속 각종 위원회를 대폭 축소 정비한다.

사무자동화로 말미암아서도 공무원의 수를 2분의 1 이하로 줄여야 하지만 공무원들이 불필요한 규정들을 만들어내는 것을 막기 위해서도 그렇게 해야 한다. 공직자의 수가 너무 많아 복잡한 규정을 만들어내고 있기 때문이다. 복잡한 규정은 공직자의 재량권을 강화시켜 부정의 소지가 되기 때문에도 공직자 수를 대폭 줄여야 한다.

(14) 국회의원의 수를 250명(지역구 200명, 비례대표 50명)으로 줄이고, 국회의원이 받고 있는 입법활동비, 명절휴가비, 차량유지비 등과 퇴임 후의 연금 등 일체의 특권을 폐지하고 보좌관을 3명만 둔다.

▶ 지금의 소선거구제도는 지역대결의 정치를 온존시킴으로써 정책대결을 불가능하게 하고 있다. 더욱이 국민의 다양한 이해와 요구가 수렴되어져야 할 선거가 거대정당 후보에게 투표를 강요하는 결과를 초래하여 국민의 다양한 의견을 대변할 정치세력의 등장을 가로막고 있다. 그래서 1선거구 3인의 중선거구제를 도입해야 한다.

(15) 행정구역을 50개의 광역자치시로 개편하고, 광역자치시당 국회의원을 3~4명씩(대도시 3명, 지방도시 4명) 뽑으며, 광역자치시만 지방자치를 실시하고 기초의회는 없앤다.

과거에는 교통 통신이 발달하지 못해 산과 강을 경계로 지금과 같은 행정구역을 만들 필요가 있었으나, 지금은 교통과 통신이 발달하여 행정구역을 개편할 필요가 생겼다.

(16) 대통령의 집무실을 광화문으로 옮기며, 대통령 비서실 직원을 500여 명에서 100명으로 줄여서 대통령의 전횡을 막는다. 대통령 배우자나 가족이 국정에 관여하는 일이 일체 없게 한다.

(17) 대통령과 전직 대통령, 국무총리, 장관과 차관, 감사원장과 감사위원, 대법원장과 대법관, 헌법재판소장과 헌법재판관, 국회의원 등 차관급 이상의 모든 정무직 공무원 및 정부투자기관(공기업)의 장과 감사의 월급은 근로자 평균임금(2019년 330만 원)으로 한다.

▶ 업무상 지출되는 경비는 국가재정으로 충당되고, 생활비로 쓰이는 월급은 근로자 평균임금이면 충분하다.
▶ 직급이 높다고 해서 월급이 많아야 하는 것은 아니다.
▶ 공직을 맡는 것은 돈벌이나 명예를 위해서가 아니라 거기서 보람과 기쁨을 얻기 위한 것이어야 한다. 이렇게 해야 그 분야에 정통한 사람이 공직을 맡게 된다.

(18) 선거는 완전한 공영제로 하고 당비와 후원금을 모금할 수 있게 하는 대신 정당에 지급하는 국고보조금은 없앤다. 10% 내지 15% 이상 득표자에게 선거비용을 환급하는 일은 없앤다.

당비와 후원금을 모금할 수 있게 하는 터에 국고보조금을 지급하거나 선거비용을 환급할 필요는 없다.
국회의원은 선거가 있는 해에는 후원금을 1억5천만의 2배인 3억 원을 모금할 수 있게 함으로써 대통령선거나 지방선거가 있을 때도 3억 원의 후원금을 모금할 수 있게 하고 있는데, 이것은 헌법에 위반하는 불법이기 때문에 정치자금법을 개정해서 이렇게 할 수 없게 해야 한다.

(19) 국가균형발전과 수도권 과밀을 해소하기 위해서 지방의 산업과 교육을 획기적으로 지원한다.

▶ 시대상황의 변화에 따른 초중고와 대학의 합리적 조정과는 별개로 지방 소재의 초중고와 대학(국공립대학과 사립대학)의 시설을 현대화하는 것은 물론 지방소재 학교의 교사와 교수에게 월급의 20% 정도를 지방근무수당으로 지급함으로써 지방의 교육환경을 획기적으로 개선함으로써 자녀교육 때문에 서울이나 수도권으로 올 필요는 없게 해야 한다.

그리고 지방 소재 기업에는 법인세를 50% 정도 감액해 줄 뿐만 아니라 지방에 기업을 설립하거나 지방으로 기업을 옮기는 경우 국유지를 최소한 30년 이상 무상으로 대여해주어 지방경제가 활성화되게 함으로써 일자리 때문에 서울이나 수도권으로 올 필요는 없게 해야 한다.

이렇게 해서 지방의 교육과 산업을 획기적으로 발전시켜 국가균형발전을 이루어야 수도권 과밀도 막고 지방의 공동화도 막을 수 있다. 이렇게 해야 서울 내지 수도권의 주택문제도 해결될 수 있다.

▶ '행정중심복합도시' 곧 세종특별자치시의 건설은 국가균형발전과 수도권 과밀 해소에 오히려 역행하면서 행정의 막대한 비효율과 엄청난 예산낭비를 초래했을 뿐이다. 지방의 산업과 교육을 육성해서 지방에 사는 사람들이 수도권으로 몰려오지 않게 해야 실질적

으로 국가균형발전과 수도권 과밀도 해소될 수 있다. 수도권의 주택
문제를 해결하기 위해서도 지방의 산업과 교육을 획기적으로 육성
함으로써 지방에 사는 사람들이 서울을 비롯한 수도권으로 몰려올
필요가 없도록 해야 한다. 서울을 비롯한 수도권에 주택을 더 많이
건설함으로써 주택문제를 해결하려 해서는 안 된다.

▶ 행정중심복합도시의 건설은 선거에서 이기기 위해 저지른 망
국적 행위인 만큼 이것은 취소돼야 한다. 다만 더 이상의 낭비가 없
도록 현재의 시설과 계획을 잘 활용할 방안을 강구해야 한다.

▶ 세종특별자치시에 국립대학교와 학술연구기관, 그리고 정보통
신과 생명공학 등의 첨단산업 등을 유치해서 인근 대덕연구단지와
연계해 세계적인 '산학연클러스터(협력단지)'를 조성하여 지식과 기술
및 첨단산업의 획기적 발전을 도모하고, 동아시아를 비롯한 세계 각
국에서 많은 유학생이 올 수 있게 한다.

이렇게 하는 것이 행정기관의 분산으로 말미암은 국가적 낭비도
없애면서 충청지역의 발전도 도모할 수 있기 때문이다.

▶ 민족통일을 이루어야 할 엄중한 시기에 국가의 머리인 수도首
都를 쪼개놓아서는 안 된다. 중앙행정기관은 빠른 시일 안에 서울로
옮겨야 한다.

**(20) 민족통일을 당면과제로 설정해서 민족통일을 적극 추진하되 국
방력을 강화한다. 이를 위해 다음과 같은 정책을 강구한다.**

▶ 민족통일을 국정운영의 최우선과제로 선포하고 범민족적으로
적극 추진한다.

▶ 민족통일은 한민족이 웅비할 수 있는 기회가 되는 것은 물론 남

한경제의 돌파구가 될 뿐만 아니라 청년들에게 새로운 꿈과 희망을 갖게 하리라는 점을 밝힌다.

▶ 민족통일을 위한 남북정상회담을 추진하고, 민족통일을 위한 '상설협의기구'를 구성한다.

▶ 북한동포에게 통일해서 함께 잘살도록 하자는 내용의 통일메시지를 보내고, 북한동포를 적극 지원할 방안을 밝힌다.

▶ 북한의 핵무기 개발은 미국과 중국 등 한반도 주변국가 모두에게 엄청난 위협인 바, 그 해결책으로 남한 중심의 한반도통일을 설득해서 한반도의 비핵화와 통일을 위한 '2 + 2 회의' 곧 남북한과 미국, 중국이 참여하는 회의를 추진한다.

▶ 한반도 통일을 전제한 다양한 사업을 제시해서 통일에의 희망과 열정을 갖게 한다. 특히 휴전선 근방에 남북 공동으로 회의장, 공연장, 체육시설, 관광시설, 공단 등을 건설할 방안을 제시한다.

▶ 국민개병제를 유지하되, 공무원의 처우에 준하는 장기복무자의 수를 대폭 늘리는 대신 단기복무자의 복무연한을 1년 이하로 줄임으로써 국군의 전문능력을 높여 국방력을 강화하면서 청년들의 취업률을 높인다.

(21) 한국과 중국, 일본, 몽골, 베트남, 필리핀, 인도네시아, 말레이시아, 러시아 등이 참여하는 '동아시아공동체'를 구성하여 공동번영과 평화를 도모한다.

APEC, ASEAN+3국 정상회의, EAS(동아시아 정상회의) 등을 활용하되, 동아시아공동체가 실질적으로 구성되도록 한다.

제7장

보론 :
중요정책에 대한 해설

모든 국민이 자아실현의 보람과 기쁨을 누리며 행복하게 살 수 있도록 하기 위해서는 앞에서 제시한 바와 같은 정책을 강구해야 하겠는데, 이와 관련해 특별히 중요하다고 생각되는 몇 가지 정책에 대해서 그 이유를 자세하게 밝혀두고자 한다.

1

사회보장제도의 근본적 의미와
현 제도의 개혁방향

모든 국민이 자아실현의 보람과 기쁨을 누리며 행복하게 살 수 있도록 하는 데 가장 중요한 것은 모든 국민의 의식주와 의료, 교육을 보장할 뿐만 아니라 일할 능력이 있는 모든 국민으로 하여금 일할 수 있도록 해주는 사회보장제도로서 이것의 확립이 무엇보다 중요하다.

그리고 이 사회보장제도는 자동화와 신제품으로 대량실업과 소득양극화가 구조화되어 '20 대 80의 사회' 내지 '1 대 99의 사회'가 된 정보문명시대에 대처하기 위해서도 필수적인 제도다.

사회보장정책을 제시하지 않고는 정권을 잡지 못하는 것은 물론 국회의원도 되기 어렵게 되자 너도 나도 사회보장정책을 제시하게 되었는데, 그동안 국민복지에 무관심하거나 심지어 반대해 왔던 보수정당들조차 복지정책을 마구잡이로 쏟아내고 있을 정도다.

그러나 현재와 같이 국민복지에 대한 철학과 원칙이 없이 마구잡이로 국민복지정책을 쏟아내서는 국민복지도 이루지 못하면서 국가재정을 파탄내고 국민갈등을 조장할 뿐이다.

그래서 국민복지에 대한 철학과 원칙을 정립하는 것이 무엇보다 중요하다고 보아 그것을 밝혀두고자 한다.

1) 사회보장제도의 기본취지

사회보장제도란 생활능력이 없는 사람에 대한 공적부조 곧 질병, 노쇠, 실업, 저소득 등으로 생활능력이 없는 사람을 국가재정으로 보호하는 제도를 말한다. 생활능력이 없는 사람의 생활을 그 '개인'이 해결하도록 하는 것이 아니라 '사회'가 해결하도록 하는 것이 사회보장제도이다. 그래서 국민의 기본생활을 개인이 보장하는 것이 아니라 사회가 보장한다고 해서 '사회보장'이라고 하고, 이것은 사회민주주의의 근본 취지이기도 한다.

수익자가 자신의 소득수준에 따라 보험료를 부담하고 사회보장 혜택을 받는 사회보험도 사회보장제도에 포함된다. 국민건강보험, 고용보험 등과 같은 사회보험은 보험료를 낸 사람만 혜택을 받기 때문에 되도록 채택하지 않는 것이 좋다.

공식적인 명칭은 사회보장제도이지만 사회복지, 국민복지, 복지제도, 사회안전망 등 다양한 이름으로 불리기도 한다.

이처럼 질병, 노쇠, 실업 등에 대처하기 위해 시행된 사회보장제도는 국민의 기본생활 전체를 국가가 보장하는 방향으로 발전했다.

즉 국민의 기본생활인 의식주와 의료, 교육 등을 국가가 보장함으로써 소위 '요람에서 무덤까지'라는 말이 나올 정도로 인간이 태어나서 죽을 때까지의 전 생활을 국가가 보장하는 방향으로 발전해

왔다. 이렇게 발전해 온 모범적인 나라들이 바로 영국, 독일, 프랑스, 스웨덴 등의 서유럽 복지국가들이다.

사회보장제도를 실시하는 방법에는 보편주의와 선별주의가 있다.

국민전체가 사회보장의 대상이 되는 것이 '보편주의'이고, 생활이 어려운 사람에 대해서만 사회보장혜택이 주어지는 것이 '선별주의'이다. 서유럽 복지국가들은 보편주의가 기본이고, 미국, 일본, 한국 등은 선별주의가 기본이다.

보편주의를 채택하는 서유럽 복지국가들에서는 소득의 다과多寡를 따지지 않고 전 국민에게 무상의료, 무상교육을 실시하고 있다. 약간의 부담을 지는 경우가 있으나, 기본적으로 무상으로 하는 것을 원칙으로 한다.

그러나 선별주의를 채택하는 미국 같은 나라에서는 생활이 어려운 사람에게만 사회보장의 혜택이 주어진다. 우리나라는 최근 보편주의를 채택한 복지영역이 많이 늘어나긴 했지만 기본적으로 전형적인 선별주의 나라이다. 선별주의를 채택하고 있는 나라에서는 비참한 상황에 놓여야만 사회보장의 혜택을 받을 수 있기 때문에 사회보장제도의 혜택을 받는 것을 부끄러워하게 되고, 심지어 사회보장제도의 혜택을 받고 사는 처지에 놓이느니 차라리 죽는 게 낫겠다고 생각하는 경우도 적지 않다.

그러다 보니 자신이 사회보장제도의 수혜자가 되는 일은 없으리라고 생각하게 되어 사회보장제도의 확립에 소극적이거나 반대하는 경우가 많다. 우리나라는 지금 보편주의와 선별주의가 결합되어 있는데, 앞으로는 보편주의로 나아가야 한다.

보편주의적 사회보장제도를 채택하는 나라들에서는 사회보장제도를 강화하기 위한 세금인상을 공약해야 국민의 지지를 받을 수 있는 데 반해, 선별주의적 사회보장제도를 채택하는 나라들에서는 대체로 세금인상을 주장하면 국민의 지지를 받기가 어렵다.

특히 우리나라의 경우 세금을 더 거두는 일이 절대적으로 요청됨에도 불구하고 사회보장제도가 제 역할을 다할 만큼 정비되어 있지 못한 데다 거두어들인 세금을 정부가 너무 많이 낭비하고 있어 세금인상에 대한 국민의 거부감이 대단히 강해서 세금을 인상하기가 어렵고, 이로 말미암아 사회보장제도의 확립도 어려움을 겪고 있다.

국민복지를 확대하기 위해서는 당연히 세금을 올려야 한다. 세금을 올리는 것은 국민을 위한 것이지 국민을 괴롭히는 것이 전혀 아닌데도 마치 세금을 올리지 않는 것이 국민을 위하는 것으로 생각하는 것은 정치철학의 빈곤을 말해줄 뿐이다.

지금 우리나라에서는 무상복지를 규탄하는 주장이 강하고, 그래서 선별주의를 채택해야 한다는 주장이 강하다. 그러나 선별주의를 배격하고 보편주의를 채택해야 하는데, 그 이유는 이렇다.

우선 인간의 존엄을 보장하기 위해서다. 국민 모두가 사회보장의 대상이 되는 보편주의를 채택할 때는 생활능력이 없어 남의 도움으로 살아간다는 생각을 하지 않을 수 있는 데 비해, 생활능력이 없는 사람만 사회보장의 대상이 되는 선별주의를 채택할 때는 끊임없이 남의 도움을 받아 생활한다는 인식을 하게 되어 인간의 존엄이 훼손되기 때문이다.

다음으로 선별주의를 채택할 경우 선별하는 데 드는 비용이 엄청나다. 컴퓨터의 발달로 그나마 경비가 줄고 있긴 하지만 그럼에도 불구하고 엄청난 비용이 든다. 그래서 비용절감을 위해서도 보편주의를 채택해야 한다.

그런데 더 큰 문제는 선별의 과정에서 부정이 개입될 소지가 대단히 크다는 점이다. 이미 국민복지와 관련해 수많은 부정사건이 생긴 것은 바로 이 때문이다. 그래서도 보편주의를 채택해야 한다.

사회보장제도는 가난한 사람을 위해서만 필요한 제도가 아니라 부자를 위해서도 필요한 제도이다.

지난날의 사회보장제도는 기본적으로 생활능력이 없는 사람을 위한 제도였지만 대량실업과 소득양극화가 구조화해서 이른바 '20대 80의 사회'가 되기 쉬운 정보문명시대에는 사회보장제도를 실시하지 않으면 사회가 유지될 수 없는 것은 물론, 20%의 부유층도 어려움을 겪게 된다. 사회보장제도를 실시하지 않으면 가난한 80%의 국민은 소득이 없어 물품을 구매해서 사용할 수 없게 되는데, 이렇게 되면 20%의 부유한 국민이 생산한 물품을 판매할 수 없어 20%의 부유한 국민도 어려움을 겪게 되기 때문이다. 따라서 정보문명시대의 사회보장제도는 전 국민을 위한 제도일 수밖에 없다.

그럼에도 불구하고 이에 대한 충분한 이해가 없어 복지비 때문에 재정이 파탄 나게 생겼다느니, 세금을 올리면 기업이 어려움을 겪게 된다느니 하는 논쟁이나 하고 있으니, 양극화가 심화되어 국민의 삶은 더 어려워지고 경제성장도 이루어지지 않게 된다.

2) 사회보장제도를 확립해야 할 전략적 이유

사회보장제도를 왜 확립해야 하는지에 대해서는 앞에서 많은 설명을 했다. 여기서는 요약 정리하면서 빠진 부분을 보충해 두고자 한다. 거듭 밝히건대 정보화와 세계화의 정보문명시대에는 사회보장제도는 생활능력이 없는 사람만을 위해서 필요한 것이 아니라 경제성장을 포함해서 국가의 정상적인 발전을 위해서도 꼭 필요하고, 특히 부자를 위해서도 필요하다.

이런 이유로 필자는 '사회보장제도의 전략적 의의'라는 말을 쓰기도 했는데, 국가발전전략의 차원에서도 사회보장제도를 실시해야 한다는 뜻이다. 사회보장제도가 그만큼 중요하다는 것이다.

그런데도 사회보장제도는 국민복지를 증대시키기 위한 제도일 뿐 경제위기를 오히려 심화시키는 요인이 되리라고 생각하는 경향이 있는데, 이것은 세상이 어떻게 변하고 있는지를 잘 모르는 데서 나오는 어리석은 생각이다. 사회보장제도 곧 사회안전망의 확충이 없으면 그 어떤 경제정책도 효과를 발휘할 수 없음을 명심해야 한다.

여기에다 국민복지에 신경 쓰기보다 경제성장에 신경 써야 한다면서 경제성장을 강조하는 경우가 많은데, 국민복지를 강화하지 않으면 경제성장도 안 된다는 것을 알아야 한다.

그래서 사회보장제도를 실시해야 할 전략적 이유를 구체적으로 밝혀두고자 한다.

첫째, 소득양극화에 대처하기 위해서 필요하다.

산업의 정보화 곧 자동화와 신제품으로 말미암은 대량실업과 소득양극화가 구조화한 '20 대 80의 사회' 내지 '1 대 99의 사회'에서는 사회보장제도를 반드시 실시해야 한다. 그러지 않으면 가난한 사람만 고통을 겪는 것이 아니라 부유한 사람도 고통을 겪고, 마침내 대량실업과 소득양극화로 사회가 붕괴할 수도 있다.

둘째, 국가경쟁력 강화를 위해서 필요하다.

자본과 노동력의 국제적 이동이 많아지는 세계화시대를 맞아 국가경쟁력을 강화하기 위해서도 사회보장제도를 실시해야 한다.

사회보장제도를 확립하지 않을 때는 의료비와 교육비, 부모봉양비 등을 국민 개개인이 지급해야 하기 때문에 임금이 높을 수밖에 없고, 임금이 높으니 물가 또한 높을 수밖에 없다. 경쟁상대국에 비해 물가가 높으니 수출은 잘 안되고 수입은 폭증하게 되었다. 지금은 다소 완화되었지만, 우리나라 시장은 중국산 또는 베트남산으로 채워졌다. 우리나라 기업들이 어려움에 처할 수밖에 없었다. 그리고 물가가 높으니 수출은 잘 안되었다. 한때 수출의 중요 품목이었던 가전제품, 봉제품, 완구, 신발 등의 수출이 중단되다시피 했으니, 이런 제품을 생산하는 중소기업들이 도산할 수밖에 없었다.

여기에다 임금이 이웃나라에 비해 월등히 높으니 노동력은 외국에서 우리나라로 들어오게 되고, 우리나라에서 외국으로 나가는 일은 거의 없게 되었다. 이것도 한국경제에 결코 이로운 것이 못 된다.

이처럼 경쟁상대국에 비해 임금과 물가가 높을 경우 자본은 유출되고 수입은 증가함으로써 국가경쟁력이 약화되기 마련이다. 그래서 의료비와 교육비 등을 국가가 부담하는 사회보장제도를 확립할 경우 임금과 물가가 상당 정도 인하되어 자본유출과 노동력유입, 수출부진과 수입증가를 막을 수 있게 된다. 이렇게 하지 않음으로써 국가경쟁력이 약화되어 수출은 잘 안되는 데다 수입은 폭증한 것이 한국경제 침체의 주된 요인이었다. 그리고 이것이 청년실업과 비정규직이 많게 된 요인이기도 했다. 국가운영 시스템이 얼마나 중요한 지를 알 수 있다.

셋째, 사회구조조정을 뒷받침하기 위해서 필요하다.

정보화와 세계화에 따른 문명의 전환은 사회구조의 전면적 변화를 요구하는 바, 이러한 변화에 부응하기 위해서는 사회 각 부문이 구조조정을 해야 하는데, 여기에는 많은 어려움이 따른다. 때로는 구조조정을 반대하는 사람이 많게 되고, 이것은 엄청난 사회적 손실을 초래하게 된다. 이런 반대 없이 시대의 변화에 적절하게 부응할 수 있게 하기 위해서는 사회안전망으로서의 사회보장제도가 확립되어 있어야 한다.

산업의 정보화는 필연적으로 노동인력의 감축 곧 정리해고를 포함한 기업의 구조조정을 불가피하게 만드는데, 정리해고를 할 수 있으려면 해고된 사람이 살아갈 대책 곧 사회보장제도가 확립되어 있어야 한다. 사회보장제도의 확립 없이 정리해고를 하려고 하면 엄청난 저항이 발생하고, 이로 말미암은 경제적 손실은 대단히 크다.

우리나라는 그동안 정리해고가 요구되는데도 노동자의 반대에 부딪혀 정리해고를 하지 못함으로써 한편으로는 기업경영이 어려워지기도 했지만, 청년실업이 늘어나고 비정규직이 양산되는 상황에 직면해 있다. 기업이 정리해고를 할 수 있으려면 해고된 사람들도 살아갈 대책이 있어야 하는데, 그 대책이 바로 사회보장제도이다.

넷째, 노사분규를 줄이기 위해서 필요하다.

지난날에는 임금인상과 시간단축이 노사분규의 원인이었지만 문명 전환기에는 정리해고, 비정규직, 파견근무, 심지어 기업매각이나 폐업 등도 파업의 원인이 된다.

사회보장제도가 확립되어 있으면 어떤 경우에도 인간다운 삶이 보장되어 있기 때문에 파업 등 노사분규가 일어나지 않을 수 있다.

전 세계에서 한국의 노동운동이 가장 강력한 것으로 인식되는데, 이것은 한국 노동자들이 특별해서가 아니라 사회보장제도가 취약하기 때문이다. 그러니까 사회보장제도를 실시하지 않음으로써 노동운동세력을 키워왔다고 볼 수 있다. 자본가를 비롯한 이른바 지배세력의 단기적 과욕, 곧 사회보장제도의 회피가 결국 노동운동세력을 강화시켜 온 것이다.

이 가운데 임금과 관련해서도 사회보장제도의 부재가 임금인상 투쟁을 부채질해 왔음을 인식해야 한다.

어떤 회사에 같은 직급의 두 종업원 곧 갑과 을이 있다고 하자. 갑은 부모를 모시고 있는 데다 학령기의 자녀까지 데리고 있고, 을은 부부뿐이라고 하자. 이 경우 약간의 가족수당이 있고 또 가족별 소득공제가 있으나 사실상 거의 똑같은 월급을 받게 된다.

그러면 갑은 생활비 부족으로 임금인상을 요구하는 파업을 벌이지 않을 수 없고, 을은 생활비가 부족하기는커녕 상당한 금액을 저축을 할 수 있어 파업의 필요를 느끼지 않는다. 그러나 갑과 같은 사람의 주도로 파업이 결행될 경우 을은 당연히 파업에 동참하게 된다.

만약 두 사람의 임금을 조금 낮추는 대신 사회보장제도를 확립하게 되면 부모는 노령연금을 받고 자녀의 교육은 무상이어서 갑도 을도 파업의 필요를 느끼지 않을 수 있으니, 노사분규가 줄어진다.

다섯째, 모든 사람에게 일자리를 공급하기 위해서 필요하다.

사람은 누구나 일을 하면서 살아야 행복할 수 있다. 지금까지는 대부분의 사람들이 일하지 않고 살 수 있었으면 하고 바라왔지만 그것은 인간의 본성에 기초한 소망은 아니었다. 인간은 일을 해야 행복할 수 있는 존재다. 일을 통해 자아실현의 보람과 기쁨을 누릴 수 있기 때문이다. 따라서 누구나 일할 곳이 있어야 한다.

그런데 정보문명시대에는 산업의 자동화로 이른바 '노동의 종말' 시대가 올 수 있다. 즉, 절대다수의 사람이 일할 곳이 없는 시대가 올 수 있다.

물론 삶에 필요한 재화와 용역은 충분히 공급될 수 있다. 그러면 삶에 필요한 재화와 용역이 충분히 공급된다고 해서 일할 곳이 없어도 인간이 행복할 수 있을까? 아니다. 일거리가 없으면 행복의 원천인 자아실현의 기회를 가질 수 없어 불행하게 된다. 어떻게 해야 할 것인가? 일거리가 있도록 해야 한다.

그러나 기업경영자는 소수의 근로자만 고용할 것이기 때문에 절대다수의 국민은 일거리를 찾을 수 없다. 그러면 어떻게 해야 하나? 국가가 국민복지 곧 사회보장 차원에서 일자리를 공급해야 하는데, 이것이 '사회적 일자리'이다.

아직 '노동의 종말' 시대에까지 이르지는 않았지만 국가가 사회보장대책으로 사회적 일자리를 공급해야 국민이 자아실현의 기회를 가져 행복하게 살 수 있다.

여섯째, 입시지옥과 고교평준화를 없애기 위해서 필요하다.

우리 사회에는 입시지옥을 없앤다고 온갖 노력을 다 기울여 왔다.

그런데도 입시지옥은 없어지기는커녕 더 심해지고 있다. 한마디로 사회보장제도가 확립되어 있지 못하기 때문이다. 서유럽 복지국가들에서 입시지옥이란 말이 나오지 않는 것은 사회보장제도 덕분이다.

또한 우리 사회에는 고교평준화 문제를 둘러싸고 논란이 심하다. 고교평준화는 하향평준화를 가져와 국가경쟁력을 떨어뜨리는 제도이기 때문에 없애야 한다고 주장하는 사람이 있는가 하면, 돈 때문에 교육의 차별이 있어서는 안 된다는 이유로 이를 유지해야 한다고 주장하는 사람도 있다. 그런데 고교평준화정책은 폐지해야 한다. 하향평준화를 가져와 국가경쟁력을 떨어뜨리기 때문이기도 하지만, 각 개인이 자기의 적성과 능력을 충분히 발휘할 수 없게 하기 때문이다.

여기서 문제가 되는 것은 좋은 학교를 나오지 못한 사람도 인간답게 살 수 있게 해야 한다는 것이다. 좋은 학교를 나오지 못하거나 경쟁에서 패배하더라도 인간답게 살 수 있다면 굳이 일류학교에 들어가려고 할 필요가 없다.

그러나 지금 우리나라에서는 일류학교를 나오지 못하거나 경쟁에서 패배하면 비참한 생활을 하게 되는데, 이런 상황에서는 일류대학에 들어가고 경쟁에서 이기기 위해 안간힘을 쓸 수밖에 없다. 이러니 고교평준화라도 해서 이런 현상을 줄여보고자 하나, 이것은 올바른 해법이 되지 못한다.

고교평준화를 실시한다고 해서 소득에 따른 교육차별이 없어지는 것도 아니고, 누구나 일류대학에 들어갈 수 있는 것도 아니다. 고교평준화를 실시해도 소득에 따른 교육차별은 이루어지고 있고 일류대학에는 돈 많은 사람들이 주로 들어가며 사회 전반적으로 불평등이 심화된다.

또한 고교평준화를 실시한다고 해서 교육에서의 평등이념을 구현하는 것도 아니면서, 능력 있는 사람의 능력발휘를 막고 국가 경쟁력만 떨어뜨리게 되니, 이것은 옳지 않다.

그러면 어떻게 해야 할 것인가? 고교평준화를 주장할 것이 아니라 사회보장제도를 확립함으로써 능력이 부족하거나 경쟁에서 패배한 사람도 인간답게 살아갈 수 있도록 해야 한다.

고교평준화를 없애서 우수한 학생은 우수한 학생끼리 모여 열심히 공부할 수 있게 해주고, 능력이 부족하거나 적성이 달라 소위 일류학교를 나오지 못하는 학생들도 인간답게 살 수 있게 해주어야 한다. 이렇게 해야 모든 학생의 인간다운 삶이 보장된다.

사회보장제도를 실시해야 한다는 주장은 하지 않으면서 고교평준화를 없애야 한다고 주장하는 사람들이 많은데, 이런 사람들은 주로 경쟁위주의 사회를 지지하는 사람들이다.

필자는 이러한 견해에 동의하지 않는다. 경쟁은 필요하지만 경쟁에서 패배한 사람도 인간답게 살 수 있는 장치를 마련해 두고서 경쟁이 있어야 한다고 주장해야지, 경쟁에 패배한 사람은 비참한 생활을 할 수밖에 없는 현실을 그대로 두고서 경쟁위주의 사회가 되어야 한다고 주장하는 것은 비인간적이다. 이런 상황에서의 경쟁은 결국 사회의 붕괴를 가져올 것이다.

요컨대 교육에서의 평등을 위해 고교평준화를 주장할 것이 아니라, 교육에서는 경쟁을 하도록 하고 경쟁에서 패배한 사람도 인간답게 살아갈 수 있게 하는 사회보장제도의 확립을 주장하는 것이 옳다.

일곱째, 사회를 평화롭게 하기 위해서 필요하다.

범죄를 줄이고 사회의 각박함을 완화해서 사회를 평화롭게 하기 위해서도 사회보장제도를 확립해야 한다.

자기 것이 없으면 굶어 죽는 세상에서는 절도나 강도 등의 범죄가 일어나게 마련이다. "사흘 굶어 남의 집 담 넘지 않을 사람 없다"는 말도 그래서 나왔을 것이다. 물론 범죄나 사회의 각박함이 사회보장제도가 없기 때문만은 아니겠지만 사회보장제도는 범죄를 줄이고 사회를 평화롭게 하는 데 크게 기여할 것이다.

여덟째, 자원의 낭비를 막기 위해서 필요하다.

'사회보장'이 안 되니 '개인보장'을 하게 되어 소요자원이 훨씬 더 많아지게 된다. 사회보장이 잘되어 있다면 노후를 위해 많은 재산을 보유할 필요가 없을 텐데 사회보장이 잘 안되어 있으니 개개인이 노후나 기타 재난에 대처하기 위해 힘닿는 한 많은 재산을 보유하게 된다. 국가적으로 보면 자원의 낭비가 아닐 수 없다.

사회보장제도가 확립되어 있는 나라에서는 부모가 자식에게 재산을 물려줄 생각을 별로 하지 않는다. 서유럽 복지국가들은 물론이고 미국이나 오스트레일리아의 경우 자녀들이 18세만 되면 부모로부터 독립하는 경우가 많고, 부모도 유산을 굳이 자녀에게 상속하려고 하지 않는다. 자녀에게 재산을 물려주지 않아도 그들은 사회보장제도의 뒷받침을 받아 기본적인 생활을 할 수가 있기 때문이다. 그 이상의 삶은 자신의 노력에 달린 것이고, 그 노력이 바로 자아실현의 삶이다.

이런 풍조가 가족 해체를 가져올 수 있어 경계해야 할 점도 물론 있으나, 기본적으로 자녀들도 자기의 인생을 살아야 하고 그 속에서 자아실현의 보람과 기쁨을 누릴 수 있어야 한다는 점에서는 바람직스러운 일이다.

부모가 자녀에게 재산을 물려준다고 그것이 자녀의 행복을 보장할 수는 전혀 없다. 오히려 자아실현의 기회와 능력을 잃게 만들 수 있다. 자녀의 행복은 부모의 유산상속에서 얻어지는 것이 아니라 자아실현에서 얻어지는 것이기 때문이다. 돈을 벌더라도 자기가 벌어야 한다. 그런데 자녀들이나 부모가 이런 생각을 할 수 있게 하려면 사회보장제도가 확립되어 있어야 한다.

각종 사고가 나면 엄청난 돈으로 보상하는 경우가 많다. 사회적 파장을 불러일으킨 사건은 국민에게 거부감과 위화감을 불러일으킬 정도의 보상이 이루어지는 경우도 있다. 심지어 민주화운동이나 독립운동, 참전용사 등에게도 그 보상금으로 많은 돈이 지급되기도 한다. 의로운 일을 하다 죽거나 다친 사람에게는 '의사상자 등 예우 및 지원에 관한 법률'에 따라 최저 1천만 원에서 최고 2억여 원까지 지원하고 있다. 그러니까 모든 것을 돈으로 평가해서 보상하는 풍조가 만연되어 있다.

이래서는 안 된다. 사람의 생명이나 건강, 행위를 돈으로 평가하거나 환산하는 것은 비인간적이며 그 가치마저 훼손될 수 있다. 민주화운동도 독립운동도 돈으로 평가되어 보상금을 얼마나 받느냐에 따라 등급이 매겨질 정도다. 그래서 사회보장제도를 완벽하게 확립한 다음 이런 식의 보상은 하지 않도록 해야 한다. 인간다운 삶을 살 정도면 되는 것이다. 돈을 더 많이 받는다고 해서 더 행복해지는 것은 결코 아니니 말이다.

이처럼 사건이나 사고, 의로운 행위 등에 돈으로 보상하게 되니 이 돈을 더 많이 받으려는 과정에서 상당한 사회적 갈등이 유발되는 것은 물론, 사건이나 사고, 선행 등에서 얻을 수 있는 교훈 같은 것은 퇴색되고 만다. 돈이 명예나 교훈을 삼켜버리는 것이다. 이것은 엄청난 사회적 손실이다.

결국 이런 어리석은 일이 자행되는 것은 사회보장제도가 확립되어 있지 못하기 때문이다. 사회보장제도가 확립되어 있어야 위와 같은 보상이 필요 없게 된다.

앞에서 사회보장제도를 실시해야 할 이유를 구체적으로 나열해 보았지만 이 모든 이유에 앞서서 국민들이 어떠한 경우에도 인간다운 삶을 살 수 있게 하기 위해서는 사회보장제도를 확립해야 한다.

국민소득이 3만 달러를 넘는 나라에서, 선진국 대열에 들어간 나라에서, 세계 제11위의 경제대국이라는 나라에서 의식주 때문에 고통을 겪고, 돈이 없어서 치료를 못 받거나 학교에 다니지 못하는 사람이 있는 것은 국가적 수치다. 국가를 제대로 경영하지 못한 때문임을 알아야 한다.

미국에서 장애인을 대우하는 것을 보면 미국이란 나라가 문명국가임을 실감한다. 장애인을 돕는 제도적 장치를 강구해 두고 있지 않는 나라는 '장애국가'이고 그 국민들은 '장애국민'일 수밖에 없다.

뒤에서 우리나라 사회보장제도의 '반사회보장적' 성격에 대해 자세히 밝히겠지만 국민소득이 3만 달러를 넘는 경제대국 운운하려면 그에 걸맞은 사회보장제도가 확립되어야 한다.

3) 사회보장제도 확립의 기본원칙

사회보장제도의 구체적인 내용을 밝히기 전에 몇 가지 중요한 원칙을 먼저 밝혀두고자 한다.

첫째, 전 국민을 대상으로 하는 보편주의를 채택해야 한다.

생활능력이 없는 사람을 대상으로 하는 사회보장제도가 따로 있어야 하는 경우도 많이 있지만 기본적으로 전 국민을 대상으로 하는 사회보장제도가 확립되어 있어야 한다. 의료와 교육을 무상으로 할 경우 전 국민이 대상이 되게 해야 하며, 노인이나 장애인, 실업자, 학생 등을 대상으로 할 경우에도 노인이나 장애인, 실업자, 학생이면 누구나 사회보장제도의 대상이 되게 해야지 특별한 자격요건을 두어 어떤 사람은 되고 어떤 사람은 안 되는 식으로 해서는 안 된다.

둘째, 사회보장제도가 특혜를 주는 것이어서는 안 된다.

사회보장제도란 기본적으로 소득이 많은 사람들이 세금을 내서 소득이 적거나 없는 사람을 돕기 위한 제도인데, 우리나라의 사회보장제도는 많은 경우 소득이 많은 사람에게 더 많은 혜택을 주고 소득이 없거나 적은 사람에게는 아무런 혜택을 주지 않는 경우가 많다. 이것은 근본적으로 잘못된 것이다. 즉 소득이 없거나 적은 사람의 생활을 보장하는 것을 우선해야 하며, 소득이 많은 사람에 대한 과도한 혜택은 과감히 줄여야 한다. 그 전형적인 것이 공무원연금, 사학연금 등이다.

셋째, 복잡한 제도를 정비해서 간소화해야 한다.

사회보장제도 관련 법령의 내용이 너무 복잡하고 어려워서 일반 국민은 그 내용을 도저히 알 수 없다. 조건과 절차가 너무 복잡해서 국민에게 주어지는 복지금액보다 이를 집행하는 복지요원들에 대한 경비가 더 많을 지경이다. 사회보장의 기준을 단순화할 경우 10만 원의 혜택이 주어질 수 있는데도 그 기준을 복잡하게 해서 사무처리 비용이 너무 많이 들어 3만 원 정도의 혜택만 주어지는 상황이다. 그 야말로 배보다 배꼽이 더 크다.

법령이 복잡하면 비용이 과다해져서도 옳지 않지만, 수혜자가 법령의 내용을 알기 어려워 혜택을 받을 수 없는 경우가 많이 발생할 수 있어서도 옳지 않다. 그리고 법령의 내용이 복잡하고 수혜조건이 까다로우면 업무담당자가 어떻게 조치하느냐에 따라 수혜자가 결정될 가능성이 많아 부정이 개입되기 쉽다. 따라서 수시로 선심 쓰듯이 만들어온 법률들을 폐지하고 국민기초생활법이나 사회보장기본법으로 통합하는 것이 옳다.

문제가 발생할 때마다 사회보장정책을 한 가지씩 채택하는데 그렇게 할 일이 아니다. 국민의 기본생활을 보장하고 그 위에서 개별적인 문제에 대처할 방안을 강구해야 한다. 기본생활을 보장하지 않고 문제별로 그때그때 대응하니 비용만 더 들어간다.

한때 저출산 문제에 대응한다고 며칠 안 가서 한 건씩 지원책이 나왔는데 이렇게 해서는 안 된다. 의식주와 의료, 교육 등 국민의 기본생활을 국가가 보장한다면 특별한 대책을 강구하지 않아도 될 텐데 그렇게 하지 않으니 계속 문제가 발생하고 그때마다 대처하려니 돈만 많이 들어가게 된다.

4) 앞으로 확립해야 할 사회보장제도의 중요내용

첫째, 모든 국민의 기본생활을 국가가 보장한다.

모든 국민의 기본생활 곧 의식주 및 의료와 교육을 국가가 보장해서 어떤 경우에도 국민이 기본생활에 어려움을 겪는 일은 없어야 한다. 이를 위해서는 국민기초생활보장법의 대상이 되는 수급권자의 범위 곧 수급요건을 대폭 완화하여 국민의 기초생활을 실질적으로 보장할 수 있도록 해야 한다.

둘째, 무상의료를 실시한다.

돈이 없어서 치료를 못 받거나 요양을 못하는 일은 없어야 한다. 원칙적으로 국가재정으로 의료비를 충당해야 한다.

그러나 현재의 건강보험제도가 상당히 효율적으로 운용되고 있는 만큼 이를 보완해서 활용하되, 돈이 없어 치료를 받지 못하는 일은 없게 해야 한다. 질병이 심각할수록 더 큰 혜택을 받아야 하는데 그렇지 못한 것이 문제다. 환자가 치료나 요양을 필요로 하는 경우에는 어떤 질병이든 또 그 기간이 얼마이든 치료받고 요양 받을 수 있게 해야 한다. 보험재정 때문에 중병환자에 대한 치료와 요양을 개인부담으로 하게 해서는 안 된다.

개인으로는 도저히 감당하기 어려운 문제를 사회가 힘을 합쳐 도와주는 것이 보험의 취지인데, 우리나라 건강보험은 개인이 부담할 만한 것은 국민건강보험으로 충당하고 개인이 부담하기 어려운 것은 개인에게 부담하도록 하는 경우가 많았다. 이것은 보험제도의 근본취지에 반하는 것이어서 반드시 시정되어야 한다.

그리고 입원환자의 경우 간병도 국가재정으로 병원이 책임지게 해야 한다. 가족 중에 환자가 한 사람 생겼다고 해서 가산을 탕진하거나 가사를 전폐하는 일은 없어야 한다. 특히 간병 때문에 직장일이나 사업을 중단하는 일은 없어야 한다.

의료비의 경우 병원과 약국의 남용을 방지하고 스스로 건강증진과 건강회복을 위해 노력하도록 하기 위해 당사자에게 약 15% 정도의 의료비를 부담하게 할 필요가 있다.

셋째, 유치원부터 대학까지 무상교육을 실시한다.

유치원부터 대학까지의 학교교육은 국가가 그 비용을 부담하여 개인에게 부담을 주지 않도록 해야 한다. 대학원의 경우도 국가재정으로 '대여장학금 제도'를 운영하여 학업을 계속코자 하는 학생은 학업을 계속할 수 있게 해야 한다. 보육의 경우 기본적으로 부모가 맡도록 하면서 일정한 지원이 있어야 할 것이다. 물론 공립 보육원을 많이 설립해서 운영함으로써 부모의 어려움도 덜어주면서 아이들의 발육에도 도움을 주도록 해야 할 것이다.

넷째, 부양가족의 유무, 현재의 소득과 상관없이 65세 이상의 모든 노인에게 매월 약 50만 원(물가상승률 연동)의 노령연금(기초연금)을 지급한다.

현재는 소득 하위 70%(현재 수급률은 66.5%)인 만 65세 이상 노인들에게 매월 소득과 재산을 감안한 소득인정액이 선정기준액(단독가구 137만 원, 부부가구 219만2천 원) 이하인 경우 국민연금 가입기간과 연계해 매월 30만 원 정도의 기초연금을 지급하고 있는데, 소득인정액과 선정기준액, 그리고 국민연금 가입기간이나 기초생활보장상의 수급 등과 상관없이 65세 이상의 모든 노인에게 매월 약 50만 원(물가상승률 연동)의 기초연금(노령연금)을 지급한다. 물론 이런 내용을 누구나 알기 쉽도록 단순화해야 한다.

앞으로는 자녀가 부모를 모시고 살 수 있도록 정책적으로 유도한다. 부모를 모시고 사는 세대의 경우, 주택구조의 변경 또는 새로운 주택구입을 위해 자금지원을 요청할 경우 연리 1% 정도의 주택융자를 한다. 이렇게 하는 것은 사회발전에 기여한 노령세대에 대한 국민의 보답이기도 하고 또 노령세대가 안정된 생활을 할 수 있게 하기 위한 것이기도 하지만, 자녀들이 부모를 봉양함에 있어 경제적인 어려움을 겪는 일은 최대한 없게 하기 위한 것이다. 이렇게 하면 자녀가 부모를 모시는 것을 기피하는 경우가 현저히 줄어들 것이다. 부모를 모시고 사는 것이 인륜에 합당한 것일진대, 돈 때문에 인륜에 반하는 일이 없도록 해야 한다.

다섯째, 장애인에게 소득인정액과 선정기준액, 그리고 국민연금이나 기초생활보장 상의 수급 등과 상관없이 매월 30만 원(1급 장애인) 내지 10만 원(6급 장애인)의 장애수당을 지급한다.

장애인에 대한 지원이 대단히 빈약함에도 불구하고 장애인에 대한 지원책의 종류는 요란스러울 정도로 많다. 의료비지원, 자립자금 대여, 소득세 인적 공제, 상속세 인적 공제, 자동차 LPG연료 세금 인상액 지원, 철도와 도시철도 요금 감면, 공영주차장 주차요금 감면, 전화요금 할인 등 헤아리기조차 힘들 정도로 그 종류가 많다. 상당 정도 도움이 되긴 하겠지만 기본생활이 되고서 이런 도움이 있어야지 기본생활이 어려운 상태에서는 이런 도움은 별 의미가 없다.

이런 지원책들은 대체로 정상적인 생활을 할 경우에 지원받을 수 있는 것들인데, 장애인의 경우 기본생활조차 안 되어 정상적인 생활을 할 수 없을 때는 이런 지원은 아무런 의미가 없다. 그래서 대부분의 지원책이 그림의 떡일 뿐이다.

장애인복지법을 보면 어떻게 이렇게나 복잡한 규정을 만들었는지 그 이유를 알기 어렵다. 얼핏 보면 합리적인 것 같기도 하고 또 머리가 좋은 사람이 만든 것 같기도 하지만, 이것은 지극히 비합리적이고 비인간적인 것이다. 장애인은 그야말로 정상적인 사람에 비해 장애가 있는 사람들인데 이런 복잡한 규정을 어떻게 알라고 이런 법규정을 만들었는지 알 수가 없다. 사회보장관련 법률들이 하나같이 다들 어렵지만, 특히 장애인관련법 규정들은 너무나 복잡하고 어렵다. 이것은 정상적인 법률이 못 된다. 그야말로 장애법률이다.

우리나라는 사회보장제도가 열악하다 보니 장애인에 대한 복지도 대단히 열악하다. 대한민국이 바로 장애국가이다. 지체나 시각 등에 장애가 있는 사람만 장애가 아니라 장애인에 대해, 노인에 대해, 어려운 처지에 있는 사람에 대해 인간적인 도리를 다하지 못하는 사람이야말로 중증장애인이다. 많은 경우 지체나 시각 등에 장애가 있는 사람만이 장애인이 아니라 사지육신 성한 사람이 제 할 일을 다하지 못해 장애인처럼 된 사람들이 대단히 많다. 장애를 통해 정신적으로 성숙한 사람들을 보면 장애인이 아닌 것이 자랑스러울 것이 하나도 없다.

장애인관련 법률을 전면 재조정해야 한다.

장애인에게 일자리와 소득을 최대한 보장하고, 그리고 각종 편의 시설을 설치하고, 그런 다음 그 밖의 자질구레한 각종 혜택은 과감히 폐지하는 것이 옳다. 장애인이면 누구나 혜택을 받는 제도를 채택해야지 특수한 분야의 장애인만 혜택을 받는 것은 불공평하기도 하다. 그리고 장애인이 차별감을 느끼지 않게 하기 위해서도 일자리와 소득을 보장하고 자질구레한 지원은 없애야 한다. 장애인은 당연히 보호의 대상이 되어야 하지만 일상생활 속에서는 일반인과 동등한 대우를 하는 것이 장애인의 인격을 존중하는 것이 된다. 시혜의 대상이기보다 권리의 주체로 인식되게 해야 한다.

여섯째, 노숙자가 방치되는 일이 없어야 한다.

노숙자는 발견 즉시 수용시설에 수용할 수 있게 하고, 소정의 자활훈련을 받게 해서 가족과 함께 가정에서 살 수 있게 한다.

노숙자로 있는 한 국민기초생활보장 대상자마저 되지 않을 수 있고 각종 사회보장제도의 혜택을 받지 못할 수 있다. 노숙자들로 하여금 주거를 안정할 수 있게 해서 취업을 하든가 국민기초생활보장법 상의 사회보장혜택을 받을 수 있게 해야 한다.

노숙자들은 대개 불우이웃에도 끼지 못하고 있다. 노숙자는 단 한 사람도 없도록 특단의 대책을 강구해야 한다. 노숙자 문제를 노숙자의 판단에 맡겨서는 안 된다. 노숙자의 대부분이 이미 정상적인 판단을 할 수 없는 정신질환자로 볼 수 있는 터라 그들의 의사를 따르는 것은 노숙자를 방치하는 핑계가 될 뿐이다. 그래서 노숙자 문제는 법규에 따라 강제로 집행해야 한다.

일곱째, 법정최저임금(2019년 시급 8,350원, 월급 175만 원) 이상의 소득을 보장하는 공공근로(사회적 일자리)를 최소한 500만 개 이상 다양하게 공급해서 실직자와 노인, 주부 등 일을 하고자 하는 모든 국민이 자기가 하고 싶은 일을 할 수 있게 하여 자아실현의 기회를 가질 수 있게 한다.

국가는 사회적 일자리를 통해 국토의 효율적 이용과 사회의 조화로운 발전을 도모한다. 흔히 '일자리창출'을 약속하지만 제조업이나 사무·유통업의 일자리를 더 늘리는 것은 어렵다는 것을 인식해야 한다. 현재 상태에서는 늘릴 수 있는 일자리가 많이 있고 또 새로 생기는 일자리도 많이 있겠지만, 줄어드는 일자리가 많아지기 때문에 전체적으로는 전통적 개념의 일자리가 늘어나기는 어렵다. 오히려 일자리가 대폭 줄어든다는 것을 전제하고 복지정책을 강구해야 한다.

일자리는 줄지만 생산되는 재화와 용역의 양은 더 늘어나기 때문에 이 부분을 세금으로 환수하여 국가가 공공부문의 일자리를 만들어서 모든 사람이 일할 수 있게 해야 한다. 소득을 얻게 하기 위한 것만이 아니라 일에서 보람과 기쁨을 얻게 하기 위한 것이다.

공공근로의 대상은 주로 실업자, 노인, 장애인, 가정주부 등이 될 것이다. 공공근로의 내용은 종래의 환경정비사업은 물론이고 노인도우미, 장애인도우미 등 사회복지관련 일자리가 될 것이다.

여기서 공공근로의 비용이 과연 조달될 수 있을 것인가의 문제가 대두될 것이다. 예산과 관련한 사항은 뒤에서 다룰 텐데, 간단히 언급하면 비용은 조달할 수 있다.

비용 이전에 일을 하고 최저임금을 받겠다는 사람에게 일자리를 제공하는 것은 국가의 의무이다. 근로의 의무도 있지만 근로의 권리도 있다. 일하고 싶은 사람에게 일자리를 줄 수 없는 사회라면 그 사회는 잘못된 사회이다. 기계나 기술 때문에 일하고 싶은 사람이 일을 할 수 없게 된다면 기계나 기술은 잘못된 것이다. 기계나 기술을 긍정적으로 인식하는 것은 기계나 기술이 발달해도 일자리를 만들어낼 수 있기 때문이다.

전통적 의미에서의 생산직 일자리는 줄거나 없어진다 하더라도 사회적 일자리를 얼마든지 만들 수 있다. 사회적 일자리를 많이 만들어 공급하는 것이 기계나 기술의 발달로 많은 소득을 올린 사람에게도 도움이 된다. 일자리 제공이 어려울 경우 교양교육을 시키면서라도 돈을 지급해야 한다.

이런 식으로 사회적 일자리를 제공할 경우 대략 500만 명 정도가 공공근로에 참여할 가능성이 있는데, 이에 드는 비용은 대략 100조 원 정도 될 것이다. 그러나 이렇게 공공근로를 제공하는 사람에게 최저임금에 해당하는 170만 원 정도를 지급할 경우 노인이나 장애인 가운데 상당수가 공공근로를 하게 됨으로써 노인이나 장애인, 그리고 국민기초생활법 상의 수급자에게 지급하려는 돈의 상당부분이 절약될 것이다.

이렇게 해서 모든 국민의 기본생활을 국가가 보장해야 한다. 국민의 기본생활을 보장하지 아니하고서 땜질식으로 그때그때 지원하는 방식을 택하니 어려운 사람은 계속해서 어렵고 비용은 비용대로 불어나 재정을 감당할 수가 없게 된다.

정부가 어떤 일이 생길 때마다 법률을 만들고 그에 따른 경비를 지불하고, 거기에 더해 위원회나 행정부서를 만들기까지 하는 것을 보면 이들이 국민을 위해서 이런 일을 하는 것인지, 자기네들 가까운 사람들에게 혜택을 주기 위해서 이런 일을 하는 것인지 분간하기 어렵다. 더 이상 국가재정을 낭비하고 국민의 복리를 외면하는 일이 있어서는 안 되겠다.

한 달에 약 170만 원을 받고 일을 할 계층이면 생활이 대단히 어려운 사람들일 것이다. 이들에게 이런 소득을 보장하면 유효수요(구매력)가 크게 증대하여 소비를 촉진해서 경제를 활성화하게 될 것이다.

근본적으로 인간답게 살 수 있는 나라를 만들고자 하는 정책목표와 의지가 있어야 한다. 국가운영의 철학이 있어야 이런 정책 이런 의지가 나올 수 있다.

이상과 같이 국가가 모든 국민의 기본생활 곧 의식주와 의료 및 교육을 보장하고, 노인과 장애인의 인간다운 삶을 보장하며, 이런저런 이유로 노숙자가 된 사람들을 국가가 관리해서 안정된 생활을 할 수 있게 해야 한다.

그리고 일을 하고자 하는 사람 모두에게 최저임금 수준의 돈이라도 주고 일을 할 수 있게 해주어야 국민이 안심하고 살 수 있는 것은 물론 자아실현의 기회를 가져 행복하게 살 수 있다.

이것은 국가가 국민에게 은혜를 베푸는 것이 아니라 국가의 의무이고, 국가가 해주는 것이 아니라 국민이 해주는 것이다. 사회보장의 혜택을 받는 사람들도 한때는 국가사회를 위해서 봉사한 일이 있을 수 있다는 점에서 국민이 스스로 돕는 것이지 국가가 돕는 것이 아니다. 국가 또는 정부가 국민을 위해 선심을 쓰는 듯이 생각하는 것은 아주 잘못된 것이다.

국민이 없이는 국가가 있을 수 없다.

5) 사회보장제도의 비용을 어떻게 조달할 것인가?

사회보장제도를 실시해야 한다고 주장하면 그것에 동의하면서도 두 가지 이유를 들어 사실상 반대하는 경우가 많다. 하나는 예산타령이고 다른 하나는 복지망국론이다. 복지망국론은 뒤에서 검토해 보기로 하고 여기서는 예산 곧 비용문제를 따져보자.

사회보장제도를 완벽할 정도로 시행할 때의 총비용보다 사회보장제도를 완벽하게 실시하지 않음으로써 지불해야 하는 돈이 더 많음을 알아야 한다. 돈을 절약하기 위해서도 사회보장제도를 실시해야 한다.

앞에서 지적한 대로 우리나라는 사회보장이 잘 안 되어 있기 때문에 많은 사람들이 개인적으로 질병, 교육, 실업, 노후 등에 대처하고 있는데 이에 따른 비용이 엄청나다.

우리 국민은 생명보험료로 연간 약 60조 원을 내고 있는 데다 암보험, 교육보험 등 다양한 종류의 보험료를 낸다. 1년에 보험료로 내는 돈이 약 125조 원 이상 될 텐데, 만약 사회보장제도가 확립되어 있다면 이 가운데 약 75조 원 이상은 내지 않아도 된다.

그리고 퇴직금으로 기업이 부담하는 돈이 연간 약 30조 원 정도 된다. 이 돈도 사회보장이 제대로 되어 있다면 크게 줄어들 것이다.

연말연시나 추석 때 내는 불우이웃돕기성금, 수재의연금 등도 거의 낼 필요가 없을 것이다. '불우이웃돕기'를 매년 한다는 것은 기만과 수치의 극치이다. 불우이웃이 없도록 할 생각을 해야지 불우이웃을 그대로 두고서 연말연시에만 돕는 것은 불우이웃에 대한 사랑이 없기 때문이다. 불우이웃돕기성금이 없는 때에는 그들이 어떻게 살아간단 말인가?

무엇보다 장학금이 문제다. 장학금제도의 문제점은 뒤에서 별도로 검토하기로 하겠다.

장학금으로 들어가는 돈이 1년에 최소 5조 원(교육비용의 약 10%)은 될 것이다. 사회보장제도의 확립으로 교육비를 국가가 부담한다면 한국식의 장학금제도는 있을 필요가 없다. 도대체 언제까지 돈이 없어 공부하지 못하는 학생이 있게 할 것인가?

그리고 기업들이 '기업이윤의 사회 환원' 내지 '나눔 경영'이란 그럴듯한 이름으로 연간 수십조 원의 돈을 내놓고 있는데 이 또한 잘못이다. 이것이 왜 잘못인지는 뒤에서 밝힐 것이다.

경조사 때 부조금을 내지 않을 수 없는데 이 돈도 연간 수십조 원에 달할 것이다. 부조금으로 혼례나 장례를 치르고 집을 사는 경우까지 있을 정도다. 사회보장제도가 확립되어 있다면 이런 부조금도 대폭 줄어들 것이다.

이런 부조가 전혀 없어야 한다는 것이 아니다. 부조는 우리의 미풍양속일 수 있다. 그러나 이것은 축하의 뜻이나 조의를 표하는 정도에 그쳐야지 그것이 다른 사람에게 부담을 주거나 살림밑천이 되게 하는 것이어서는 안 될 것이다.

이처럼 우리나라는 사회보장제도를 제대로 실시하지 않음으로써 들어가는 비용이 엄청나다. 위에서 지적한 대로 개인 부담 의료비 약 9조 원, 각종 보험료 약 120조 원, 퇴직금 약 30조 원, 불우이웃돕기성금, 각종 의연금, 장학금, 부조금 등을 합하면 1년에 최소 130조 원은 될 것이다. 결국 약 50조 원 정도를 더 거두어서 사회보장제도를 완벽하게 확립한다면 지불하지 않아도 될 텐데 이를 하지 않고

약 170조 원을 지불하고 있다.

이웃에 대한 사랑이 없이 자기만 잘 살면 그만이라고 생각하다 보니, 그래서 사회를 어떻게 운영해야 국민 모두가 인간답게 살 수 있는지를 모르다 보니 비용을 더 많이 들이면서 온갖 고통과 갈등을 겪고 있다. 개인적 고통과 불안만이 아니라 사회적 갈등을 증폭시키는 데다 국가경쟁력도 약화시킨다.

사회보장비용을 위와 같은 관점에서 검토해본 것은 사회보장제도를 확립하지 않는다고 해서 비용이 지불되지 않는 것이 아니고 이런저런 형태로 더 많은 비용이 지불되고 있음을 밝히기 위한 것이다.

세금이 아닌 준조세 형태로 돈을 지불하게 할 것이 아니라 세금으로 내게 해서 사회보장제도를 확립해야 한다. 건강보험료, 국민연금보험료, 수업료, 대학등록금, 생명보험료, 교육보험료, 각종 성금, 각종 기금, 장학금 등의 상당 부분을 세금으로 내게 해서 사회보장제도를 확립하여 국가가 이를 체계적으로 관리해야 국민의 부담을 줄여주면서 국민의 복지를 강화할 수 있다.

더욱이 정보사회를 맞아 돈을 많이 버는 사람은 엄청나게 돈을 많이 벌기 때문에 그들로 하여금 세금을 많이 내게 해서 위와 같은 사회보장제도를 확립해야 한다.

세상이 바뀐 만큼 사회를 운영하는 방식도 근본적으로 바뀌어야 한다. 특히 경제상황이 바뀐 만큼 조세제도를 바꾸어야 한다(조세제도를 어떻게 바꾸어야 하겠는지에 대해서는 별도로 밝힌다).

지금 사회보장제도를 완벽할 정도로 확립하지 않았다고 해서 굶어죽거나 치료를 못 받거나 교육을 못 시키는 경우는 많지 않다. 결국 어떤 식으로든 의식주와 의료 및 교육 문제를 해결하고 있다.

이것은 사회보장제도가 확립되어 있지 않아 공적부조를 받지 않는다고 해서 이들 문제에 비용이 들어가지 않는 것은 아님을 의미한다. 사회보장제도를 실시하든 실시하지 않든 전체적으로 들어가는 비용이 비슷한 것은 너무도 당연하다. 오히려 사회보장이 이루어지지 못함으로써 중구난방 식으로 대처하기 때문에 비용은 더 들어가게 된다. 그러면서도 효과는 더 적은 것이다. 따라서 돈을 절약하기 위해서도 사회보장제도를 확립해야 한다.

6) 우리나라 사회보장제도의 문제점

첫째, 관련 법률이 너무 복잡하고 어렵다.

수혜조건이 까다로운 것도 문제지만 그에 앞서 법조문이 너무 복잡해서 어지간해서는 이해할 수가 없는 것이 가장 큰 문제다. 사회보장의 수혜자들은 대부분 지식수준이 낮을 텐데 이들은 혜택을 받을 수 있는 제도가 있어도 그런 제도가 있는지를 몰라 혜택을 받지 못하는 경우가 많을 수밖에 없다.

조세관련 법령도 마찬가지다. 원칙이나 정의감이 없이 그때그때 선심을 쓰면서 관련 조항을 추가한 탓도 있지만 관계 공무원들이 앉아서 할 일이 없으니까 복잡하게 만든 것도 많다. '합리적으로 조정'하다 보니 복잡해졌다고 생각하는 사람이 있겠으나, 복잡하게 만들지 않아도 얼마든지 '합리적으로 조정'된다는 것을 알아야 한다. 국민기초생활보장제도 대상자도 그 규정을 다 알 수 없게 되어 있다. 너무나 조문의 양이 많고 복잡하고 어려워서 말이다.

둘째, 사무비용이 수혜비용보다 더 많은 것도 있다.

공제제도와 특례조치가 너무 많아 이와 관련한 사무비용이 수혜비용보다 더 큰 경우도 있을 정도다. 소득공제만 하더라도 그 종류가 너무 많아 공제혜택을 받을 수 있는 사람들도 제도를 잘 몰라 공제혜택을 받지 못하는 경우가 대단히 많을 것이다. .

소득공제의 경우 기본공제(연 100만 원), 배우자공제, 부양가족공제, 본인 및 배우자의 직계존속인 경우 남자 60세 이상, 여자 55세 이상, 본인 및 배우자의 직계비속과 과세연도 종료일 현재 만 20세 이하인 자, 본인 및 배우자의 형제자매로서 20세 이하 또는 60세 이상인 자 등인데, 이 각각의 공제마다 공제조건이 천차만별이다.

이것저것 따져 계산하려면 이 공제로 혜택을 받는 것보다 이를 계산하는 데 드는 비용이 더 클 것이다. 제정신이라면 어떻게 이런 복잡한 제도를 만들까 싶다. 그런데 사실은 제정신이 아니라서가 아니라, 앉아서 할 일이 없는 데다 이렇게 규정을 복잡하게 만들어놓아야 자신들의 권한이 강해지고 그 덕분에 부정도 저지를 수 있기 때문일 것이다. 이런 자들이 공직을 맡고 있으니 국민을 위한 행정이 이루어지겠는가?

특례는 더 복잡하다. 한 예로 이런 특례가 있다. "장애인용 보장구 중 특수 정보통신기기와 장애인의 정보통신기기 이용에 필요한 특수 소프트웨어에 대한 부가가치세 영세율"이란 특례다. '특수 정보통신기기'에는 무엇이 해당되며 '특수 소프트웨어'에는 무엇이 해당되는 것인지 알 수 있는 사람이 얼마나 되겠는가? 그리고 이 특례 규정을 읽고서 그 내용을 이해할 수 있는 사람이 얼마나 되겠는가? 그나마 겨우 부가가치세를 면제해 주면서 말이다.

이런 혜택을 주어서 장애인이 무슨 이득을 볼 수 있을지 의문이다. 아마 이런 사업을 하는 사람에게 조세감면의 특혜를 주기 위한 것 같은데, 설사 이런 불순한 의도가 없다 하더라도 이런 제도로 장애인의 복지를 증진시킬 수는 없다.

공제제도와 특례제도가 많은 것은 정치적으로는 그때그때 실효성도 별로 없는 선심을 쓴 것이고, 결과적으로는 관련 공무원과 세무사나 변호사들에게만 이득을 줄 뿐이다.

셋째, 가난한 사람보다 부유한 사람 위주로 되어있다.

사회보장제도란 기본적으로 경제적으로 여유가 있는 부자들이 세금을 많이 내서 가난한 사람들을 돕자는 것인데, 우리나라 사회보장제도는 사회보장의 혜택을 필요로 하지 않는 사람에게는 필요 이상의 사회보장 혜택을 주면서 사회보장 혜택을 절실히 필요로 하는 가난한 사람에게는 사회보장혜택을 거의 주지 않거나 또는 상대적으로 적게 주는 것으로 되어있다.

우리나라 사회보장제도가 대부분 사회보험 형태로 되어있는(국민건강보험, 산재보험, 고용보험, 국민연금 등) 것도 문제다.

사회보험 형태로 되어있는 경우에는 보험료를 납부해야 사회보장혜택을 받을 수 있기 때문에 돈이 없는 사람은 보험료를 낼 수 없어 사회보장혜택을 받을 수 없다.

보험료를 내는 경우 소득이 많아 보험료를 많이 내는 사람은 사회보장혜택을 많이 받고, 소득이 적어 보험료를 적게 내는 사람은 사회보장혜택을 적게 받게 되어있다. 돈이 없는 사람은 많이 받고 돈이 많은 사람은 적게 받는다는 사회보장제도의 근본취지에 반하기도 한다. 사회보장제도란 근본적으로 빈익부 부익빈貧益富 富益貧, 즉 가난한 사람은 좀 부유해지게 하고 부유한 사람은 좀 가난해지게 하는 제도인데, 우리나라 사회보장제도는 부익부 빈익빈富益富 貧益貧, 곧 부자는 더 부자가 되고 가난한 사람은 더 가난해지게 되어있다.

연금의 경우 지금은 국민연금제도가 도입되어 비록 그 액수가 적더라도 대부분의 국민이 그 대상이 되고 있지만(국민연금에 가입하지 못한 국민도 약 800만 명이나 된다), 국민연금제도가 도입되기 전에는 공무원과 사립학교 교사(공립학교 교사는 공무원에 해당), 직업군인에게만 연금제도가 적용되었다.

공무원이나 사립학교 교사, 직업군인 등은 생활이 대단히 안정되어 있다고 볼 수 있다. 더욱이 이들이 연금을 받을 만큼 20여 년 근무했으면 그동안 집도 장만했을 것이고 자녀교육도 거의 마쳤을 것이다. 즉 돈이 많이 들 일이 없고 이미 저축해 둔 돈으로도 생활할 정도가 된 경우가 대부분일 것이다. 그런데도 바로 이런 사람들에게 연금혜택이 주어진다. 20년 이상 근무한 사람들은 보통 200만 원 내지 400만 원 정도의 연금을 받는데, 이것은 우리나라 형편상 과다한 것이 아닐 수 없다.

더욱이 진정으로 연금이 있어야 살아갈 수 있는 무직자, 영세상인, 일용노동자 등은 연금을 못 받는 경우가 대부분이니 연금제도가 얼마나 잘못되어 있는지를 알 수 있다.

혹 공무원과 교사, 군인 등 연금수혜자들은 자신들이 직장에 다니는 동안 월급에서 얼마씩 떼어 저축해 둔 것이라고 주장할 수 있겠으나 말도 안 되는 소리다. 국민이 낸 세금으로 보험료를 낸 것인데,

국민은 연금을 거의 못 받다시피 하는데 과다할 정도의 연금을 받는 것은 불합리의 극치다.

국민연금의 평균수령액은 약 56만 원인데 공무원연금의 평균수령액은 약 240만 원이고, 국민연금의 상한액은 200만 원 정도인데 공무원연금의 상한액은 720만 원을 넘으니 잘못되어도 너무 잘못되었다. 반드시 시정되어야 한다.

최근에 공무원연금 개혁이 추진되었는데, 약간의 손해도 보지 않으려 온갖 횡포를 부리는 것을 보면서 저런 사람이 공직을 맡고 있었으니 어떻게 국민을 위한 공무가 집행되었을까 싶을 정도였다. 공무원 출신인 자신들의 인간다운 삶을 위해서도 공무원연금 개혁에 찬성해야 할 텐데 말이다. 이처럼 조금도 양보하지 않으려 하는 것도 자본주의적 가치관에 지배되어 있기 때문일 것이다.

퇴직금도 마찬가지이다. 퇴직금도 사회보장의 한 형태인데 퇴직금을 받지 않아도 될 사람들은 엄청나게 많이 받고 정작 돈을 필요로 하는 사람들은 퇴직금을 한 푼도 못 받거나 적은 액수만 받는다. 대기업의 고임금 노동자들은 퇴직금이 없어도 살아갈 수 있을 텐데 이들에게는 수억 원 내지 수십억 원의 퇴직금이 주어지고, 정작 퇴직하면 생활이 막막한 중소기업 노동자나 일용노동자들은 퇴직금이 전혀 없거나 소액일 뿐이다.

대기업이나 공기업에서 30년 정도 근무한 사람은 퇴직금이 약 4억 원 이상인데, 이런 사람에게는 자원의 낭비가 아닐 수 없다. 30년 정도 근무했으면 나이가 60세 이상 되었을 것이고 그때까지 일했으면 앞으로 새로운 일을 하기는 어려울 것이다. 그리고 그 정도 나이가 되도록 그런 직장에서 일했으면 이미 집도 장만했을 것이고 자녀들 교육도 끝냈을 것이다. 상당한 액수의 돈도 저축해 두었을 것이다. 이런 사람에게 왜 4억 원 이상의 돈이 주어져야 하는가? 그런 사람에게 그 돈이 주어져서는 효율적으로 쓰일 수가 없을 것이다. 그야말로 자원의 낭비가 아닐 수 없다. 경제란 자원을 효율적으로 배분하는 기술인데, 이런 사람에게 그런 정도의 돈이 주어지는 것은 반경제적이다.

이처럼 사회보장제도가 부익부 빈익빈으로 되어있는 것이 더욱 더 문제가 되는 것은 사회보장제도를 처음 도입한 정책당국자들이 의식적으로 그렇게 했기 때문이다.

건강보험의 경우도 대기업에서 중소기업으로, 그다음 영세기업으로 순차적으로 적용되어 왔으며, 직장을 가진 사람들을 위한 직장건강보험에서 소득이 없거나 소득이 적은 지역건강보험으로 시행되어 왔다. 국민연금이나 고용보험, 산재보험 등 모두가 사회보장혜택을 덜 필요로 하는 사람으로부터 시작되어 사회보장혜택을 간절히 필요로 하는 사람은 후순위로 밀려나거나 지금도 혜택을 제대로 받지 못하고 있다.

그러니까 정치적으로 힘이 센 집단이거나 보험료를 징수하기가 편한 곳부터 시작했다고 볼 수 있는데, 이것은 사회보장제도의 근본 취지에 반하는 것이다. 이런 제도는 사회보장이 목적이기보다 정치적으로 힘이 센 집단에게 특혜를 주어 정권의 기반으로 삼고자 하는 의도가 있었기 때문일 것이다.

그리고 보험료를 징수하기 쉬운 곳부터 실시해서 사회보장제도를 실시한다는 생색도 내고, 또 그것을 취급하는 기관을 만들어 공적자금을 조달하려고 한 것이기도 할 것이다.

넷째, 사회보험형태의 사회보장이 너무 많다.

사회보장제도는 기본적으로 국가재정에 의한 공적부조로 운용되어야 한다. 그런데도 우리나라에서는 공적부조는 한정적으로만 운용되고 보험료를 내는 사람만이 혜택을 보는 사회보험 형태의 사회보장제도가 너무 많다.

이렇게 하는 경우에는 정말로 사회보장혜택을 받아야 할 사람들은 사회보장에서 제외되고 사회보장혜택을 별로 필요로 하지 않는 부유한 사람들은 사회보장혜택을 받게 된다.

그리고 국가재정에 의한 공적부조여야 부유한 사람이 사회보장에 더 많이 기여하게 되어 있는데, 사회보험에 의하면 대체로 보험료 납부액에 따라 혜택의 양도 결정되기 때문에 부유한 사람이 사회보장에 기여하는 것이 별로 없게 된다.

다섯째, '사회보장'이 안 되어 '개인보장'으로 하고 있다.

사회보험 형태의 사회보장은 엄격하게 따지면 '사회보장'이라기보다 '개인보장'이다. 사회보험 형태의 사회보장마저도 부실해서 국민이 안심하고 살 수 있게 해주지 못함으로써 국민 개개인이 개별적으로 질병, 노령, 실업, 교육 등에 대처하기 위해 여러 형태의 보험을 들고 있는 실정이다. 요즘은 실손보험, 실비의료보험이라 하여 보험가입자가 질병이나 상해로 입원 또는 통원치료 시 의료비로 실제 부담한 금액을 지원해 주는 건강보험이 유행하고 있다. 실손보험 가입자는 2019년 현재 3,200만 명에 달하고, 민간보험사에 납부하는 보험료 총액이 한 해 10조 원을 넘는다고 한다. '제2의 건강보험'으로 자리매김 했다고 자랑하나, 한마디로 난센스일 뿐이다. 건강보험료로 내는 돈이 가구당 12만 원 정도인데, 실손보험으로 내는 돈이 가구당 6만3천 원이다. 6만3천 원의 반인 3만 원만 건강보험료로 더 내면 완벽한 건강보험제도를 확립할 텐데 말이다.

심지어 정부에서도 국민건강보험을 보완하는 수단으로 민영의료보험 형태의 의료실비보험가입을 권장하고 있으니 한심한 일이다.

1년에 생명보험료로 내는 돈이 약 60조 원 정도 되는데, 이것은 국민 1인당 1백만 원을 넘는 액수이고 4인 가족이면 연간 500만 원의 생명보험료를 낸다. 그리고 사회보장이 안되어 있기 때문에 노후에 대비하여 땅도 사놓고 큰 집도 보유하게 된다. 사회보장이 되어 있다면 일상적으로 살아갈 돈만 있으면 되는데 사회보장이 안되어 있으니 비상시에 대비하여 상당한 재산을 보유하고 있어야 한다. 국가적으로 보면 자원의 낭비다.

우리나라가 실시하고 있는 사회보장제도가 이처럼 사회보장제도 본래의 취지에 위배되다 보니 많은 국민들이 사회보장제도를 불신하게 된다. 결국 지금까지 시행되어 온 사회보장제도가 부실하다 보니 이에 대한 불신이 오히려 온전한 형태의 사회보장제도의 확립을 어렵게 하고 있다. 정책입안자들의 죄과가 크다.

7) 사회보장제도와 관련한 착각과 진실

(1) 예산타령의 허구성

대개의 경우 사회보장제도 자체를 반대하는 사람은 드물다. 실시하면 좋지만 실시할 예산이 없지 않느냐는 것이다. 국민소득이 더 많아져야 사회보장제도를 실시할 수 있을 것이라고도 주장한다. 그러나 내심으로는 사회보장제도의 혜택을 받고 살 생각은 없는 것이다. 사회보장제도의 혜택을 받는 것을 부끄러워하고, 심지어 사회보장제도의 혜택을 받고 사는 처지에 놓이느니 차라리 죽는 게 낫겠다고 생각하는 경우도 적지 않다. 물론 요즘은 원체 살기가 힘들고 또 사회보장혜택이 늘어나다 보니 사회보장혜택을 받으려 하는 사람이 많아지긴 했지만 말이다.

또 재산이 있는 사람들은 세금을 많이 내는 것이 싫어 사실상 사회보장제도를 반대한다. 요컨대 사회보장제도를 실시할 돈이 없다는 것이다. 과연 그럴까? 사회보장제도를 실시하지 않으면 돈이 들어가지 않는가?

예를 하나 들어보자. 대학(원)까지 무상으로 해야 한다고 하면 다들 놀란다. 도대체 대학까지 무상으로 한다면 돈이 대단히 많이 들텐데 그 돈을 어떻게 감당하느냐는 것이다.

그러면 교육비를 국가재정으로 충당하지 않는 지금은 돈이 들어가지 않는 것일까? 대학교수들이 무료로 봉사하는 것이 아니다. 국가재정으로 충당하지 않으니 대학생이 등록금을 내게 된다. 따라서 대학을 다니려면 어차피 돈은 든다. 세금을 내서 국가재정으로 그 비용을 충당하든가, 아니면 대학생이 직접 등록금을 대학에 낸다. 그래서 어차피 대학을 운영하는 데는 돈이 드는데, 학생이 대학에 낸 등록금으로 대학을 운영하느냐 아니면 국민이 낸 세금 곧 국가재정으로 대학을 운영하느냐의 차이가 있을 뿐이다.

그런데 세금을 내서 국가재정으로 대학을 운영하면 경비가 줄어지기도 하거니와 돈이 많은 사람은 누진과세를 통해 더 많은 돈을 내기 때문에 일반 국민들로서는 직접 등록금으로 내는 것보다 적은 돈을 부담하게 된다.

정부는 돈이 없어 사회보장제도를 실시할 수 없다고 하지만 정부가 돈을 쓰는 것을 보면 보통 돈이 많은 것이 아니다. 온갖 곳에 돈을 퍼붓고 있다. 건수만 생기면 예산을 배정한다. 심지어 시민운동단체에도 대단히 많은 돈을 배정한다. 돈을 낭비하고 시민운동을 타락케 할 뿐인데도, 그런 데는 돈을 못 줘서 안달이다.

결국 돈이 없어 사회보장제도를 실시하지 못하는 것은 전혀 아니다. 어차피 돈은 들게 되어있다. 사회보장제도를 실시하면 오히려 돈이 적게 든다. 돈이 오히려 덜 드는 문제는 앞에서 자세히 밝힌 바 있어 여기서 구체적인 내용을 밝히는 것은 생략한다.

(2) 복지망국론의 허구성과 기만성

사회보장제도를 실시해야 한다고 주장하면 '복지망국론'을 펴면서 반대하는 경우가 많다. 과연 우리나라가 복지망국론을 걱정해야 할 처지에 있을까? 복지제도가 없는 나라에서, 그리고 복지제도의 미흡으로 국가경쟁력이 떨어져 있는 나라에서 복지망국론을 펴는 것은 어리석음을 넘어 기만의 극치다.

서유럽 복지국가들이 '영국병' 이나 '독일병' 등 '복지병'을 앓아

온 것은 사실이다. 그러나 이들 나라들이 경제적 어려움을 겪는 것을 복지 때문으로만 생각하는 것은 잘못이다.

'소득재분배성 소비적 복지제도'로 말미암은 노동기피가 만연했던 것도 사실이나, 그 문제는 '기회보장성 생산적 복지제도'로 개편함으로써 해결할 일이지 복지를 없애는 것으로 해결될 수 있는 일이 아니다. 그리고 보다 더 근본적으로는 정보문명시대의 도래에 따른 새로운 이념과 정책의 강구를 통해서 해결할 일이다.

오늘날 서유럽 복지국가들이 복지비를 상당 정도 삭감함에도 불구하고 경제침체를 극복하지 못하는 것은 이런 근본적인 대책을 강구하지 못하고 있기 때문이다.

따라서 우리나라에서 복지망국론을 주장하는 것은 가당치 않은 일이다. 복지제도를 실시해 왔으면서 복지병을 거론하며 복지비를 축소해야 한다고 주장해야 설득력이 있지, 복지제도를 제대로 실시하지도 않았으면서 복지병을 걱정해 복지비를 축소해야 한다고 주장하는 것은 난센스다.

서유럽 복지국가들이 '복지병'을 걱정하는 일이 있으나, 기본적으로 그 나라들은 복지제도 때문에 '요람에서 무덤까지'라는 말이 실감날 정도로 국민복지를 완벽하게 보장하면서 경제도 발전시키고 공산주의도 이겨왔다. 또 서유럽 복지국가들이 복지비를 삭감한다고 하나 그 폭이 소폭이고, 복지비를 삭감하고도 우리나라보다는 월등히 많은 복지비를 지출하고 있다.

서유럽 복지국가들이 복지제도를 실시할 때 우리가 복지제도를 실시하지 않은 데 대한 반성도 없고, 그 나라들이 복지제도를 통해 사회를 발전시켜 온 것은 외면하고서 약간의 부작용 때문에 복지비를 조금 줄이려 하는 것을 두고 이를 침소봉대하여 복지망국론을 펴는 것은 복지제도를 반대하기 위한 핑계일 뿐이다.

무엇보다 지금도 그 나라들이 우리나라와는 비교할 수 없을 정도로 좋은 복지제도를 실시하고 있는데도, 이에 대해서는 언급조차 하지 않은 채 복지제도가 갖는 약간의 부작용을 과장하여 선전하는 것은 국민을 기만하는 것일 뿐이다.

그런데 이처럼 복지제도 반대자들이 사리에 맞지도 않는 주장을 펴고 있는데도 이를 효과적으로 논박하지 못하고 있는 것이 우리의 실정이다. 주요 언론을 중심으로 지식인의 대부분이 반복지적인 입장에 서있다 보니 복지망국론의 허구성을 지적해도 힘을 얻지 못한다.

이러다 보니 복지제도를 꼭 필요로 하는 일반 국민들조차 복지는 경제를 어렵게 할 수 있다고 믿는 경우가 많다. 성장이 복지보다 더 중요하다고 생각하는 국민이 많은 것도 이 때문일 것이다.

앞에서 지적한 바 있듯이 우리나라는 복지제도를 제대로 실시하지 않음으로써 국가경쟁력을 잃고 있다. 그야말로 '무복지망국'을 걱정해야 할 형편이다. 사회보장제도의 중요성에 대한 새로운 인식이 있어야 하겠다.

(3) 불우이웃돕기의 위선과 무책임

불우이웃돕기가 연중행사가 되었다. 불우이웃은 도와야 한다. 그러나 근본적으로 불우이웃이 없도록 해야 한다. 매년 똑같은 불우이웃돕기를 하는 것은, 더욱이 불우이웃이 없도록 하기 위한 노력은 하지 않으면서 불우이웃돕기를 하는 것은 불우이웃에 대한 참된 사랑이 없기 때문이다. 특히 정치나 사회운동을 하는 사람들이 매년 꼭 같은 형태의 불우이웃돕기를 하는 것은 무책임한 일이고 위선적인 일이다.

경제발전의 수준이 낮아 의식주를 해결할 수 없는 불우이웃이 존재할 수밖에 없는 상황이라면 불우이웃이 존재하더라도 어쩔 수 없는 일이다. 그러나 의식주를 해결할 수 없는 절대빈곤층이 없어지게 할 수 있는데도 이를 방치해 두는 것은 크나큰 죄악이다.

지금 우리나라에 불우이웃이 존재하는 것은 불가피해서가 아니고 방치해 둔 때문이다. 특히 정책당국자들이 인간에 대한 진정한 사랑이 없이 조건반사적으로 정책을 구사하니 돈은 돈대로 들이면서 불우이웃이 없어지지 않는다.

한 예를 들어보자. 한때 결식아동을 위해 방학 때 도시락을 공급했는데, 이래도 되는 것일까? 결식아동이 없도록 해야지 결식하게 되는 환경은 그대로 둔 채 도시락만 공급한다고 해결되겠는가? 점심을 못 먹는 아동들이 아침이나 저녁은 제대로 먹을 수 있겠는가? 아침과 저녁 대책은 없어도 되는가? 집안에서 아이가 점심을 먹지 못할 정도가 되면 다른 가족들은 식사를 할 수 있겠는가?

어쨌든 결식아동이 없도록 하는 근본적인 정책을 강구해야지 결식아동이 있는 것을 전제하고서 도시락이나 공급하는 것은 어리석은 짓이다. 그런데 이런 정책을 왜 채택하는지 의아스럽다.

굳이 결식아동 점심문제를 해결하려고 하면 도시락을 공급할 것이 아니라 도시락 값을 돈으로 지급하면 될 것이다. 방학 동안 전국에 약 25만 명의 결식아동에게 도시락을 공급한다는데, 도시락 내용물 값보다 배달비용이 더 들 것이다. 그리고 1개 읍면동에 해당 아동이 약 60~70명 정도 될 텐데 두서너 명이 이를 배달하다 보면 하루

해가 다 갈 것이다. 제때 점심을 먹을 수 있을지도 의문이다.

그래서 온갖 방안들을 강구하고 있는데, 이를 둘러싼 행정비용이 더 들게 생겼다. 이러다 저녁을 굶고 있는 아동이 있다고 하면 다시 저녁까지 배달할 것인지 의심스럽다. 국민소득이 3만 달러 가까이 되는 나라에서 결식아동이 있다는 것이 말이나 되는가?

돈이 없어 사회보장제도를 확립하지 못하는 것이 아니다. 돈을 엉뚱한 데 낭비하기 때문이다. 국민의 기본생활을 일률적으로 보장하면 이런 낭비를 없앨 수 있다.

우리 사회에는 이런 것이 한두 가지가 아니다. 그때그때 땜질식으로 우선 문제되는 것을 적당히 넘기려 할 뿐 근본적인 대책을 강구하려 하지 않는다. 그러다 보니 비용만 많이 든다.

온갖 복잡한 제도를 만들어놓고서 거기에 들러붙어 돈을 챙기는 사람이 있을 뿐이다. 없는 사람과 관련된 일일수록 거기에 들러붙어 자기 잇속을 챙기는 사람이 더 많으니 이것은 부끄러운 일을 넘어 죄악이다. 불우이웃, 곧 의식주마저 해결하지 못하는 사람은 없도록 하는 특단의 대책을 강구해야 한다.

(4) 장학금제도의 불필요성과 불법성

장학사업을 하는 곳이 대단히 많다. 장한 일을 넘어 성스러운 일로도 평가된다. 공부를 하고 싶은데도 돈이 없어 공부를 못하는 학생들이 많을 때 그들을 돕는 것은 참으로 고마운 일이다. 그리고 온갖 간난신고艱難辛苦를 겪으면서 한 푼 두 푼 모은 돈을 자신들이 어렸을 때 못다 푼 배움에의 한을 풀어달라고 장학금으로 내놓는 사람들의 갸륵한 마음은 높이 평가될 일이다.

그러나 시대가 바뀐 지금은 장학사업에 대한 근본적인 재검토가 있어야 한다. 국민소득이 3만 달러를 넘고 세계 제11위의 경제대국 운운하며 선진국 대열에 들어선 나라에서 아직도 돈이 없어 공부를 못하는 학생이 있다는 것은 말이 안 된다. 이제 장학금을 낼 일이 아니라 돈이 없어 공부를 못하는 학생은 없는 나라를 건설해야 한다. 즉 장학금이 필요 없는 나라를 만들어야 한다.

물론 장학사업은 돈이 없어 공부를 못하는 학생을 위한 것만은 아니다. 다양한 목적의 장학사업이 있을 수 있다. 특수한 목적의 장학사업은 계속되어야 하겠지만 돈이 없어 학교에 다닐 수 없는 학생을 위한 장학사업은 없어야 한다.

정책당국자들이 마음만 먹으면 얼마든지 돈이 없어 공부를 못하는 학생은 없게 할 수 있다. 설사 빈곤층을 없애지 못하거나 대학까지 무상교육을 시키지 못한다면 빈곤층 자녀의 수업료와 등록금만이라도 면제해 주면 된다.

지금 우리 사회에는 공적 부조에 의한 사회보장제도가 미비하여 학교에 다니려면 수업료와 등록금을 내야 하다 보니 이를 지원하는 장학사업이 많이 전개되고 있다. 이에 들어가는 돈이 엄청나다. 돈을 이렇게 쓸 것이 아니라 이 돈을 세금으로 내게 해서 사회보장제도를 확립하여 돈이 없어 학교에 다니지 못하는 학생은 없도록 해야 한다.

물론 장학사업이 긍정적인 역할도 많이 할 것이다. 당장 돈이 없어 학교에 다니기 어려운 학생을 도와 학교에 계속 다니게 하는 역할도 할 것이고, 또 학생들을 격려해서 분발케 하는 역할도 할 것이다. 그러나 많은 경우 장학사업도 특혜가 되고 있다. 대기업 종사자나 공무원처럼 생활이 안정되어 있는 곳일수록 장학금혜택이 더 많다. 특히 공무원의 경우 다양한 방법으로 장학금의 혜택을 받고 있다. 특혜이다.

장학금제도가 탈세를 위해서 악용되는 경우가 너무 많다. 재벌기업들이 문화재단이나 장학재단을 설립하는 경우가 많은데, 이것은 거의 대부분 탈세를 위한 것이다. 특히 삼성재벌의 경우 엄청난 돈을 삼성문화재단 등에 투입하고 있는데, 이것은 본래 상속세를 탈세하기 위한 것이었다. 거의 모든 재벌들이 문화재단 등을 갖고 있는데, 이것은 옳지 않다. 이 돈을 세금으로 내서 문화사업을 할 자격이 있는 사람들로 하여금 문화사업을 하게 해야 한다.

기업은 사업을 잘하는 것이 애국하는 일이다. 기업이 사업 이외의 일을 하는 것은 대부분 탈세나 편법상속을 위한 것이다. 문화재단 등에 기부하더라도 세금을 내게 하는 것이 옳다.

장학금이 없이도 공부할 수 있는 사회를 만들려는 꿈은 없이 장학재단이나 만들려는 꿈을 갖고 있는 한 돈이 없어 공부를 못하는 불우한 학생이 계속 나올 것이다. 꿈을 갖되 바른 꿈을 가져야 하겠다. 돈이 없어 공부를 못하는 학생이 없게 해야 하는데 그렇게 하지 않으니까 돈이 더 많이 드는 장학사업이 온갖 곳에서 이루어진다. 그리고 이 과정에서 많은 특혜 곧 부정이 발생한다. 사회보장제도의 확립만이 이런 어리석은 일을 끝낼 수 있다.

(5) 나눔경영의 부당성과 악용

'나눔경영'이 강조되고 있다. 이른바 '기업이윤의 사회환원'이란 이름 아래 기업이 사회봉사를 위해 자금을 지원하거나 노력봉사를 하는 것을 말한다. 이에 대해 이구동성으로 칭송하고 있다. 삼성그룹은 매년 약 5,000억 원 정도를 사회공헌에 쓴다고 하고, LG·현대자동차·포스코·두산 등 대기업들은 다들 수십억 원 내지 수백억 원을 사회공헌에 쓴다고 한다.

그러면 과연 이러한 '나눔경영'을 통한 기업이윤의 사회환원은 바람직스러운 것일까? 바람직스럽지 않다. 이것은 기업이 해야 할 역할은 따로 있는데 그것은 제대로 하지 않고 엉뚱한 일을 하는 것에 불과하다.

기업은 기본적으로 기업을 잘 운영하는 것이 최대의 사회공헌이고 애국이다. 기업을 잘 경영해서 많은 국민들에게 일자리를 제공하고, 관련 산업을 육성시켜 사회가 필요로 하는 재화와 용역을 공급하고, 그리고 그 과정에서 돈을 많이 벌어 세금을 많이 내면 그것이 최선의 사회공헌이다.

'기업이윤의 사회환원'이란 것이 전혀 의미가 없는 것은 아니지만 기업은 자선사업조직이 아니다. 경제활동을 하는 조직이다. 경제활동을 잘하면 그것 자체로서 국가발전과 국민복지에 기여하는 것이다. 다른 어떤 부문도 할 수 없는 사회공헌이고 애국이다. 기업인들은 이에 대한 자부심을 가져야 한다. 그런데 엉뚱하게 '기업이윤의 사회환원'을 강조하면서 기업인들을 압박하는 경우가 대단히 많다. 잘못되어도 한참 잘못된 것이다.

고용도 하고 재화와 용역도 공급하고 세금도 많이 내면서 기업이윤을 사회에 환원하면 더 좋은 것 아니냐고 생각할 수 있다. 그렇기는 하다. 그러나 기업이 응당 해야 할 일을 다 하지 못하면서 사회공헌으로 생색을 낸다면 주객의 전도다.

그러면 기업이 응당 해야 할 일을 다 하지 못하는 것이 있는가? 있다. 세금을 더 많이 내야 한다. 사회공헌을 한다고 수백억 원 내지 수천억 원을 낼 것이 아니라 세금을 수천억 원 내지 수조 원을 더 내야 한다. 사실은 사회공헌이란 이름으로 엄청난 탈세를 하고 있다. 이런 점에서 '나눔경영'은 부당하기 이를 데 없다.

삼성그룹의 경우 영업이익이 1년에 대체로 약 13조 원 정도 되는데, 이 가운데 약 4조 원 정도의 세금을 낸다고 한다. 이 정도만 내서는 안 된다. 몇몇 대기업 이외의 수많은 기업이 경영이 어려운 상태에 있는데도 순이익을 그처럼 많이 올린다면 그에 부응해서 더 많은 세금을 내야 한다. 13조 원의 영업이익을 올렸다면 적어도 8조 원 정도의 세금을 내야 한다. 결국 삼성은 약 8조 원의 세금을 내야 하는데 4조 원의 세금만 내고 5,000억 원을 사회공헌으로 내놓고 있는 것이다.

이것은 삼성이 부담해야 할 적정한 세금을 부담하지 않고 있다는 점에서도 잘못이지만, 국가예산의 0.2%나 되는 엄청난 돈이 국가재정으로 충당되어 합리적으로 쓰이지 못하고 있다는 점에서도 잘못이다. 또 이 돈이 기업이나 정치권을 감시해야 할 시민단체로 흘러들어가 시민단체들을 부패케 하고 있다는 점에서도 잘못이다.

산업의 정보화에 따라 사회 각 부문에서 양극화가 일어나고 있다. 이를 합리적으로 조정하는 것이 국가가 해야 할 일이다. 이 가운데 '조세제도를 합리적으로 재조정하는 것'이 가장 시급한 과제다. 많은 기업들이 도산하고 있는 때에 순이익을 엄청나게 많이 올리는 기업은 세금을 당연히 많이 내야 한다.

지난날의 세율대로 세금을 내는 것으로는 부족하다. 즉 누진세율을 획기적으로 강화해야 한다. 이처럼 대기업들이 세금을 획기적으로 더 많이 냄으로써 사회발전에 기여해야 하는데 그렇게 하지 않고 세금으로 내야 할 돈의 일부를 내고서 생색을 내는 것은 기업이 담당해야 할 역할의 왜곡이고 시대착오적인 일이다.

이와 같은 일을 바로잡아야 하는 것이 정치인데, 정치 또한 구시대적 사고방식에서 벗어나지 못해 기업의 새로운 역할에 대해 알지 못하고 세금으로 내야 할 돈의 일부를 '사회환원' 하는 것을 좋아한다.

시민운동단체들 가운데 상당수는 대기업의 이런 선심에 기대어 자선사업을 하고 있는데, 이 또한 부정부패의 하나다. 특히 보수 진보 가릴 것 없이 언론에서 '나눔경영' 특집 같은 것을 내어 '기업이윤의 사회환원'을 독려하고 있는데, 이것은 무지의 소산이다. 이러니 이의 개선이 쉽지 않을 전망이다.

이런 잘못된 현상이 바로잡히려면 새로운 역사의식을 가져야 하는데, 기업도 정치권도 시민단체도 언론도 구시대적 관행에서 벗어나지 못하고 있으니 바로잡히기가 어려울 것 같다.

이러한 것이 모두 사회보장제도와 연결된다. 기업으로 하여금 이런 식으로 사회보장 성격의 '자선사업'을 하게 할 것이 아니라 세금을 많이 내게 해서 사회보장제도를 확립해야 한다.

이런 점에서 '나눔경영'은 엄청난 탈세에다 사회보장제도의 확립을 가로막고 시민단체를 부패케 하는 등 악용되고 있음을 직시해서 이런 사이비 자선행위가 없도록 해야 한다.

2

자아실현을 위한
교육이 되어야 한다

공자는 인생삼락의 첫 번째로 배움을 꼽았다. 그래서 논어의 첫 구절에 '배우고 익히는 것이야말로 가장 큰 즐거움'이라고 밝혔다. 맹자는 군자3락君子三樂에서 '천하의 영재를 모아 가르치는 것이야말로 군자가 누릴 수 있는 최대의 즐거움'이라고 밝혔다.

굳이 공자나 맹자를 들먹이지 않더라도 교육 곧 가르치고 배우는 일은 보람 있고 즐거운 일이다. 한 인간으로서 성숙하지 못한 인간을 성숙한 인간으로 만드는 과정이 교육이니, 가르치는 사람이나 배우는 사람 모두 보람 있고 기쁜 일이 아닐 수 없다.

그런데 지금 우리의 현실은 어떤가? 한마디로 지옥이다. 입시지옥을 겪는 학생들에게만 지옥이 아니라 입시지옥을 함께 겪는 학부모들에게도 똑같이 지옥이다. '고3병'이란 말만 있는 것이 아니라 '고3 엄마병'이란 말도 있을 정도로 학생과 학부모가 함께 고통을 겪고 있다. 더욱이 학부모는 학비를 조달해야 할 뿐만 아니라 자녀의 바른 성장을 위해 온갖 신경을 다 써야 하니 자녀들보다 더 힘들다. 자녀들의 학과공부나 진학에만 신경 써야 하는 것이 아니다. 왕

따문제, 학교폭력문제, 청소년탈선문제 등 신경 써야 할 곳이 한둘이 아니다.

'학교폭력'의 경우 이것은 교육의 파괴를 의미한다. '학교'란 말과 '폭력'이란 말이 합성되어 '학교폭력'이란 하나의 낱말로 쓰이는 것은 있을 수 없는 일이다. 이것이 교사만의 책임은 아니지만 '학교폭력'이란 말이 심각한 사회문제가 되어있는 상황에서 교사들은 부끄러워서 어떻게 교사의 직을 유지하고 있을까 싶다.

| 입시제도의 변경으로 사교육을 없앨 순 없다 |

온갖 교육개혁방안들이 쏟아져 나왔다. 우선 입시지옥과 사교육비 부담을 해소한다는 이유로 본고사 폐지와 선시험 후지원, 복수지원, 수시입학, 시험과목 축소, 입학사정관제, 내신등급 반영비율의 조정, 논술과 면접, 고교평준화, 특례입학, 학교생활기록부 종합 전형 등등 끝이 없다. 그래서 고등학교 3학년 담임교사가 입시 제도를 다 알지 못할 만큼 다양한 입시제도가 쏟아져 나왔다.

대학의 입시전형 방법이 무려 3천 가지나 된다고 하고, 소위 수험생의 스펙으로 갈 수 있는 최고의 대학을 찾아 입학시켜 준다는 '대입 컨설팅'으로 떼돈을 버는 사람들도 많다고 한다. 한번 상담에 수백만 원을 받는 곳도 있어 '유전합격 무전낙방'이라는 말까지 유행한다.

대통령을 하겠다는 사람 치고 입시지옥과 사교육비 부담 해소를 공약으로 내걸지 않은 사람이 없다. 그런데도 입시지옥과 사교육비 부담이 해소되기는커녕 더 심해지고 있고 교육현장은 목불인견目不忍見의 아수라장이 되어있는 실정이다.

보론 : 중요정책에 대한 해설

매년 입시제도를 바꾸어도 입시지옥과 사교육비 부담이 해소되지 않는 것을 보면서도 입시제도의 변경을 통해 입시지옥과 사교육비 부담을 해소할 수 있을 것처럼 말하면서 입시제도를 바꾸는 것을 보노라면, 도대체 저 사람들이 정신이 있는 사람들인지 의심하게 된다.

벌써 수십 년째 입시제도를 바꿔왔지만 입시지옥과 사교육비 부담이 해소되지 않는다는 것을 보아왔다면 입시제도의 변경으로는 입시지옥과 사교육비 문제가 해결되지 않는다는 것을 알아야 하지 않겠는가!

고교평준화문제도 마찬가지다. 고교평준화제도를 계속 유지해야 한다는 쪽에서는 "돈 많은 사람의 자녀만 좋은 학교에 다니고 돈이 없는 사람의 자녀는 좋지 않은 학교에 다니는 것은 평등의 원칙에 위반하는 것이며, 그렇게 되면 교육을 통해 부의 세습이 이루어지게 된다"는 것이다. 일리 있는 주장이다.

그러나 고교평준화제도를 폐지해야 한다는 쪽에서는 "전 세계가 경쟁하는 세계화시대에 고교평준화로 말미암아 재능 있는 사람이 재능을 발휘하지 못하게 되면 기술혁신이 되지 않아 국가경쟁력이 떨어지고, 그것은 국민소득의 감소를 가져와 결국 국민 모두가 손해를 보게 된다"는 것이다. 역시 일리 있는 주장이다.

그래서 양쪽 주장이 대립한 가운데 참다운 해결책은 없이 '8학군'이나 '특수학교', '자립형 사립고' 등 왜곡된 형태로 평준화정책을 피해가는 일들이 벌어져 왔다. 물론 입시지옥과 사교육 부담은 여전히 있으면서 말이다. 그러니까 오랫동안 해결책은 없이 똑같은 주장으로 학생들과 학부모들의 고통을 더 키우면서 사회갈등만 증폭시켜 왔을 뿐이다.

그 밖에 공교육 붕괴, 교실붕괴, 학교폭력 등과 관련해서도 교육의 관점에서는 채택할 수 없는 비교육적 방안까지 강구해 왔으나 하나도 성공한 방안은 없이 교육붕괴 현상은 날이 갈수록 더 심해지고 있다.

| 일류대학을 안 나와도 잘살 수 있어야 한다 |

왜 이럴까? 교육이 이루어지는 사회환경 곧 세상을 바꾸어야 하는데, 세상을 바꾸지는 않은 채 단편적인 해결책만 강구하고 있기 때문이다.

그러니까 교육을 정상화하려면 교육제도만 개혁하려 할 것이 아니라 세상을 정상화해야 한다. 이 점을 간과하고서는 교육개혁을 아무리 해도 교육이 정상화될 수 없다.

물론 이것은 교육에 한하지 않는다. 비정규직, 청년실업, 대량실업, 소득양극화, 묻지 마 범죄, 성폭력, 청소년탈선, 가정불화 등도 세상을 바꾸어야 근본적으로 해결될 수 있다.

세상을 바꾸면 이런 문제를 해결하는 차원을 넘어 모든 사람이 자아실현의 보람과 기쁨을 누리며 행복하게 살 수 있는 인간해방의 세상이 열리게 되어있다. 지금의 사회적 어려움은 인간해방의 시대가 도래했는데도 이를 이루지 못하고 있어 겪게 되는 어려움이기 때문이다. 어찌 안타까운 일이 아니겠는가!(인간해방의 세상을 만드는 일과 관련해서는 이 책의 다른 부분에서 다루고 있다.)

입시지옥과 사교육비의 문제는, 일류대학을 나와야 잘살 수 있는 사회, 그리고 대학을 나오지 않으면 취직이 어려운 것은 말할 것도 없고 결혼조차 하기 힘든 사회, 이런 사회를 바꾸어야 해결할 수 있다.

이런 사회를 그대로 둔 채 입시제도의 개혁이나 고교평준화 등으로 입시지옥이나 사교육비 부담을 해소할 수는 없다. 이런 사회에서는 너도나도 일류대학에 가고자 할 것이고, 그래서 경쟁이 치열할 수밖에 없으니, 사교육이 성행하고 이에 따른 사교육비가 많아져 부담이 될 수밖에 없다.

고교평준화도 마찬가지다. 고교평준화를 유지해야 되느냐 폐지해야 되느냐를 따지고 싸울 것이 아니라 사회환경을 바꾸어서 해결해야 한다. 반값등록금도 마찬가지다. 지금과 같은 사회환경을 그대로 둔 채로는 반값등록금을 실시해도 많은 문제가 야기되고, 실시하지 않아도 많은 문제가 야기된다. 이 역시 사회환경을 바꾸어서 근본적으로 해결해야 한다. 사회환경, 곧 세상을 어떻게 바꾸어야 할지에 대해서는 뒤에서 밝히고자 한다.

| 하고 싶은 일을 하면서 사는 세상이어야 한다 |

그러면 어떤 사회환경, 곧 어떤 세상을 만들어야 입시지옥이나 사교육비 부담이 없어질 수 있을까?

가장 중요한 것은 누구나 자기의 적성 곧 취향과 능력에 따라서 직업을 선택할 수 있어야 하고, 이렇게 해도 의식주, 의료, 교육 등에서 어려움을 겪음이 없이 인간답게 살 수 있어야 한다. 그리고 자기가 선택한 직업에서 자아실현의 보람과 기쁨을 누릴 수 있어야 한다.

이것은 무엇을 의미하는가? 국어·영어·수학 등 소위 공부가 적성에 맞아 그런 공부를 열심히 하고 싶은 사람은 그것을 열심히 하고, 공부는 적성에 맞지 않은 대신 예능이나 체육, 또는 상업이나 공예 같은 것이 적성에 맞으면 그런 계통의 일을 하면서도 자아실현의 보람과 기쁨을 누릴 뿐만 아니라, 역시 의식주, 의료, 교육 등에서 어려움을 겪지 않고 인간답게 살 수 있어야 한다. 한마디로 말하면 자기가 하고 싶은 일을 하면서 인간답게 살 수 있는 세상이 되어야 한다.

그래서 공부하기 싫은 사람은 공부하지 않을 자유가 있어야 한다. 심지어 일하기 싫은 사람은 일하지 않을 자유가 있어야 한다. 즉 공부하지 않아도, 일하지 않아도 먹고사는 문제는 걱정하지 않을 수 있어야 한다. 이런 세상을 만들어야 한다.

그런데 위와 같이 주장하면 '그러면 공부할 학생이 어디에 있겠으며, 일할 사람이 어디에 있겠느냐'고 반문하고 싶은 사람이 대단히 많을 것이다. 그러나 그것은 어리석은 반문이다. 왜냐하면 공부하기 싫다고 해서 아무것도 하지 않으려 하거나, 일하지 않아도 먹고살 수 있다고 해서 일하지 않으려는 사람은 없을 것이기 때문이다. 왜냐하면 인간은 본질적으로 공부나 일 속에서 보람과 기쁨, 곧 행복을 누릴 수 있게 되어있기 때문이다.

그래서 누구나 공부나 일을 하지 않으려 할 턱이 없다. 영어, 수학 등 학과 공부만 공부가 아니며, 공장이나 가게에서 일하는 것만이 일이 아니다. 상식적 의미의 공부나 일을 하기 싫은 사람도 무언가 인간에게 필요한 공부나 일을 하고 싶어 하게 되어있다. 이것은 인간의 본성이기 때문이다. 인간의 본성이 이러함을 인식하고 또 인정해야 한다. 그래야 올바른 교육이 이루어질 수 있고 올바른 사회가 건설될 수 있다.

세상은 조화롭게 창조되어 있음을 인식해야 하고, 또한 인간 스스로 세상을 조화롭게 만들어가는 삶을 살게 되어있음을 인식해야 한다. 즉 인간의 삶도 자연의 순환질서에 부합하게 되어있다는 것이다.

흔히들 인간은 돈을 벌기 위해 일을 하는 것으로 생각하나 앞으로는 돈을 내고서도 일을 하고 싶어 하는 사람들이 생길 수 있다. 돈 곧 먹을 것은 남아도는데 일자리는 제한되어 있기 때문이다. 요즘 노동자들은 임금인상과 노동시간의 단축에 혈안이 되어있으나, 머지않아 임금을 받지 않고도 일할 수 있게 해달라는 말이 나올 것이다. 임금은 생활에 필요하거나 욕심을 채우기 위한 것이고, 일은 자아실현의 보람과 기쁨 곧 행복을 위한 것이기 때문이다.

그런데 또 이런 의문이 제기될 수 있다. '이 세상에는 너무나 많은 사람들이 있는데, 이 많은 사람들이 다들 자기가 하고 싶은 일을 할 수 있을 것인가'라고 말이다. 그렇게 할 수 있다. 왜냐하면 누구나 보람 있는 일을 하고 싶을 텐데, 보람 있는 일은 대체로 사회에 필요한 일인데도 그 일을 하는 사람이 없거나 적을 것이어서 그 일을 하면 되기 때문이다.

| 학력과 상관없이 임금은 비슷해야 한다 |

그런데 누구나 자기의 적성에 따라 자기가 하고 싶은 일을 할 수 있으려면 중요한 조건이 하나 따라붙어야 한다. 즉 대학을 나온 사람이나 대학을 나오지 않은 사람이나 다 같이 인간답게 살 수 있어야 하고, 특히 소득이나 임금 등에서 큰 차이가 없어야 한다.

지금 서유럽 국가들은 이와 비슷하게 되어있다. 박사학위를 받고서 대학교수가 된 사람이나 중학교 졸업 후 직업학교에 가서 직업교육을 받고 취업한 사람이나, 그들이 받는 임금 내지 소득에 큰 차이가 없다. 그래야 한다. 대학을 나오면 높은 임금을 받아 잘살 수 있고, 대학을 나오지 않으면 저임금에 인간 이하의 삶을 살아야 한다면, 누구나 대학을 나오려 할 것이고, 그렇게 되면 경쟁이 치열해져 입시지옥과 사교육비 부담이 생길 수밖에 없다.

엄격히 따져서 대학교수는 귀한 직업이고, 요리나 청소는 천한 직업일 수가 없다. 어쩌면 요리나 청소가 더 귀한 직업일 수 있다. 그러니 대우에 차등이 있어서는 안 된다.

그런데 이렇게 될 수 있으려면 누구나 인간답게 살 수 있을 만한 사회경제적 조건이 형성되어 있어야 한다. 즉 사회보장제도가 확립되어 있어야 한다.

누군가는 밥을 굶을 수밖에 없는 사회경제적 조건에서는 더 많은 돈을 벌려는 사람이 생길 수밖에 없고, 그렇게 되면 경쟁이 치열해지고 직업상의 평등이 이루어질 수가 없다.

이처럼 누구나 자기가 하고 싶은 일을 하면서도 인간답게 살아갈 수 있다면 굳이 적성에 맞지 않는 공부는 할 필요가 없어져 입시지옥이나 사교육비 부담이 없어질 것이다. 이런 세상이 되어도 경쟁이 있을 수 있고, 좋은 대학에 입학하기 위해 밤을 새우는 학생이 있을 수 있다. 심지어 사교육비를 들여가며 사교육 곧 과외수업을 받는 학생도 있게 마련이다.

그러나 그렇게 하지 않아도 인간답게 살아갈 수 있음에도 불구하고 자기가 하고 싶어서 밤을 새워 공부하게 될 때는 그것은 지옥이 아니라 극락이다.

사교육비 부담도 마찬가지다. 사교육을 시킬 경제적 형편이 되지 않음에도 불구하고 자녀가 낙오하지 않게 하기 위해 무리하게 사교육을 시킬 때 사교육비가 부담이 되는 것이지, 사교육비를 부담할 수 있을 만큼 경제적 여유가 있는 사람에게는 사교육비가 부담이 되지 않을 수 있다.

사교육비가 부담이 되는 사람은 사교육을 시키지 않아도 삶에 지장이 없는 세상을 만들어야 한다. 더욱이 사교육을 받은 사람이라고 해서 사교육을 받지 않은 사람보다 현격하게 잘사는 사회가 되어서는 안 된다. 사교육을 받았다는 것은 그 방면에서 자아실현의 기회를 갖게 되는 것을 의미할 뿐 그것 때문에 경제적으로 잘사는 것을 의미해서는 안 된다.

거듭 말하지만 자아실현이 인생의 목적이 되어야 한다. 공부도 자아실현이어야 한다.

| 공부 잘하는 사람은 공부 잘할 수 있게 해야 한다 |

더욱이 사교육을 무조건 잘못된 것으로 생각할 일이 아니다. 학생의 건강을 해치거나 학부모의 경제적 부담을 가중시키는 사교육은 나쁜 것이지만 학생의 건강을 해치지 않으면서 학습능력을 향상시키는 사교육이라면 그것은 비난할 일이 전혀 아니다.

돈이 많은 학부모의 경우 그 돈을 자녀교육을 위해서 쓴다면 그것은 개인적으로는 보람 있는 일이고 사회적으로도 유익한 일이다. 돈이 많은데 그 돈을 자녀 교육을 위해서 쓸 수 없다면 그 돈을 어디에 쓸 것인가?

그런데 공부를 잘해서 좋은 대학을 나와 독특한 제품을 개발하여 많은 돈을 벌어 그 돈으로 자기만 잘살게 된다면 다른 사람들이 그것을 싫어할 수 있다. 반면 공부를 잘하는 사람이 독특한 제품을 개발하여 많은 돈을 벌었을 경우, 그로 하여금 세금을 많이 내게 해서 국민 전체의 생활수준을 향상시키는 데 기여하게 한다면 그런 사람은 오히려 다른 사람들로부터 존경받을 것이다.

　그리고 그런 사람들이 있어야 사회가 발전하고 국민의 복지가 증대된다. 이런 세상이 되면 공부 잘하는 사람을 시기할 일이 전혀 아니다. 그래서 공부를 잘하는 사람은 공부를 잘할 수 있게 해주어야 한다. 이런 세상에서는 사교육도 전혀 잘못된 것이 아니다.

　그러니까 공부에 소질이 있고 공부를 열심히 하고 싶은 사람에게는 그렇게 할 수 있게 해주고, 공부에는 취미가 없고 요리나 노래 부르는 것에 취미가 있는 사람에게는 또 그렇게 할 수 있게 해주어야 한다. 이렇게 하는 것이 그들 본인에게는 자아실현을 할 수 있게 해주는 것이고, 사회적으로도 사회가 발전하고 국민의 복지가 증대되게 하는 것이다.

　이런 주장에 대해 이런 반론이 제기될 수 있다. '그렇게 하더라도 누구나 대학교수나 변호사 또는 고위 공직자가 되려고 할 뿐 요리나 청소 같은 일을 하려는 사람은 없을 것'이라고 말이다.

　그런데 그렇지 않다. 요리나 청소 자체가 엄청나게 보람 있는 일이기도 하지만, 절대 다수의 사람들이 요리나 청소를 기피하고 다른 일을 하고자 한다면 그때는 요리나 청소를 하는 것이 사회적으로 굉장히 보람 있는 일이 되어 그 일을 하고자 하는 사람이 반드시 나오게 되어있다. 그리고 그렇게 되면 요리나 청소를 하는 사람에게 높은 대우가 보장되지 않을 수 없고, 그 일을 서로 하려고 할 수 있다. 즉, 요리나 청소의 경우 하루에 3시간만 일하더라도 변호사 업무를 하루에 8시간 한 것 이상의 대우를 받게 된다면 요리나 청소를 하려는 사람이 있을 것이다.

　이처럼 대우를 따지지 않고, 일 자체의 성격을 따지더라도 요리나 청소는 참으로 보람 있는 일이다. 사람에게 맛있고 영양 있는 음식을 제공하는 요리, 그리고 세상을 깨끗하게 하는 청소가 어떻게 보람 있는 일이 아닐 수 있겠는가? 어떤 일도 다 보람이 있지만 요리나 청소 등 많은 사람들이 하기 싫어하는 일이야말로 더 보람 있는 일일 것이다.

| 공부 이외의 일로도 잘살 수 있어야 한다 |

세상은 다양한 것이 조화를 이루면서 유지 발전하게 되어있다. 아무리 소중한 일이라도 그 일로만 세상이 발전할 수 있는 것은 아니다. 자연을 보면 그러하다. 낮과 밤, 추위와 더위, 동물과 식물, 큰 것과 작은 것, 어느 하나도 소중하지 않은 것이 없다. 이 모든 것이 서로 조화를 이루면서 유지 발전하게 되어있다. 인간세상도 마찬가지다. 가치 없는 일이 없다. 다 그 나름으로는 가치가 있다.

이런 가치 있는 일들이 조화를 이루어 세상을 유지 발전시키게 된다. 자연의 순환질서와 다를 바가 없다. 다만 인간에게는 자유의지가 있기 때문에 자유의지에 따라서 자아실현을 하면서 살아가야 행복할 수 있을 뿐이다.

그래서 각자가 자유의지에 따라 자아실현을 하면서 살아가게 된다면 그것이 조화를 이루어 평화로운 세상이 될 수 있다.

다만 이런 세상이 저절로 이루어지는 것이 아니라 인간의 자유의지로 그렇게 만들어야 하고, 그렇게 만드는 것 또한 자아실현이 되어 이 과정에서 보람과 기쁨을 얻게 된다. 뭇 자유의지의 아름다운 조화! 얼마나 멋진 질서인가!

그리고 이런 세상이 되려면 자본주의가 극복되어야 한다. 국민들이 자본주의적 가치관에 사로잡혀 있는 한 이런 세상이 이루어질 수가 없기 때문이다. 자본주의는 인간의 행위가 이윤 곧 소득에 따라 결정되게 하는 이념이기 때문이다.

| 세상을 바꿔야 입시지옥과 사교육비 부담이 없어진다 |

요컨대 이런 세상이 만들어져야 입시지옥이나 사교육비 부담이 없어질 수 있지, 내 것이 없으면 굶어죽게 되어있어 치열한 경쟁이 불가피한 세상에서는 입시지옥이나 사교육비 부담이 없어질 수가 없다. 과외수업을 법으로 금지하면 불법과외가 생기게 되어있고, 고교평준화를 하면 '8학군' 같은 것이 생기게 되어있다. 새로운 세상을 만들지 않고서 그런 일을 할 때는 말이다.

무엇보다 자기가 하고 싶어 하는 것을 할 수 없게 해서는 안 된다. 그것이 남을 해롭게 하는 일이 아닌 한 누구나 자기가 하고 싶은 일을 할 수 있게 해야 한다. 더욱이 자기가 하고 싶어 하는 것을 열심히 할 수 있게 하는 것이 세상의 발전, 곧 국민의 복지 증진에 도움이 되는데도 그것을 할 수 없게 하는 것은 어리석은 일이다.

| 고교평준화는 없애야 한다 |

다시 고교평준화 문제를 보자. 일류대학을 나온 사람은 잘살고 그렇지 못한 사람은 살기 힘든 세상을 그대로 둔 채, 고교평준화를 없애자고 하면 그것은 돈 많은 사람을 위한 주장일 수 있다.

그렇다고 해서 고교평준화 제도를 계속 둘 경우, 그것은 공부를 잘하거나 열심히 하고 싶은 사람에게는 자아실현의 기회를 박탈하는 것인 동시에 사회의 발전을 가로막는 것이 된다. 기술혁신이 안 되어 국민의 복지가 증대되지 않을 수 있는 데다 전 세계적 경쟁에서 낙오할 수 있기 때문이다.

그래서 양쪽 주장이 다 타당한데, 어떻게 해야 할 것인가?

지금은 한쪽만 보고서 찬성이든 반대든 해서 사회갈등과 사회퇴보를 불러오고 있는데, 이럴 것이 아니라 사회환경 곧 세상을 바꾸어야 한다. 공부를 잘하는 사람만 잘사는 세상이 아니라 공부하기가 싫어서 공부 이외의 다른 일을 하는 사람도 인간답게 잘살 수 있는 세상을 만들면 된다. 공부가 적성에 맞는 사람은 공부를 열심히 할 수 있게 하고, 요리나 청소가 적성에 맞는 사람은 그런 일을 열심히 할 수 있게 하면 된다.

그렇게 하면 누구나 대학에 가기 위해 발버둥 칠 필요가 없다. 그리고 일류대학 나온 사람도 잘살지만 이류대학을 나오거나 대학을 나오지 않은 사람도 잘살 수 있게 되면 굳이 일류대학에 가기 위해 하기 싫은 공부를 할 필요가 없게 된다.

그러니까 대학을 나오지 않거나 자기의 적성 곧 취향과 능력에 맞는 대학을 나와도 누구나 인간답게 살 수 있는 세상을 만들어야 하는 것인데, 이런 세상을 만들 생각이 없이 평준화제도만 고집하면 공부를 열심히 하고 싶은 학생에게는 자아실현의 기회를 박탈하는 것이 되고, 사회적으로는 사회발전을 가로막는 일이 된다.

세상을 바꿀 생각은 하지 않고 평준화제도만 폐지하자고 하면 그것은 교육의 불평등과 부의 불평등을 온존시키는 것이 된다. 그래서 세상을 바꾸는 것을 통해 고교평준화문제를 해결해야 한다.

| 반값등록금이 아니라 등록금을 없애야 한다 |

반값등록금 문제도 마찬가지다. 대학을 졸업해야 잘살 수 있는 사회이다 보니 고교 졸업생의 80% 이상이 대학에 가고 있다. 이런 사회 환경을 그대로 두고서 등록금을 반으로 줄이게 되면 국민의 부담이 너무 커지고 부작용 또한 심각할 것이다.

아무리 부담이 크더라도 필요한 부담이면 부담을 감수해야 하겠지만, 이로 말미암아 대학에 진학할 필요가 없는 학생까지 대학에 진학하는 것은 개인적으로도 아무 의미 없는 일이고 사회적으로도 자원을 낭비하는 일이다. 이런 현상이 생기게 하는 것은 국가적으로 어리석기 짝이 없는 일이다.

그래서 앞에서 설명한 대로 대학을 나오지 않더라도 인간답게 살수 있는 사회를 만들어 고교 졸업생의 20% 내지 30% 정도만 대학에 진학하게 하는 것이 옳다. 대학을 나오지 않더라도 인간답게 살수 있는 사회가 되면 설사 대학 등록금을 없애더라도 대학에 진학하려는 학생이 크게 줄어들 것이다.

서유럽 복지국가들에서는 고교 졸업생의 약 30%만 대학에 진학한다고 한다. 중학교 과정, 고등학교 과정을 거치면서 적성을 따져 대학에 진학할 필요가 없는 학생들은 대학진학을 포기하고 직업학교로 가게 된다. 주로 담임선생님이 학생들을 그런 방향으로 인도하는데, 학부모들의 불만이 없다고 한다.

우리나라 같으면 난리가 날 것이다. '남의 자식 장래를 망친다'고 말이다. 서유럽 복지국가들에서는 해당 학생과 학부모를 위해서도 직업학교로 가는 것이 좋기 때문에 불만이 없지만, 우리나라에서는 대학에 진학하지 않으면 먹고살기도 힘드니 승복하지 않게 된다.

서유럽에서는 담임선생님의 조언을 감사한 마음으로 받아들이는데 우리나라에서는 왜 담임선생님의 조언을 받아들이지 않느냐고 비난할 일이 아니다. 어떤 사회환경이냐에 따라 그런 조언을 받아들일 수도 있고 받아들이지 않을 수도 있다. 그런 조언을 받아들이게 하기 위해서는 사회환경을 바꾸어야 한다.

그런데 앞에서도 말했듯이 대학에 진학한 학생과 대학에 진학하지 않은 학생의 삶에 차등이 있어서는 안 된다. 임금이나 소득에서 별반 차이가 없어야 하는 것은 물론이고, 사회적 예우에서도 큰 차이가 없어야 한다. 다만 자기가 좋아하는 부문에서 열심히 노력한 사람이 존경받게 되는 것은 너무나 당연하다.

직업의 종류에 따라 귀천이 갈리는 것이 아니라 노력의 여하에 따라 존경의 정도가 달라지는 것이 옳다. 뛰어난 철학교수나 물리학자가 존경받듯이 뛰어난 요리사나 청소인이 존경받는 것은 당연한 일이다. 이런 세상을 만들어야 한다.

이런 예는 교육부문에 국한하지 않는다. 가령 비정규직의 경우 지금처럼 비정규직 철폐와 비정규직 유지를 놓고 다투어서는 끝이 없다. 비정상적인 비정규직은 없어질 수 있는 경제 환경을 만들어야 한다. 비정규직을 채용하지 않고도 기업 경영이 가능한 경제 환경을 만들어놓고서 비정규직 채용을 금지하는 것이 옳다. 일하는 사람의 필요에 따른 비정규직은 금지할 필요가 없다.

| 하고 싶은 일을 하면서 살 수 있는 사회의 조건 |

자기가 하고 싶은 일을 하면서 인간답게 살 수 있는 세상이 되려면 무엇보다 먼저 사회보장제도가 확립되어야 한다.

무슨 일을 하든, 심지어 일을 하지 않더라도 먹고사는 문제, 곧 의식주, 의료, 교육은 국가에 의해 보장되어야 한다(이에 대한 자세한 설명은

이 책의 다른 부분에서 다루었다). 이렇게 되면 굳이 자기가 하기 싫은 일을 하지 않아도 된다. 공부하기 싫은 학생은 공부하지 않아도 된다. 대신에 다른 일을 하면 된다.

다음으로 역시 사회보장제도의 하나로, 국가가 사회적 일자리(공공근로)를 최대한 공급해서 누구나 일할 수 있게 해야 한다. 인간행복의 주된 원천은 일 곧 노동이기 때문에 일할 곳이 없어서는 안 된다. 국민 누구나 일 속에서 보람과 기쁨을 누릴 수 있게 해야 한다.

다음으로 여가시간을 유익하고도 기쁘게 보낼 수 있는 문화시설이 충분히 확보되어 있어야 한다.

정보문명시대에는 산업의 정보화 곧 자동화와 신제품개발로 노동시간이 대폭 줄어져 여가시간이 대단히 많아진다. 이 여가시간을 통해 지식과 정서를 함양할 뿐만 아니라 재미있는 활동을 할 수 있어야 하는 만큼 그렇게 할 수 있는 문화시설이 잘 정비되어 있어야 한다.

그런데 사회보장제도의 확립, 사회적 일자리의 대량 공급, 문화시설의 확충 등은 전부 돈이 드는 일이다. 그래서 '돈 드는 일만 제시하고 돈 생기는 일은 제시하지 않으면 무슨 돈으로 그러한 일을 할 수 있나'라는 의문이 생길 수 있다.

필자가 이런 주장을 하는 데는 사람이 살아가는 데 필요한 돈 곧 재화와 용역은 충분히 생산 공급될 수 있다는 것이 전제되어 있다. 과학기술이 혁명적으로 발달했기 때문이다. 재화와 용역이 부족해서 어려움을 겪기보다 재화와 용역이 너무 많아서 어려움을 겪는 시대이기 때문에 재화와 용역의 부족을 걱정할 일은 아니다. 더욱이 교육을 잘 시키면 지식과 기술이 발달하여 생산성도 향상되기 때문에 더욱더 걱정할 일이 아니다.

물론 여기에는 더 많은 소유와 소비에서 기쁨을 얻는 것이 아니라 창조하고 생산하며 봉사하고 절제하는 데서 기쁨을 얻는 가치관의 정립이 전제되어야 하지만 말이다.

| 자아실현의 세상을 위한 교육의 기본방향 |

그러면 누구나 자기가 하고 싶은 일을 하면서 자아실현의 보람과 기쁨을 누릴 수 있는 세상을 이루기 위해서는 어떠한 교육제도 내지 교육정책이 강구되어야 하겠는지를 밝혀보고자 한다.

우선 가장 중요한 것은 교육의 본래적 기능을 되살려야 한다. 인간이 지닌 소질과 성품이 최고도로 발현되게 하는 교육이 확립되어야 한다. 인간은 누구나 고유의 소질과 성품을 지니고 있는데, 교육은 본래 이 소질과 성품이 최고도로 발현될 수 있게 해주는 것이다.

인간이 지닌 소질과 성품은 사람에 따라 다르다. 그러나 각 사람마다의 소질과 성품은 서로 다를 뿐 거기에 우열이 있는 것은 아니다. 인간의 소질과 성품은 차이가 있을 뿐 차별이 없다. 이런 점에서 인간은 평등하다. 그러니까 학과시험에서 성적이 뛰어난 사람과 성적이 낮은 사람이 있을 수 있으나, 그것이 인간의 우열을 평가하는 척도가 될 수는 없다. 요리 경연대회를 열었는데 요리를 잘하는 사람과 요리를 잘하지 못한 사람이 있다고 해서 그것이 인간의 우열을 평가하는 척도가 될 수 없듯이 말이다.

어떠한 기준으로도 인간 자체의 수준을 평가할 수는 없다. 특정 부문을 잘하는 사람이 있을 뿐이다. 학과공부를 잘하는 학생은 능력이 있고 학과공부를 잘하지 못하는 학생은 능력이 없는 것은 아니다. 노래 잘 부르는 학생은 능력이 있고 노래를 잘 부르지 못하는 학생은 능력이 없는 것이라고 말할 수 없듯이 말이다.

어린 학생들을 교육함에 있어서는 이 점을 분명하게 인식하고 있어야 한다. 심지어 장애인조차도 능력이 없다고 말할 일이 아니다. 신체적 장애를 갖고 살다 보면 더 인간적인 성품을 갖는 경우가 대단히 많으며, 또 때로는 사지육신이 성한 사람보다 더 큰 능력을 발휘하는 경우도 있다. 인간의 능력을 비교하는 것 자체가 비인간적일 수 있으며 사실에 위배될 수 있다.

인간이 지닌 소질과 성품이 서로 다르기 때문에 여러 사람의 소질과 성품이 최고도로 발현되면 이것이 서로 조화를 이루어 사회가 균형 있게 발전한다. 그래서 모든 사람의 소질과 성품이 다 소중하다. 우열이 있을 수 없다. 인간이 다양한 소질과 성품을 지니고 있는 것은 세상의 조화로운 발전을 위해 필요한 일이다.

교육은 이 다양한 소질과 성품이 최고도로 발현될 수 있게 해야 한다. 그것이 교육 본래의 기능이다. 그래서 다양한 학교, 다양한 교과과정이 필요하다.

교육이란 말은 일반적으로 인간이 생활하는 데 필요한 지식과 기술, 정서 등을 가르치고 배우는 과정을 말하는데, 배우는 사람에게 전혀 없는 것을 가르치는 것도 있지만 인간이 본래 지니고 있는 소질과 성품이 발현되게 하는 것이 대단히 많다. 그래서 한자어 '教育'에서 '教'는 가르치는 것을 의미하고 '育'은 본래 인간에게 있는 소질과 성품을 잘 발현되게 하는 것을 의미한다고 한다.

한자어 '教育'이란 말 그대로 교육은 모르는 것을 가르치는 것이기도 하지만 인간이 본래적으로 가지고 있는 소질과 성품이 발현되게 하는 것이기도 하다. 교육을 말하는 영어 education은 라틴어 educare에서 유래했다는데, 'educare'는 e(밖으로)와 ducare(끌어내다)의 합성어라고 한다. 교육이란 인간이 본래 가지고 있는 소질과 성품을 잘 발현되고 육성되게 하는 것이어야 함을 시사한다.

그래서 교육은 각 사람의 소질과 성품에 맞는 교육이어야 한다. 또한 교육은 자기가 하고 싶은 일을 하는 데 필요한 지식과 기술, 정서 등을 개발, 연마할 수 있게 하는 것이어야 한다. 그리고 이러한 관점에서 진로를 선택하도록 해야 하고, 그것에 따라 대학진학 여부도 결정되어야 한다.

이처럼 교육은 개인의 소질과 성품이 최고도로 발현되게 하는 방향에서 이루어져야 하는 것이 기본이지만, 후천적으로 갖게 된 꿈과 사명감에 따라 자기가 하고자 하는 일을 선택하게 하고 거기에 맞는 지식과 기술 및 정서를 함양하게 하는 것이기도 해야 한다. 그래서 어떤 경우에도 자기가 하고 싶은 일을 하는 데 필요한 지식과 기술, 정서를 함양케 하는 교육이어야 한다. 학교와 학과목의 선택, 진학 여부 등은 그러한 관점에서 결정되어야 한다.

다음으로 모든 학생에게 국민 내지 민주시민으로서의 기본적인 자질을 갖추게 하는 교육이 이루어져야 한다.

이른바 '국민의무교육'이다. 이렇게 하는 교육은 중학교 과정까지일 수도 있고 고등학교 과정까지일 수도 있을 텐데, 이 과정까지는 모든 학생이 이수하도록 해야 한다.

축산업을 하거나 성악가가 되고 싶다고 해서 어려서부터 짐승을 먹이는 일이나 노래를 부르는 일만 하게 해서는 안 된다. 누구나 '국민의무교육'을 이수케 함으로써 인간으로서의 품성과 민주시민으로서의 기본적인 자질을 갖출 수 있게 해야 한다.

이렇게 하는 것은 사회인으로서 남과 더불어 조화롭게 살아가게 하기 위한 것이기도 하지만, 자기 전공분야의 일을 잘하게 하기 위한 것이기도 하다. 그야말로 일정한 과정까지는 전인교육이 이루어져야 한다.

| 자아실현의 세상을 위한 교육정책 |

그러면 교육 본래의 기능을 다하는 교육이 되게 하려면 어떤 교육정책을 강구해야 하겠는지를 밝혀보고자 한다.

첫째, 초등학교부터 고등학교까지를 국민의무교육으로 설정하고, 이를 통해 인간으로서의 기본 성품과 민주시민으로서의 기본 자질을 갖추게 한다. 이를 위해 초등교육과정과 중등교육과정은 인성교육을 중시하는 방향에서 짜여야 한다.

둘째, 국민의무교육과정이 끝난 이후에는 직업학교와 대학 가운데 어느 한쪽을 자유롭게 선택할 수 있게 해야 한다.

물론 진로선택은 지도교사의 조언과 적성검사 등에 따라 학생 본인에게 가장 유익한 것이 되게 해야 한다.

셋째, 국민 누구나 자기의 적성에 맞는 교육을 받을 수 있도록 한다. 이를 위해 누구나 일정한 요건을 갖추기만 하면 다양한 성격의 학교를 설립할 수 있도록 하고, 또 그런 학교에서 공부할 수 있게 해야 한다.

넷째, 고교평준화정책은 폐기하고, 교육의 내용을 자율화한다.

학생도 학교도 자기에게 맞는다고 판단되는 교과내용을 선택하게 해서 누구나 자아실현을 할 수 있게 함과 아울러 사회발전에 필요한 지식과 기술이 최고도로 개발될 수 있게 해야 한다. 그러나 교육의 결과물을 본인이 독차지하지 못하게 해서 사회전체의 발전에 기여할 수 있게 해야 한다. 그러니까 개인도 조직도 교육의 본령에서 벗어나지 않는 한 자유롭게 교육하게 하고 그 성과가 사회전체의 발전에 기여할 수 있게 하면 된다.

다섯째, 사교육 곧 과외수업도 자유롭게 할 수 있게 해야 한다.

공교육을 아무리 학생교육에 맞게 정상화하더라도 그것으로 충분할 수 없는 학생이 있게 마련이다. 그런 학생은 사교육을 통해 보충할 수 있어야 한다. 돈이 많이 드는 사교육도 금지할 필요가 없다. 경제적으로 부유해서 그 돈으로 자녀교육을 더 잘 시키고자 한다면 그것을 하게 하는 것이 옳다.

물론 공교육을 최고의 수준으로 정상화하면 사교육의 필요성이 대폭 감소하겠지만, 그러나 사람의 생각은 다양한 만큼 누구나 자기가 하고 싶은 대로 할 수 있게 해야 한다.

사교육과 사교육비가 사회문제가 되는 것은 그것을 하기 싫거나 부담이 되는 사람도 하지 않을 수 없는 사회환경 때문이고, 그것이 부당한 불평등을 조장하기 때문이다. 그러나 사교육이 개인에게 부담이 되지 않으면서 사회의 발전에도 오히려 기여하는 것이라면 금지할 이유가 전혀 없다. 오히려 장려할 일이다.

특별한 교육방법으로 특출한 인물을 배출하더라도 그 인물이 얼어낸 성과를 독차지하게 해서는 안 된다. 일정 부분만 소유하게 하고 나머지는 사회전체가 공유할 수 있게 해야 한다. 자아실현을 위해 특별한 교육을 용인하는 것이지, 더 많은 돈을 벌 수 있게 하기 위해 특별한 교육을 용인하는 것이 아니기 때문이다.

여섯째, 교사와 교수의 자격시험을 엄격히 해서 교사와 교수로서의 자질을 충분히 갖출 수 있게 해야 한다.

교사와 교수는 평소에도 학생지도에 필요한 지식을 습득하도록 해야 하지만, 특히 5년에 1년 정도씩 연수기회를 갖도록 해서 타성에 젖는 일이 없게 할 뿐만 아니라, 시대상황의 변화에 따라 학생을 교육할 수 있게 해야 한다.

그리고 학생지도에 대한 감독도 철저하게 해야 한다. 담임교사나 지도교수를 잘못 만나 학생의 장래를 망치는 일이 없어야 한다. 그래서 학부모들은 자녀들을 마음 놓고 학교에 보낼 수 있어야 하고, 선생님들의 학생평가를 아무 불만 없이 받아들일 수 있어야 한다.

이렇게 해서 교육이 인간을 인간답게 하는 과정이 되어야 하며, 교육자도 피교육자도 교육과정에서 보람과 기쁨을 얻을 수 있어야 한다. 그리고 이렇게 될 수 있으려면 사회환경 곧 세상을 바꾸어야 한다. 누구나 자기가 하고 싶은 일을 하면서 보람과 기쁨을 누리며 살 수 있는 자아실현의 세상을 건설해야 한다.

고액연봉은 합리적으로
조정되어야 한다

　중요 기업의 임원과 직원의 고액연봉이 공개될 때는 엄청난 사회적 위화감을 조성한다. 많은 사람들이 한편 무척 부러워하면서도 상대적 박탈감은 말할 것도 없고 어쩐지 기분이 나쁘고, 심지어 심각한 절망감과 분노를 느끼기도 한다. 그러나 '자본주의 사회에서 능력 있는 사람들이 좋은 직장에서 연봉을 많이 받는 것을 어떻게 하겠나'라고 체념하는 경우도 많다.

　또 언론에서는 '해당 기업은 엄청난 적자를 보았는데도 경영진은 몇 십억 원의 고액연봉을 받아서야 되겠느냐'라든가, '재벌 회장들은 대부분 연봉공개의 대상이 되는 등기이사에서 빠짐으로써 연봉공개를 하지 않는데, 이래서는 안 된다'든가 하는 비판을 제기하기도 한다.

　그러나 대체로 일회성의 불만과 부러움과 절망과 분노와 비판으로 끝나왔다. 이렇게 하고 끝나도 되는 것일까? 이래서는 안 된다. 왜냐하면 이 고액연봉이 우리 사회를 엄청나게 어렵게 만들기 때문이다. 계층 간의 갈등을 조장하는 것은 말할 것도 없고, 많은 사람들로 하여금 허탈감에 빠지게 하니 말이다.

무엇보다 이런 상황을 그대로 두고서는 정부의 어떤 시책도 제대로 집행되기가 어렵다. 특히 국민통합이 대단히 중요한 터에 이런 상황을 그대로 두고서 어떻게 국민통합이 이루어지겠는가?

그래서 근본적으로 이런 고액연봉이 없게 하거나, 설사 고액연봉이 존재하더라도 이로 말미암은 사회적 병폐가 나타나지 않도록 할 방안을 강구해야 한다.

이렇게 하기 위해서는 고액연봉 문제에 대한 근본적인 검토가 있어야 하겠고, 이에 기초해서 대응 방안을 강구해야 하겠다.

그러면 먼저 고액연봉을 어떻게 보아야 할 것인지를 밝혀보고자 한다. 다만 여기서는 재벌기업 회장이나 대기업 임원들이 받는 고액연봉을 대상으로 하고자 한다. 일반 직원들의 고액연봉도 이 글의 취지대로 개선되어야 할 것이다.

첫째, 지금과 같은 고액연봉은 정의에 부합하지 않는다.

정의란 각자에게 정당한 몫이 주어지는 것을 말하고, 정당한 몫이란 그만한 몫을 받을 합리적인 이유가 있는 몫을 말한다. 그런데 재벌 회장이나 대기업 임원들은 대체로 직원 연봉의 수십 배 내지 수백 배의 연봉을 받는데, 이것은 정의에 부합하지 않는다.

정의란 어떤 사람에게 어떤 몫을 분배함에 있어 합리적인 이유가 있기도 해야 하지만 그 사회의 유지 발전에 기여해야 하는 것은 물론, 사회구성원 동의할 수 있는 것이어야 한다. 그 사회의 유지 발전에 장애가 되거나 사회구성원이 동의할 수 없는 일은 정의가 될 수 없다. 이런 점에서도 고액연봉은 정의에 부합할 수가 없다.

연봉은 임금이다. 임금은 노동의 대가다. 재벌 회장이나 임원이라고 해서 직원보다 수십 배 내지 수백 배의 노동을 한다고 볼 수는 없다. 어쩌면 직원의 노동강도가 재벌회장이나 임원의 노동강도보다 더 높을 수 있다. 노동의 양과 질, 그리고 기업에 대한 기여도를 따지더라도 회장이나 임원이 직원보다 수십 배 내지 수백 배 더 기여할 수는 없다.

그리고 '대체성의 원리', 곧 대체 가능한 상품이거나 일이라면 같은 가치를 부여하는 것이 합당하다는 원리에 의하더라도 회장이나 임원에게 과다한 연봉을 지급하는 것은 옳지 않다. 직원 가운데 어떤 사람을 회장이나 임원의 자리에 앉혔을 때도 비슷한 결과가 나온다면 회장이나 임원에게 과다한 연봉을 줄 이유가 없다.

재벌 회장이나 임원들이 많은 일을 하고 그 역할이 중요한 것은 사실이지만 그렇다고 해서 그 사람 혼자서 기업을 경영하는 것이 아니다. 수많은 직원들이 있다. 인간의 능력은 기본적으로 큰 차이가 없다.

특히 재벌회장들은 계열사의 여러 곳에서 각각 고액연봉을 받는데, 이것은 웃기는 일이다. 연봉은 임금인데 임금을 여러 곳에서 받는 것은 옳지 않기 때문이다. 파트타임으로 여러 곳에서 일했다면 그것에 합당한 연봉을 받아야 한다. 재벌회장 이외에 전문경영인인 CEO도 마찬가지다. 연봉은 임금인데, 직원 수십 명 분의 연봉을 받는 것은 옳지 않다. 필자의 판단으로는 직원 2명 내지 5명의 연봉 범위 안에서 지급되어야 한다고 본다.

그런데 이 점이 중시되어야 한다. 재벌회장이든 전문경영인이든 그들이 일하고 있는 기업이 적자를 보거나 도산한다고 해서 그들이 책임을 질 일이 없다는 점이다. 특별히 배임을 하거나 횡령 등의 범죄행위를 하지 않는 한 말이다. 그래서도 그들에게 고액의 연봉을 줄 일이 아니다.

주식회사의 경우 주주들은 주식의 범위에서 책임을 질 뿐 그 이상의 책임은 지지 않는 점도 감안되어야 한다. 주식회사가 망한다고 해서 회장이나 임원들이 자기 집을 팔아 오는 것이 아니다. 많은 경우 구제금융이나 워크아웃 등을 통해 국민에게 부담을 지울 뿐이다. 책임지지 않는 사람들에게 과도한 권리를 보장하는 것은 옳지 않다.

한 예로 삼성전자 권오현 부회장의 경우 급여가 보통 70억 원이고 이에 상여금을 더하면 보통 200억 원이 넘는다. 이것은 삼성전자 직원 연봉의 약 200배 가량 된다. 권오현 부회장의 능력이 아무리 탁월하고 또 그가 삼성전자의 발전에 기여한 공이 클지라도 직원의 능력이나 공보다 200배나 클 수는 없다.

그런데 사장이 어떻게 하느냐에 따라 그 기업이 잘되느냐 못되느냐가 판가름 난다는 이유로 사장에게는 아무리 많은 연봉을 주더라도 상관없다고 주장하는 사람들이 많다. 그런 논리라면 사장은 200배가 아니라 1,000배를 받아도 무방하다는 것인데, 이래서야 되겠는가? 더욱이 다른 사람이 사장직을 맡아도 그 정도 역할은 할 수 있을 텐데 말이다. 굳이 그런 논리라면 어떤 회사에서 특수한 기술을 개발한 사람이 있다면 그는 수천억 원의 연봉을 받아야 하는 경우도 있을 것이다. 그가 개발한 기술로 수조 원을 벌었다면 말이다. 회사 발전에 기여했다고 해서 그것을 모두 돈으로 환산해서 받으려 해서는 안 된다. 그 회사의 직원으로 당연히 해야 할 일을 당연히 한 것으로 인식되어야 할 것이다.

다만 회장이나 임원들 또는 주식 소유자들이 배당으로 소유 주식의 비율에 따라 고액의 배당을 받는 것은 상관이 없다. 그리고 어떤 사람이 자본을 투자하여 직원에게 정상적인 임금을 지불하고도 돈을 많이 벌었을 경우에도 그것도 상관없어야 한다. 돈을 많이 벌고자 한다면 그렇게 해야 할 것이다. 회장이나 사장 또는 임원의 연봉을 2배 내지 5배로 제한해야 한다는 것은 그들의 노동 내지 활동에 대한 대가를 그렇게 해야 한다는 것이다.

사실 정의란 본래 어렵고 복잡한 개념인데, 고액연봉은 아리스토텔레스가 말한 '배분적 정의'에도 부합하지 않고, 롤스가 말한 '공정으로서의 정의'에도 부합하지 않는다.

특히 롤스는 그의 저서 『정의론』에서 "사회의 부富는 사회적 공유 자산이기 때문에 최소 수혜자에게 유리할 수 있도록 분배되는 것이 정의다"라고 했는데, 롤스의 정의론에 입각할 때 분배는 공정하게 이루어져야 한다.

둘째, 과다한 고액연봉은 자본주의 정신에 부합하지 않는다.

자본주의 정신 또한 합리성에 기초해서 경제활동이 이루어지는 것을 말하는데, 과다한 고액연봉은 합리적이지 못하기 때문이다.

흔히 '자본주의 사회에서 능력 있는 사람이 돈을 많이 버는 것은 정당하다'라고 생각하기도 하고, '자유민주주의 사회에서 개인과 단체 모두 자유가 보장되어 있는 터에 기업이 정당한 절차를 거쳐 회장이나 임원에게 고액연봉을 주는 것을 어떻게 막을 수 있느냐'라고 생각하기도 하나, 이런 생각은 잘못이다. 왜냐하면 자본주의라고 해서 자유방임을 용납하는 것이 아니고, 자본주의 정신에 부합하는 경제활동만을 용인하기 때문이다.

막스 베버가 『프로테스탄트 윤리와 자본주의 정신』에서 밝혔듯이, 자본주의 정신은 '합리성', 곧 합리적 사고와 판단, 합리적 처리이다. 그러므로 회장이나 임원의 고액연봉은 합리성을 결여하고 있기 때문에 자본주의 정신에 위배된다.

자본주의가 역사발전에 기여할 수 있었던 것도 경제활동이 합리성에 기초해서 이루어졌기 때문이며, 합리적이지 못한 경제활동을 옹호하는 것은 자본주의의 유지를 방해하는 것이다. 자본가들의 탐욕은 자본주의를 파괴하는 일임을 유념해야 한다. 고액연봉도 자본주의를 파괴하는 일일 뿐이다.

지금처럼 고액연봉이 구조화하여 지나치게 불평등한 사회가 된 경우 사회적 갈등이 커져서 평등을 강조하는 사회주의 혁명이 일어나게 하는 요인이 될 수 있다는 점에서, 고액연봉은 자본주의를 파괴하는 일이 될 수 있다.

어떠한 이념도 그 이념을 파괴하는 이념은 용납하지 않는다. 자본주의도 자본주의의 유지에 방해가 되는 일은 용납하지 않는다. 민주주의는 자기와 다른 모든 이념을 용납하는 것 같지만 전혀 그렇지 않다. 민주주의도 민주주의를 파괴하려는 이념은 용납하지 않는다.

따라서 고액연봉은 계급갈등은 물론 자본가계급에 대한 분노와 저항을 불러일으켜 자본주의 사회를 붕괴시키는 요인이 될 수 있기 때문에 용납되어서는 안 된다.

셋째, 고액연봉은 자본주의의 가장 중요한 가치인 효율성에 위배

된다.

고액연봉은 소득의 극심한 편중을 가져온다. 그래서 고액연봉 수령자는 소득의 상당 부분을 소비하지 아니하고 축적하게 되는 바, 이것은 경제발전 내지 경제성장을 방해하는 요인이 된다. 그래서 고액연봉은 자본주의의 가장 중요한 가치인 경제적 효율성에 위배되기 때문에도 옳지 않다.

고액연봉 수령자가 수령하는 돈은 생산적인 곳에 쓰이지 못할 가능성이 대단히 큰데, 연봉을 받는다는 것은 이미 자기가 일하는 곳이 있는 터라 다른 일을 할 수 없기 때문이다. 즉 고액의 돈을 받아봤자 생산적인 활동을 할 수가 없거나 하기 어렵기 때문이다.

모든 자원이 효율적으로 쓰이는 것도 아니고 또 쓰이게 할 수 있는 것도 아니지만, 기본적으로 제도 자체는 자원이 효율적으로 쓰일 수 있도록 되어 있어야 한다.

연봉의 경우 어쩌다 받는 것이 아니고 제도적으로 받는 것인 만큼 연봉 또한 효율적으로 쓰이도록 책정되어야 한다. 이런 점에서 고액연봉은 자원의 효율적 분배를 어렵게 해서 경제발전 내지 경제성장을 방해하기 때문에 옳지 않다.

넷째, 한 사회에서 일어나는 모든 현상은 그 사회의 유지 발전에 기여할 때 용인되는 것이지 그 사회의 유지 발전에 현저하게 방해되는 것은 그 사회구성원의 합의에 의해 저지될 수 있다.

따라서 고액연봉은 사회의 유지 발전에 현저하게 방해가 되기 때문에 국민적 합의에 의해 제한되는 것이 마땅하다.

도덕이 있고 법이 있는 것은 바로 이 때문이다. 그 사회의 유지 발전에 방해가 되는 것은 도덕으로나 법률로 규제되어야 한다.

다섯째, 고액연봉은 그 수령자를 행복하게 할 수가 없고, 오히려 수령자의 인간성을 파괴함으로써 불행하게 할 가능성이 대단히 크기 때문에도 옳지 않다.

인간은 돈으로 행복할 수 있는 것이 아니고 자아실현의 보람과 기쁨을 누려야 행복할 수 있다. 돈은 의식주와 의료, 교육 등 기본생활과 더불어 자아실현에 필요한 정도면 충분하다. 그 이상 갖게 되면 인간성이 파괴되어 불행하게 된다.

성경에서의 낙타의 비유나 불교에서의 무소유의 강조는 인간행복의 그런 조건을 말하는데, 이것은 진리다. 이런 진리를 그냥 성현들이 하는 말씀쯤으로 생각하고 실천하지 않는 것은 어리석은 일이다.

그런데 고액연봉자가 연봉을 과다하게 받으면 보람과 기쁨, 그리고 존경과 신뢰를 떨어뜨릴 가능성이 대단히 크다. 결국 그 사람을 행복하게 하기는커녕 불행하게 할 뿐이다.

흔히들 돈이 많으면 행복하리라고 생각하지만 그것은 착각이다. 돈을 많이 가지려는 것은 인간의 욕심 때문인데, 욕심을 충족시키는 것으로 행복할 수는 없다. 하기야 인간의 욕심은 무한해서 욕심을 충족시킬 수도 없지만 말이다. 욕심은 돈을 많이 가지면 가질수록 더 많이 갖고 싶어 하도록 만든다. 그러니 욕심을 채우고자 해서야 어떻게 만족할 수 있겠으며, 만족할 수 없고서야 어떻게 행복할 수 있겠는가?

그래서 기업의 발전에 기여한 공이 큰 사람에게는 돈으로가 아니라 존경과 신뢰 곧 명예로 보상하는 것이 옳다.

그러면 고액연봉문제를 어떻게 해결할 것인가?

첫째, 한 사회에서의 모든 일은 그 사회 구성원의 민주적 합의에 따라 규제할 수 있다는 것이 일반적 원칙이다. 그리고 헌법 제119조 2항에 "국가는 적정한 소득의 분배를 유지하기 위하여 경제에 관한 규제와 조정을 할 수 있다"고 규정되어 있는 만큼, 이 조항에 따라 직원과 임원의 연봉 차이를 2배 내지 5배 이내로 제한하는 법률을 제정하는 것이 옳다.

이와 관련하여 앞에서 지적한 대로 '자본주의 사회에서, 그리고 자유민주주의 사회에서 어떻게 임금을 규제할 수 있느냐'라든가, '능력이 있고 기업에 기여하는 바가 커서 고액연봉을 기업이 자율적으로 주는 것인데, 그것을 왜 법률로 규제를 해야 하느냐' 등의 이유로 이의를 제기하는 사람들이 있을 것이다. 그러나 그러한 이의는 옳지 못함을 앞에서 충분히 설명한 바 있다.

무엇보다 대한민국 헌법에 이를 규제할 있는 근거조항이 마련되어 있음을 상기할 필요가 있다. 따라서 고액연봉은 법률로 일정 수준 이하로 규제해야 한다. 연봉 수혜자를 포함한 전 국민을 위해서 말이다.

둘째, 만약 자유민주주의 국가 내지 자본주의 사회에서 고액연봉을 법률로 금지하는 것이 옳지 않다면, 세법의 개정을 통해 고액연봉에 대해서는 아주 높은 세율로 세금을 많이 내게 함으로써 고액연봉을 규제하는 방법이 있을 수 있다.

만약 첫째 방법, 곧 법률로 고액연봉을 규제하는 방법을 강구하지 않는 한 이 방법을 반드시 강구해야 한다.

필자는 이와 관련해 소득세의 누진율을 획기적으로 강화해야 한다고 제안한 바 있다. 그리고 법인세와 상속세, 증여세도 이에 준해서 누진율을 강화해야 한다(*제6장 자아실현 세상을 위한 민주시장주의 중요정책 참조).

이렇게 할 경우, 연봉이 30억 원인 사람은 19억 2,100만 원의 세금을 내고 세후 소득은 10억 7900만 원이 되며, 연봉이 140억 원인 사람은 101억 7,100만 원의 세금을 내고 세후 소득은 40억 2,900만 원이 된다. 이렇게 해야 하는 것 아닌가?

현재의 세율대로 하면 연봉이 30억 원인 사람은 12억 1,460만 원의 세금을 내고 세후 소득은 17억 8,540만 원, 140억 원의 연봉을 받는 사람은 58억 4,460만 원의 세금을 내고 세후 소득은 81억 5,540만 원이어서, 연봉이 30억 원인 사람은 현재보다 7억 640만 원의 세금을 더 내고, 연봉이 140억 원인 사람은 현재보다 43억 2,640만 원의 세금을 더 내게 된다.

직원 연봉의 2배 내지 5배가 적당하다는 원칙에는 부합하지 못하지만 아주 많은 세금을 낸다는 점에서 지금보다는 고액연봉에 대한 거부감이나 절망감이 현저히 줄어들 것이다.

이렇게 하는 경우 "세금이 너무 많다"거나 "이렇게나 세금을 많이 낼 바에야 임원을 하지 않겠다" 또는 "외국으로 이민 가겠다"고 말할 사람이 있을지 모르겠으나, 터무니없는 생각이다. 돈을 벌지 못했거나 적은 소득에 세금을 많이 내라는 것이 아니고 돈을 많이 벌었을 때 세금을 많이 내라는 것인데, 이것이 왜 억울하거나 싫은가? 억울하거나 싫어할 일이 전혀 아니다. 절대다수의 사람들은 이런 기회를 얻기를 간절히 바랄 것이니, 많은 세금을 내기 싫으면 이런 사람들에게 그 자리를 양보하면 된다.

소득세율을 더 이상 높여서는 안 된다고 주장하는 사람들이 많고, 특히 법인세율을 더 이상 높이면 국내 기업들은 외국으로 나가고 외국 기업들이 한국으로 들어오지 않을 것이라고 주장하는 사람들이 많다. 그러나 이것은 사실일 수가 없다.

이익을 내지 못하거나 적게 냈을 때도 세금을 많이 내라는 것이 아니라 이익을 엄청나게 많이 냈을 때 세금을 많이 내라는 것이니, 싫어할 일이 아니다.

법인세의 경우 순이익이 1조를 초과할 경우 1조 초과분의 현행 세율이 22%나 이것을 50%로 해야 한다는 것이다. 순이익이 1조 원을 초과할 수 있다면 세금을 50%를 내도 엄청난 이익인데 그것이 싫어 외국으로 나가겠는가? 별로 따져 보지도 않고 막연히 세율이 높으면 한국기업은 외국으로 나갈 것이고 외국기업은 한국으로 들어오지 않을 것이라고 말하는데, 그렇지 않음을 직시해야 한다.

그래서 법률로 고액연봉을 금지하거나 높은 세율로 많은 세금을 내게 하는 방법으로 고액연봉 문제를 해결해야 한다.

끝으로 고액연봉 문제를 이대로 두고서는 우리 사회가 정상적으로 발전할 수 없는 것은 물론 국민들이 행복할 수 없음을 인식하고 이 문제를 해결해야 하며, 이렇게 하기 위해서는 소득이 아닌 자아실현에 보람과 기쁨을 누리는 가치관을 정립해야 한다.

4

노인문제의 실상과
노인복지정책의 방향

　노령에 안락한 생활이 보장되어야 하는 것은 예나 지금이나 마찬가지이지만, 지금은 더 중요해졌다. 조기퇴직, 도시화와 핵가족화 등으로 노인문제가 심각한 사회문제가 되고 있기 때문이다.

　노후가 편안하지 않고서는 행복한 인생이 될 수 없다. 늙지 않는 사람은 없다는 점에서 노인문제는 노인만의 문제가 아니라 전 국민의 문제다. 그런데 우리나라의 노인문제는 다른 나라에 비해 더 심각하다.

　노인빈곤율과 노인자살률이 OECD 36개국 가운데 가장 높은 것이 이를 단적으로 말해준다. 높아도 보통 높은 것이 아니라 크게 높다. 노인빈곤율의 경우 OECD 평균이 12.6%인데 비해 우리나라는 45.7%이니 4배 가까이 높고, 노인자살률의 경우 OECD 국가들이 보통 인구 10만 명당 12명인데 우리나라는 54.8명이나 되어 4배가 넘는다. 70세 이상의 노인자살률은 인구 10만 명당 116명이나 되어 OECD 국가들의 20명 내지 30명보다 5배 이상이다.

　"죽지 못해 산다"는 말이 있는데, 오늘날 한국 노인들에게 그대로 적용되는 말이다. 죽지 못해 사는 것이 아니라 아예 죽는 노인도 대단히 많지만 말이다. 왜 이런가? 세상이 살기 좋아졌다고도 하고, 특히 평균수명을 누리게 되었는데도 말이다.

노인이 빈곤이나 질병으로 고통을 겪는 일도 많지만 고령화 운운하면서 사회적으로 노인들을 주눅이 들게 하거나 죄의식을 느끼게 해서 고통을 가중시키는 일들조차 너무 많다. 이런 사회를 과연 인간이 사는 사회라고 말할 수 있을까 하는 생각마저 든다.

오래전에 나는 「고령화는 축복인가 재앙인가」라는 글을 통해 인간수명의 연장에 따른 고령화는 하늘이 인간에게 준 축복인데도 이축복을 누릴 수 있기는커녕 이 축복을 감당해 내지 못함으로써 오히려 노인들을 더 고통스럽게 하는 무능한 사회가 되었음을 지적한바 있다.

노인이 되었다는 것은 그동안 개인적으로나 사회적으로 많은 일을 하고 이제 인생을 정리할 때가 된 것을 의미한다. 일반적으로 노인이 되는 것은 슬픈 일로 인식되기는 하지만, 올바른 인생관을 정립하면 보람과 기쁨을 누릴 수 있는 때이기도 하다. 그런데도 노인 당사자에게는 물론이고 그 가족과 사회에 엄청난 고통을 주면서 사회문제가 되고 있으니, 이것은 크게 잘못된 것이다. 노인문제를 올바로 해결하지 못한다면 개인도 사회도 불행할 수밖에 없다.

그래서 노인문제를 해결해야 하는데, 오늘날의 노인문제는 복지제도를 잘 마련하는 것만으로 해결될 수 있는 것이 아니다. 인생관과 가치관, 그리고 세계관을 새로이 정립해야 올바로 해결할 수 있다.

이런 관점에서 노인문제의 해법을 제시해 보고자 한다.

이 글은 노인문제를 해결하는 데 있어 노인복지정책의 마련이 가장 중요했던 2000년대 초에 쓴 것이나, 지금도 노인문제를 이해하는 데 도움이 될 것 같아 약간 보완해서 이 책에 포함시킨다.

| 노인이 겪는 외로움과 서러움 |

노인들이 겪는 어려움을 어떻게 말로 다 표현할 수 있겠는가?

우선 집안에서 존경과 섬김의 대상이기는커녕 부담으로 느껴지는 경우가 대부분이다. 심지어 강아지 대접도 못 받는다는 자조감을 느끼는 경우조차 많다.

노인들이 어려움을 겪을 수밖에 없는 가장 큰 이유는 경제적 빈곤이다. 옛날에는 자녀들이 부모를 봉양했는데, 요즘은 여러 이유로 그것이 어려운 경우가 대부분이다. 지금과 같은 핵가족화와 도시화 등의 사회에서는 노후를 위한 연금이 제도화되어 있어야 하는데, 지금의 노인세대는 연금의 혜택을 받을 수 있는 시대에 살지를 않았다. 그러니 연금으로 살 수 있는 노인은 대단히 제한적이다. 노인이 일할 곳은 별로 없고, 그러니 자녀들에게 경제적 부담을 주는 것 같아 무척 힘들어한다.

그런 데다 가옥구조가 부모세대와 자녀세대가 함께 살기에는 불편하게 되어있는 것도 문제다. 지난날은 안채와 사랑채가 떨어져 있었는데, 지금은 대부분이 아파트라 부모세대와 자녀세대가 함께 살기는 대단히 불편하게 되어있다. 그래서 하루 종일 집안에만 머물러 있을 수 없어 경로당이나 주변공원을 찾아다니나 그것도 하루 이틀이지 사람이 할 일이 못된다. 이러니 노인이 겪는 외로움과 서러움과 괴로움을 어찌 다 말로 표현할 수 있겠는가?

노인이 어떤 사람인가? 오늘의 사회발전이 있게 한 주역이다. 공장을 세우고 철길을 놓고 고속도로를 만들고 건물과 집을 짓고 옷을 만들고 발명과 발견도 하고 자동차와 텔레비전, 컴퓨터와 휴대전화 등을 만든 주역이다.

노인이 누구인가? 우리의 부모다. 아이들을 낳아 온갖 고생을 하면서 키운 부모님이다.

그런데 노인만 노인인가? 노인이 안 될 사람이 어디에 있나? 젊은 사람들도 머지않아 노인이 된다. 그래서 노인문제는 노인만의 문제가 아니다. 모든 사람의 문제다. 노인을 푸대접하는 건 우리 자신을 푸대접하는 것이고 인간을 푸대접하는 것이다.

| 하늘의 축복인 장수가 재앙이 되는 무능한 사회 |

그런데도 노인에 대한 대접이 어떠한가? 가정적으로든 사회적으로든 비인간의 극치다. 이런 세상을 사람 사는 세상이라 할 수 있겠는가? 특히 '고령화 사회' 운운하면서 노인을 사회발전과 국민복지의 큰 장애물이라도 되는 양 취급한다. 고령화 사회가 되면 젊은이 몇 명이 노인 몇 명을 먹여 살려야 한다고 떠들어대어 노인들을 주눅 들게 한다.

고령화가 잘못된 것인가? 저출산도 고령화의 한 요인이긴 하지만 인간수명의 연장이 고령화의 주된 요인이다. 인류의 오랜 소망이자 하늘의 축복인 장수에 따른 고령화가 무슨 재앙쯤으로 간주되는 것은 국정운영의 무능 때문이다. 그러하기에 고령화가 축복이 되게 할 새로운 정책, 새로운 정치가 나와야 한다.

현재 젊은 사람들이 이용하는 집과 건물, 공장, 학교, 철도, 자동차, 컴퓨터, 휴대전화들은 바로 지금의 노인들이 만들었다. 노인들의 그러한 공적은 생각하지 않고 앞으로 부담해야 할 노인부양비만 부담스럽게 생각하는 것이 과연 합당한가? 젊은이들이 노인을 부양하기 싫으면 노인들이 만든 집과 건물, 공장, 철도 등을 사용하지 않아야 한다. 부모 봉양하기 싫으면 자기를 낳아서 키우고 공부시켜 준 모든 비용을 부모님들께 갚아야 한다.

| 효는 백행(百行)의 근본 |

노인 곧 자기 부모를 부담스러워하는 사람은 인간이라 할 수 없다. 일찍이 공자는 『효경孝經』에서 효孝는 인仁과 덕德의 근본으로, 하늘의 말씀이며 땅의 의로움이라 했다. 그래서 효를 백행百行의 근본으로 삼아야 한다고 했다. 효는 단순히 부모를 섬기는 차원을 넘어 국정운영의 근본이 되어야 한다고도 했다. 효가 없으면 천하가 거꾸로 돌아간다고도 했다. '천지의 자연 생명 중에 사람이 가장 귀하고, 사람의 행위 가운데 효孝보다 더 큰 것이 없다'고도 했다.

세상에 잘못된 것이 대단히 많다. 그러나 그 모든 잘못 가운데 가장 큰 잘못은 부모를 섬기지 않는 것이다. 노인을 공경하지 않는 것도 문제지만, 자기 부모마저 섬기지 않는 것이 더 큰 문제다. 모든 가정이 다 그런 것은 아니지만 불효한 자식들이 너무나 많다. 노인을 섬김이 없이 어찌 나라가 제대로 돌아갈 수 있으며, 인생을 행복하게 살 수 있겠는가?

| 세상의 변화에 뒤처진 노인의 생활조건 |

어떻게 하면 노인도 인간답게 살 수 있게 할 수 있을까? 어떻게 하면 노인도 보람과 기쁨을 누리며 행복하게 살 수 있게 할 수 있을까? 젊은이들을 잘 교육시키면 노인들이 행복하게 살 수 있을까? 자식들 교육을 잘 시키면 부모다운 대접을 받을 수 있을까? 지금이라도 직장을 구해서 돈을 잘 벌면 보람과 기쁨을 누리며 행복하게 살 수 있을까?

그렇게 해서 해결될 문제가 아니다. 젊은이들과 자식들에게도 문제가 없지는 않지만 그들을 잘 교육한다고 해결될 문제가 아니다. 오늘날 노인이 노인다운 대접을 못 받는 것이 젊은이들 때문이거나 자식들 때문만은 아니기 때문이다. 아무리 노인을 잘 섬기고 싶고 부모에게 효도하고 싶어도 사회 환경이 그렇게 하기 어렵게 되어있으면 그렇게 하는 것이 어렵다.

노인문제는 정책적으로 해결해야 한다. 그래서 노인복지대책이 나와야 한다.

사회환경이 크게 변화하여 노인의 생활조건이 근본적으로 바뀌었는데도, 국가가 이 변화된 생활조건에 맞게 노인복지대책을 강구하지 못했다. 노인의 생활조건이 세상의 변화에 뒤처져 있기 때문에 노인이 고통을 겪고 있다. 한마디로 지금의 노령세대는 역사적 대전환기에 '버려진 세대'가 되었다.

지난날에는 부모세대와 자녀세대가 한 집에서 살게 되어있었고, 또 자녀세대는 당연히 부모세대를 봉양하게 되어있었다. 태어나서 죽을 때까지의 모든 문제를 가족공동체가 함께 해결했다. 그러나 지금은 자녀가 부모를 모시고 사는 일은 대단히 드물게 되었고, 자녀세대가 부모세대와 독립해서 사는 '핵가족'이 일반화되었다.

그래서 부모세대와 자녀세대가 함께 사는 것이 어렵게 되었고, 그에 따라 소득도 한 세대가 살아갈 수 있도록 책정되고 가옥구조도 한 세대만 살 수 있도록 설계되었다.

한마디로 노인에 대한 대책이 없이 노인을 방치하는 사회구조가 일반화되었다. 세상이 도시화와 핵가족화 되면서 노인은 삶의 기반을 빼앗겼는데도 노인이 살아갈 대책은 마련되지 않은 것이다.

이래서는 안 된다. 이런 사회구조를 극복할 노인복지대책을 강구해야 한다. 서유럽 복지국가들이나 미국, 일본 등은 노인복지대책을 완벽할 정도로 강구해 두고 있는 편이다. 다만 인간의 본성에 기초한 근본적인 대책을 강구하지 못하고 경제적 차원의 대책만을 강구해 두고 있는 것이 문제일 뿐이다. 무엇보다 약 60%의 노인이 독거노인이거나 노인부부끼리 살고 있다는데, 이래서는 인간답게 살수가 없다. 노인도 젊은 사람과 함께 살아야 한다. 그래야 행복할 수 있기 때문이다.

그런데 우리나라의 노인복지대책은 어떤가? 우리나라는 '노인복지법', '노인장기요양보험법', '기초연금제도' 등 다양한 제도가 있었으나 수혜조건이 까다롭고 예산이 뒷받침되지 못해 노인이 겪는 어려움이 너무 컸다.

그런데 최근 들어 기초(노령)연금이 제정되어 한결 나아지긴 했다. 현재는 소득 하위 70%(현재 수급률은 66.5%)인 만 65세 이상 노인들에게 소득과 재산을 감안한 소득인정액이 선정기준액(단독가구 170만 원, 부부가구 215만 원) 이하인 경우 국민연금 가입기간과 연계해 매월 최대 30만 원을 지급하고 있다. 허나 이런 정도로는 턱없이 부족하다.

소득인정액과 선정기준액, 부양가족의 유무, 그리고 국민연금 가입 기간이나 기초생활보장상의 수급 등과 상관없이 65세 이상의 모든 노인에게 매월 약 50만 원(물가상승률 연동)의 기초연금(노령연금)을 지급해야 할 것이다.

그러나 이 모든 것보다 자녀가 부모를 모시고 살 수 있도록 하는 것이 무엇보다 중요하다. 이렇게 할 수 있도록 정책적으로 유도할 필요가 있다. 앞에서 밝힌 바와 같이 아버지나 어머니, 또는 할아버지나 할머니, 심지어 장인이나 장모 또는 이웃 노인까지도 한 사람당 약 50만 원의 소득이 보장된다면 이 분들을 모시는 데 경제적 부담은 현저히 줄어들 것이다.

그리고 65세 이상의 부모를 모시고 사는 세대의 경우 주택구조의 변경 또는 새로운 주택구입을 위해 자금지원을 요청할 경우 연리 1% 정도의 주택융자를 해야 할 것이다.

자녀가 장성한 경우 부모가 자녀와 별거하는 경우가 많고 심지어 실버타운이나 양로원으로 가는 경우가 많은데 이것은 인륜에 반하는 것으로 이런 일이 앞으로는 없게 해야 한다. 부모는 자녀와 함께 사는 것이 즐거운 것이고, 이것이 정상이다. 다만 치매환자라든가 가족이 돌볼 수 없는 환자의 경우 요양원에서 지내게 하는 것이 불가피할 수 있다.

자녀가 부모를 모시고 사는 것이야말로 아름답고 보람 있는 일인데, 이런 즐겁고 아름다운 일을 외면하고 반인륜적인 삶을 살면서 온갖 외로움과 슬픔, 죄책감에 시달리는 것은 어리석은 일이다. 지금부터라도 이런 어리석은 일이 없도록 해야 한다.

실버타운 곧 노령세대가 집단적으로 거주하는 곳을 건설하는 경우가 많은데, 이런 곳에 거주할 수밖에 없는 사람을 위해 필요한 일이기는 하나, 부모를 모시고 살 수 있는 자녀들이 있는데도 이런 곳에 가서 살게 하는 것은 옳지 않다.

인생 막바지에 죽음만을 기다리면서 사는 것은 너무나 비참한 것이고, 또 그렇게 살게 하는 것은 너무나 비인간적인 것이다. 이런 비참하고 비인간적인 일을 왜 해야 하는가?

근년에 접어들어 부모도 자녀들과 함께 사는 것을 싫어하면서 함께 살지 않는 것을 당연시하는데, 이것은 올바른 태도가 아니다. 자녀들도 부모를 모시고 살지 않아도 되는 것처럼 생각하는 경우가 많은데, 이것은 대단히 잘못된 태도다. 다만 현재와 같은 생활환경에서는 부모세대들도 자녀세대들로 함께 사는 것을 싫어할 수밖에 없다. 생활환경을 바꾸어야 한다. 경제문제를 해결하고 가옥구조를 바꾸면 부모는 자녀와 함께 사는 것이 즐겁고 자녀 또한 부모를 모시고 사는 것이 즐거울 것이다. 가장 인간적일 때 가장 즐거운 것이기 때문이다.

또 노인과 젊은이도 같은 관계이다. 어려운 사람은 당연히 자신을 도울 수 있는 사람과 함께 사는 것이 즐거울 것이고, 남을 도울 수 있는 사람은 어려운 사람을 도우면서 사는 것이 즐거울 것이다.

따라서 자녀들이 있는 사람들을 위해 실버타운을 건설하는 일은 자제되어야 하며, 자녀들이 있는데도 혼자 살거나 실버타운에 가려는 일은 없어야 한다.

| 노인복지대책의 4대 필수요건 |

노인들이 이런 비참한 상황에 처해있어서는 안 된다. 국정을 운영하는 정부가 올바른 노인복지대책을 강구해야 한다. 단순히 경제적인 지원만으로는 안 된다. 노인문제에 대한 인식이 근본적으로 바뀌어야 하고, 노인복지에 대한 철학적 인식이 새로워져야 한다. 그러면 어떤 노인복지대책을 강구해야 할까?

다음의 4가지를 노인복지대책의 대원칙으로 삼아야 할 것이다.

첫째, 부모세대와 자녀세대가 함께 살 수 있게 해야 한다.

이렇게 할 수 있도록 노령연금(기초연금)을 지급하고 적절한 가옥구조를 갖추도록 해야 한다.

둘째, 노인이 혼자 사는 일이 없게 해야 한다.

기본적으로 가족과 함께 살아야 하며, 가족이 없는 경우 집단적으로 살게 해야 한다. 특수한 사정으로 혼자 살 경우에는 사회복지 차원에서 수발 들 사람이 있도록 해야 한다.

셋째, 노인에게 일자리를 제공해야 한다.

노인들도 일할 능력이 있는 한 일을 할 수 있게 해야 한다. 그래야 자아실현의 보람과 기쁨을 누리며 행복하게 살 수 있기 때문이다. 그리고 자녀들과 함께 살더라도 자녀들에게 경제적 부담은 물론 생활상의 어려움을 주지 않도록 해야 한다. 그래야 노인들이 제대로 대접을 받겠기 때문이다.

넷째, 일상생활을 혼자 수행하기 어려운 노인들은 신체활동 또는 가사활동 등을 지원받을 수 있게 해야 한다.

이를 위해 노인수발보험제도가 실시되고 있는데, 대단히 유용한 제도다. 노인수발에는 신체 중심형 서비스(배설, 목욕, 식사, 이동), 일상가사 중심형 서비스(조리, 세탁, 청소), 의료 중심형 서비스(요양상의 간호진료의 보조 또는 요양상의 상담) 등이 있다. 오래전부터 고령화 사회가 된 선진국들은 이런 서비스를 다양한 방식으로 제공하고 있다.

그런데 지금 많은 노인들은 자녀들과 함께 사는 것을 대단히 싫어한다. 자녀들에게 경제적 부담을 주는 것이 싫고, 또 가옥구조상 불편하기 때문이다. 만약 함께 사는 자녀들에게 경제적 부담을 주지 않고 또 생활상 불편이 별로 없게 된다면 자녀들과 함께 살기를 원할 것이다. 자녀들로서도 부모나 조부모를 모시고 사는 것이 그들의 정서함양에 도움이 될 것이고, 노인 또한 자녀들과 함께 살면서 희로애락을 함께할 수 있어야 즐거울 것이다. 특히 손자손녀들을 보살피는 즐거움이 얼마나 큰가!

노인이 혼자 살거나 노인들만 모여서 사는 경우 거기에 무슨 인생의 낙이 있을까? 그저 죽음만을 기다리는 따분한 생활만 계속될 것이다. 그래서 노인으로 하여금 양로원에서 살게 하는 것은 옳지 않다. 젊을 때 자녀들 양육하느라 고생했는데 왜 노후를 양로원에서 죽음을 기다리며 외롭게 살아야 하나?

그런데 봉양할 자녀가 없거나 자녀가 있더라도 부득이 자녀와 함께 살 수 없는 노인들이 있다. 이런 경우에도 노인 한 분만 살게 해서는 안 된다. 건강상의 이유 때문이기도 하지만 외로움 때문에도 혼자 살게 해서는 안 된다.

늙는다고 해서 인간이 아닌 게 아니다. 노인도 인간이다. 노인도 다른 사람과 더불어 희로애락을 즐길 수 있어야 한다. 인간은 본질적으로 사회적 동물이라 혼자 살 수가 없게 되어있다. 젊은 사람도 혼자 살 수 없듯이 노인도 혼자 살 수 없다. 인간수명의 연장으로 고령사회가 됨으로써 혼자 사는 노인이 많아지게 되었는데, 이에 대비해 노인들이 제2의 인생을 살 수 있도록 노령인생대책을 마련해야 하겠다.

5
고위공직자의 특권과 특혜를 없애야 한다

　세상을 바꾸려면 사회의 전 부문을 바꿔야 하지만, 정치부문을 바꾸는 것이 무엇보다 중요하다. 정치가 바뀌어야 다른 부문도 바뀔 수 있기 때문이다.

　특히 자아실현의 새 세상을 건설하기 위해서는 정치, 곧 공직수행도 자아실현의 과정이 되게 해야 한다. 특권과 특혜를 누리기 위해서 공직을 맡는 일은 없도록 해야 한다. 자기가 갖고 있는 정치적 꿈, 곧 국가발전과 국민복지를 위한 비전을 이루기 위해 공직을 맡도록 해야 한다.

　그렇게 되도록 하기 위해서는 고위공직자가 누리는 특권과 특혜를 없애는 것이 무엇보다 중요하다. 특권과 특혜가 없어야 국가와 국민을 위해 봉사하려는 마음을 가진 사람이 공직을 맡게 될 것이기 때문이다.

　정치를 하거나 공직을 수행하는 사람으로서는 그 공직수행이 자아실현이 되어야 한다. 자아실현의 세상을 건설해야 하는 터에 고위공직자가 자아실현의 모범을 보이는 것이 대단히 효과적이다. 이런 이유로도 고위공직자가 특권이나 특혜를 위해서가 아니라 자아실현을 위해서 공직을 맡도록 해야 한다.

지금 우리 사회가 난장판이다. 어디서부터 손을 대야 할지 모를 지경이다. 이러다가 나라가 망하는 것이 아닐까 하고 걱정하는 사람이 너무도 많다. 특히 무능하기 짝이 없는 데다 부정과 비리가 너무 심하다. 정치권만 무능하고 부패한 것이 아니다. 공직사회만 무능하고 부패한 것이 아니다. 법조계, 교육계, 종교계, 언론계, 문화계 등 어느 한 부문도 성한 데가 없을 정도다. 특히 기강이 엄정해야 할 군은 부정부패의 표본처럼 되어있다.

부패하고 무능한 것 이전에 사회의 전 부문이 기본이 안 되어있는 것이 더 큰 문제다. 그래서 어떻게 해야 이를 바로잡을 수 있을지 앞이 캄캄할 지경이다. 교육을 강조하는 사람도 있고, 제도를 강조하는 사람도 있다. 법치주의의 확립과 신상필벌信賞必罰을 강조하는 사람도 있고, 언론의 역할을 강조하는 사람도 있다. 온갖 처방이 있다. 그러나 어느 한 부문도 무능하고 부패하지 않은 곳이 없는 터에 어떤 부문이 정상적으로 작동해서 바로잡을 수 있겠는가?

결국 사회지도층의 각성이 있어야 한다는 주장이 그나마 가장 설득력이 있어 보인다. 사회지도층이 부패하고 타락해 있는 것이 더 큰 문제인 터에 사회지도층의 각성을 기대하기는 너무나 어렵다고 볼 수 있다. 그러나 사회지도층의 각성이 없이는 나라가 망하는 것을 막을 수 없겠으니 사회지도층의 각성을 촉구하지 않을 수 없다.

고위공직자의 특권과 특혜를 폐지해야 한다고 주장하는 이유가 여기에 있다.

그래서 사회지도층 인사들이 '노블레스 오블리주', 곧 '높은 사회적 신분에 상응하는 도덕적 의무'를 이행해야 우리 사회가 회생할 수 있겠다는 것이다. 심지어 "대통령이 잘해야 한다"고 말하는 사람들이 많은데, 일리 있는 말이다.

대통령이 잘하면 공직사회가 맑아질 것이고, 공직사회가 맑아지면 사회도 맑아질 것이니 말이다.

"윗물이 맑아야 아랫물도 맑다"는 말이야말로 오늘날 이 시대에 절실히 요청되는 말이다. 그래서 대통령을 잘 뽑는 것이 무엇보다 중요함을 국민들이 깊이 인식해야 하겠다. 국무위원들이나 청와대 참모들도 중요하지만 최종적으로 대통령이 바른 판단을 하지 못하면 바른 국정운영이 이루어질 수가 없기 때문이다.

그러나 대통령을 잘 뽑는 것도 중요하지만 고위공직자에게 부여되어 있는 특권과 특혜를 폐지하는 것도 대단히 중요하다. 그래서 공직사회 전체를 깨끗하게 함으로써 사회를 정상화해야 하겠다.

특권과 특혜 때문에 공직을 맡는 것이 아니라 국민에게 봉사하기 위해 공직을 맡도록 해야 하겠다. 그렇게 해야 정치도 혁신되고 세상도 자아실현을 위한 세상으로 바뀌겠기 때문이다.

그런데 대통령선거 때만 되면 각 정당 대통령후보들이 정치인들이 누리는 특권을 없애겠다는 말을 많이 했고, 국민도 전폭적으로 공감했다. 그러나 선거만 끝나면 언제 그런 말을 했던가 싶게 아무런 조치가 이루어짐 없이 시간만 간 일이 한두 번이 아니다. 여야의 구분 없이 말장난만 하면서 특권 포기를 기피하고 있다. 당연히 이대로 두어서는 안 된다.

민주주의 국가에서 공직을 맡은 사람은 국민의 '공복', 곧 국민의 심부름꾼이다. 국민이 국회의원이나 대통령 등을 선출하는 것은 그들이 나라와 국민을 위해서 일하겠다고 해서 그들을 선출한 것이지, 그들이 국민의 상전이 되어 특권이나 누리라고 그들을 선출한 것이 아니다.

더욱이 그들은 선거에 출마해서 굳게 다짐한다. 국민의 상전이 아니라 국민의 머슴이 되겠다고 말이다. 그런데도 그들은 당선만 되고 나면 상전 노릇을 한다. 이에 대해 국민은 메아리 없는 비난이나 할 뿐 그들을 상전의 자리에서 끌어내리지 못한다.

그래서 국민이 나서서 고위공직자가 누리는 특권과 특혜를 없애야 한다. 국가발전과 국민복지의 비전과 사명감을 가진 사람만이 고위공직을 맡도록 해야 한다.

| 국회의원의 특권을 없애야 한다 |

고위공직자의 특권을 없애기 위해서는 국회의원의 특권을 없애는 것이 우선되어야 한다. 왜냐하면 고위공직자의 특권을 없애기 위해서는 관련 법률을 제정하거나 개정해야 하는데, 그렇게 하는 권한이 국회의원에게 있는 데다 국회의원은 정부 각 기관을 감사할 수 있는 권한을 갖고 있기 때문이다.

그 전형적인 예가 '부정 청탁 및 금품 등 수수의 금지에 관한 법률' 곧 이른바 '김영란법'이다. 이 법은 국회의원에게만 적용되는 법이 아니고 전 공직자에게 적용되는 법인데도 자기들이 이 법 때문에 부정한 돈을 받기가 어려워질까 싶어 이 법의 제정을 계속 미루어 오다가 늦게야 겨우 제정했는데, 고위공직자의 부정과 깊이 관련되는 이해충돌방지 부문은 빼버렸다. 그래서 국회의원들이 누리는 특권을 없애야 다른 고위공직자들의 특권도 없앨 수 있다.

그러면 먼저 국회의원들이 누리는 특권을 보자.

우선 1억 5천만 원(매월 약 1,200만 원)의 연봉에다 7명의 보좌관을 두며, 인턴 2명까지 둘 수 있다. 여기에 입법활동비가 연 2,540만 원, 정책자료 발간비가 연 1,200만 원, 정책자료 발송료 연 430만 원, 문자메시지 발송료 연 700만 원, 야근식대 연 770만 원, 명절휴가비 820만 원, 차량유류비 매월 110만 원에 차량유지비 매월 36만 원이다. 그러고도 업무용 택시비가 연 100만 원이다. 그래서 지원경비가 총 1억 200만 원이 넘는다. 또 국고 지원으로 연 2회 이상 해외시찰이 보장된다. 그 밖에 국회의원이 누리는 특권은 일일이 언급하기조차 힘들다. 오죽하면 염라대왕도 부러워할 만큼 특권을 누린다는 말이 나오겠는가?

월급도 너무 많거니와 명절휴가비가 820만 원이라는 것도 말이 안 된다. 국회의원만 명절을 쇠는 것이 아니다. 차량유류비 매월 110만 원, 차량유지비 매월 36만 원에 공무원을 운전수로 두고 있다. 항공기, KTX, 선박은 무료다.

여기에다 1년에 1억 5,000만 원의 후원금을 받을 수 있고, 선거가 있는 해에는 3억 원까지 받을 수 있는데, 그러고도 선거비용은 국고에서 환급된다. 선거에 쓰라고 3억 원의 후원금을 받게 하고도 선거비용을 국가가 환급해주는 것은 말이 안 된다. 결국 환급받은 돈은 국회의원 개인 호주머니에 들어가게 되어 있는데도 말이다. 무엇보다 대통령선거, 지방선거가 있는 해에는 3억 원까지 후원금을 받을 수 있는데, 대통령선거나 지방선거 때문에 추가로 받는 1억 5천만 원을 대통령선거나 지방선거에 쓰면 공직선거법 위반이다. 그래서 선거가 있는 해라고 해서 추가로 받을 수 있는 1억 5천만 원의 후원금을 대통령선거나 지방선거에 쓸 수 없는데, 그렇다면 이 후원금을 왜 받을 수 있게 하는가? 결국 국회의원들은 이 돈으로 자신들의 재선을 위한 선거운동을 하거나 사적인 일에 쓰는데, 이것은 헌법에 보장되어 있는 평등권에 위반한다. 이런 불합리하기 짝이 없는 특권을 누리는 사람들이 어떻게 국민을 위한 정치를 할 수 있겠나?

그리고 국가가 정당에 주는 국고보조금으로 경상보조금과 선거보조금이란 것이 또 있다. 당비와 후원금을 받을 수 있게 하면서 거기다 국고에서 경상보조금과 선거보조금을 중앙당에 지급하는 것은 말이 안 된다. 더욱이 이 돈이 지급의 취지에 맞지 않게 사용되고 있으니, 가히 무법천지라고 할 수 있다. 국민의힘과 더불어민주당은 선거보조금으로 받은 돈을 전용해서 당사용 건물을 구입했는데, 이것은 재정은 정해진 사업에만 사용하게 되어 있는 법령을 위반한 것이다. 더욱이 국회 본관에 있는 사무실들을 당사로 쓰면서 당사용으로 구입한 건물은 임대를 하고 있는데, 이것은 법과 상식을 무시한 국회의원 집단의 횡포가 아닐 수 없다. 이런 사람들이 국정을 운영해서야 어떻게 정상적인 국정운영이 이루어질 수 있겠나?

그런데 당사가 국회 안에 있다 보니 당원이나 일반 국민이 정당에 제안할 사항이 있거나 민원을 제기할 사항이 있어 당직자를 만나려면 검색대를 거쳐 신분증을 제시하고 본인임을 확인한 다음 국회 안으로 들어가야 한다. 그것도 국회 안에 있는 당직자가 들여보내 달라고 해야 들여보내 준다. 국회의원은 말할 것도 없고 국회의원이 있는 정당 자체가 특권계급이 되어 있다. 어떻게 국민을 업신여기지 않겠는가?

19대 국회 이후의 국회의원들에게는 지급하지 않기로 했으나, 19대 국회 이전의 65세 이상 전직 의원에게 매월 120만 원을 지급하는 것도 옳지 않다.

국회의원들이 누리는 면책특권과 불체포특권은 시대착오적인 것으로 유언비어성 폭로로 정치의 질을 떨어뜨리고 범죄자를 보호할 뿐이다.

국정운영에 대한 높은 식견을 가진 사람이 국정운영을 맡아 이를 잘 수행함으로써 보람과 기쁨을 얻기 위해 고위공직을 맡으려고 해야 한다. 그래서 국회의원이나 대통령이 되어 명예를 얻기는 할지언정 특권이나 특혜를 누리면서 치부하는 일은 결코 없게 해야 한다. 이렇게 해야 국회의원이나 장관, 또는 대통령이 되기 위해 사생결단식의 정쟁을 벌이는 일도 없어질 것이다.

그래서 국회의원 등의 특권과 특혜를 없애는 것은 특권과 특혜를 없애는 데만 그 의미가 있는 것이 아니라 품성과 자질, 그리고 능력이 뛰어난 사람이 국회의원이 되어 국정을 담당하게 하는 데 더 큰 의미가 있다. 그렇게 해야 진정으로 나라와 국민을 위해서 일할 능력이 있는 사람이 국회의원이 될 수 있기 때문이다.

그래서 정치개혁을 위한 온갖 토론회를 열 것이 아니라, 그리고 권익확보를 위한 온갖 집회나 시위를 감행할 것이 아니라, 국회의원들이 누리는 특권과 특혜를 없애는 투쟁을 가장 먼저 해야 한다. 이것이 정치혁신의 요체이기 때문이다. 조그마한 부정이나 불의만 보아도 거세게 항의하는 때가 엄청나게 많으면서도 국회의원들에게 부여되고 있는 제도화된 특권을 없애지 못하고 그대로 두는 것은 기이한 일이기도 하다. 정치혁신이 시대적 요구가 되어 있는 지금 국민이 나서서 반드시 국회의원들이 누리는 특권과 특혜를 폐지해야 하겠다. 국민의 심부름꾼이라 할 국회의원이 국민의 상전이 되어 온갖 특권을 누리고 있는데도 이를 폐지하지 못한다면 그 책임은 국민에게도 있다.

| 대통령의 특권도 없애야 한다 |

대통령이 누리는 특권도 문제다. 현직 대통령의 연봉이 2억 1,000만 원인 것도 옳지 않지만, 대통령 퇴임 후에 받는 연금과 지원 또한 부당하기 이를 데 없다.

청와대에서의 대통령 생활비는 말할 것도 없고, 직무와 관련한 모든 비용이 국가예산으로 충당된다. 그렇다면 대통령에게 지급되는 월급은 없애는 것이 합당하다. 월급은 기본적으로 일상생활에 쓰라고 주는 돈인데, 대통령은 재직 중에는 생활비로 돈을 쓰는 일은 거의 없겠기 때문이다. 대통령이 받은 월급을 저축하는 일이 있는데, 대통령더러 저축하라고 월급을 지급하는 것은 옳지 않다.

전직 대통령에 대한 연금 지급도 문제다. 전직 대통령은 현직 대통령 연봉의 95%를 연금으로 받는다. 현직 대통령과 거의 같은 액수다. 거기다 비서관 3명과 운전기사 1명을 둘 수 있다. 그리고 경호와 경비를 해주고, 교통·통신 및 사무실까지 제공하고, 본인과 가족의 치료도 국비로 한다. 심지어 유족 가운데 배우자에게는 현직 대통령 연봉의 70%를 지급한다.

대통령을 지낸 사람에게 일정한 정도의 생활비를 지원하고, 한 명의 비서를 쓸 수 있게 하며, 일정한 정도의 경비를 제공할 수는 있다. 대통령을 지낸 사람은 달리 돈을 벌기가 어렵기 때문이다. 그리고 경호와 경비를 국가가 책임지는 것도 있을 수 있다. 그리고 전직 대통령으로서 국가의 필요에 따라 어떤 사업을 하거나 외국여행을 하는 경우 그 경비를 국가가 부담하는 것도 있을 수 있다.

그러나 엄청난 특혜를 누리게 해서는 안 된다. 현직 대통령의 연봉과 거의 같은 액수의 연금을 지급하는 것은 옳지 못한 정도를 넘어 불의의 극치다.

대통령을 지낸 사람도 가난하게 살 수 있어야 한다. 대통령을 지낸 사람도 생활이 어려우면 사회보장제도의 혜택을 받게 하는 것이 옳다. 이렇게 하는 것이 법 앞에 만인이 평등하다는 헌법정신이다.

대통령에게 많은 연금을 지급하는 것은 재임 중에 부정부패를 저지르지 않게 하기 위한 것이라고 생각할 수 있겠으나, 이것은 전혀 사실이 아니다. 퇴임 후에 연금이 지급된다고 해서 역대 대통령들이 청렴했던 것이 아니었기 때문이다.

오히려 대통령을 지내고도 가난하게 살 수 있는 사람이라야 부정부패도 하지 않고, 국정운영도 더 잘할 수 있다. 무엇보다 대통령을 지낸 사람이 사회보장제도의 혜택을 받으며 가난하게 산다면, 이것이야말로 그 어떤 좋은 정책보다 국가발전과 국민복지에 더 기여할 것이다. 이런 것을 보고 국민이 감동하게 해야 한다. 이것이야말로 '노블레스 오블리주'의 모범적 실천이 될 것이다.

| 고위공직자의 특권을 없애야 정치가 혁신된다 |

국민을 위한 정치, 국민을 위한 행정이 되기 위해서는 '전관예우'라는 이름의 '전관범죄'를 척결하는 것이 대단히 중요하다.

'전관예우'란 고위직 판사 또는 검사 출신의 변호사가 어떤 사건을 맡아 수사나 재판에서 유리한 결과를 얻어내는 것을 말하는데, 이것은 수사나 재판의 공정성을 훼손하는 '전관범죄'이다. 대법관

이나 법원장, 검사장을 지낸 사람이 퇴임 후 변호사를 개업해서 1, 2
년 안에 수십억 원을 버는 경우가 많은데, 이 돈은 범죄수익이라 할
수 있다. 그리고 이들이 이런 전관예우라는 이름의 전관범죄로 엄
청난 돈을 번다는 것은 현직 검사나 판사가 수사와 재판을 불공정
하게 하고 있다는 것을 의미한다. 그래서 '유전무죄', '무전유죄'라
는 말이 나오고, 이것은 사실이다. 국민이 어떻게 수사와 재판을 신
뢰할 수 있겠는가?

'전관범죄'는 수사나 재판의 공정성을 훼손하는 것을 넘어 법치
주의를 파괴해서 나라의 기강을 무너뜨린다. 도덕 붕괴와 인륜 파
탄의 주된 이유가 법을 공정하게 집행해야 할 사법기관 곧 검찰과
법원이 수사와 판결을 공정하게 하지 않은 때문이다.

이러다 보니 사법부에 대한 신뢰도가 전 세계 167개국 가운데 우
리나라는 155위다. 정치인은 114위, 정부는 111위 등 공공부문에 대한
신뢰도가 꼴찌 수준이다. 경제력 10위의 나라로서 국제적 수치다.

그래서 대법관이나 법원장, 검찰총장, 검사장 등 법원이나 검찰
의 고위직을 지낸 사람은 변호사 개업을 할 수 없게 해야 한다. 이
들이 소송사건을 맡게 되면 수사나 재판의 공정성이 훼손되지 않을
수 없기 때문이다.

이런 '전관범죄'는 여야 정치권, 정부 각 부처에도 있다. 권력기
관의 고위 공무원들은 퇴임 후 대형 법무법인이나 대기업에 고문
등으로 취업해서 4, 5억 원 이상의 연봉을 받는데, 이들이 이런 고
액의 연봉을 받는 것은 국가기밀을 제공하거나 동료나 후배 관료들
에게 로비를 한 대가이니 이 또한 '전관범죄'이다.

그런데 이들이 '특권카르텔'을 형성해서 대한민국을 '부패공화국'으로 만들었다. 우리 사회의 특권층이 '특권카르텔'을 형성해서 서로 보호해주고 있는데, 이를 혁파하려면 진정한 정치혁명이 일어나야 한다.

그런데 국회의원이나 지자체장, 대통령이 되려고 엄청나게 노력하는 사람이 많다. 경쟁을 넘어 전쟁을 하다시피 하고, 온갖 부정과 음모를 저지르기도 한다. 왜 이처럼 고위 관직을 맡으려 할까? 그 자리를 차지하면 엄청난 특권과 특혜가 부여되고, 또 이권을 챙길 수 있기 때문이다.

그래서 특권과 특혜, 이권을 노리고서 국회의원이나 지자체장, 대통령이 되려고 하는 사람은 그런 자리를 차지할 수 없게 해야 한다. 자기의 정치적 꿈을 실현함으로써 보람과 기쁨을 얻기 위해 국정운영을 맡고자 하는 사람에게 국정운영을 맡겨야 한다. 그래야 국민을 위한 국정운영이 이루어질 수 있기 때문이다.

| 고위공직자의 월급을 근로자 평균임금으로 해야 한다 |

고위공직자의 특권과 특혜를 없앤다면 이들에 대한 처우는 어떻게 하면 좋을까? 우선 월급을 근로자 평균임금(2019년 월 330만 원, 연봉 3,960만 원)으로 해야 한다.

대통령, 장관, 국회의원, 지자체장 등 차관급 이상의 선출직과 정무직은 모두 똑같이 이 정도의 월급만 받게 해야 한다. 대통령이나 지자체장의 경우, 그들의 생활비는 그들의 월급에서 내게 해야 한다. 생활비는 국가예산으로 충당하고 월급은 저축하게 하는 것은 옳지 않다. 월급을 주는 것은 생활비로 쓰라는 것이지 저축하라는 것이 아니기 때문이다.

지금은 고위공직자들이 너무 많은 월급을 받고 있다. 연봉이 다들 1억 원이 넘는다. 대통령은 2억 1,000만 원, 장관 1억 3천만 원, 국회의원 1억 4천만 원, 시도지사 약 1억 2천만 원, 국책은행장 약 3억 원, 정부투자기관 사장과 감사 약 1억 원 내지 2억 원이나 되는데, 이를 전부 3,960만 원(330만 원×12개월)으로 해야 한다.

다음으로 업무추진비, 특정업무추진비 등을 없애야 한다.

대통령의 경우 약 50억 원, 시도지사의 경우 약 3억 내지 5억 원을 업무추진비로 책정해 두고 있다. 이 돈은 경조사비나 회식비로 쓰이고 있다. 꼭 직책상 내야 할 경조사비나 회식비는 관련 예산으로 충당하면 되고, 사적인 경조사비나 회식비는 자기 돈으로 내야 한다. 요즘 5급 이상의 공무원들은 소속기관에서 발급하는 카드로 사적인 경비를 지불하는 경우가 너무나 많은데, 이런 일이 없도록 해야 한다. 필요한 경비는 청구해서 쓰게 할 뿐 카드로 지불케 해서는 안 된다.

대개의 경우 시도지사들은 업무추진비의 약 50% 정도만을 쓰는데, 이것은 시도지사가 업무추진비를 절약해서가 아니라 별 필요도 없는 업무추진비를 예산으로 책정해 두고 있기 때문이다.

| 공직자의 부정은 엄벌해야 한다 |

일체의 특권과 특혜를 없앰과 동시에 공직자의 부정부패를 뿌리 뽑아야 한다. 이렇게 하기 위해서는 관련 법률을 제정하거나 개정해서 공직자의 부정에 대해서는 벌금형이 없이 모두 징역형으로 해야 하고, 또 집행유예 없이 실형으로 해야 하며, 단 한 번이라도 부정을 저지른 공직자는 영원히 공직에 취임할 수 없게 해야 하고, 징역형을 선고받은 사람에게는 연금을 박탈해야 한다.

그래서 부정은 엄두도 못 내게 해야 한다. 부정으로 국가에 손해를 입힌 경우에는 끝까지 추적해서 구상권을 행사해야 한다.

이와 관련해 이런 의문이 제기될 수 있다. 과연 일체의 특권과 특혜, 이권을 폐지하는 것이 가능한지, 그리고 공직자의 부정에 대해 이처럼 엄벌하는 것이 가능한지 하는 의문이 들 수 있다.

도대체 왜 이렇게 할 수 없단 말인가? 나라의 주인이 국민이라 해서 민주국가인데, 민주국가에서 왜 국민의 공복인 공직자들이 누리는 특권과 특혜를 없애지 못하며, 또 공직자의 부정을 엄벌하지 못한단 말인가? 당연히 그렇게 해야 한다.

그렇게 할 수 없다면 나라의 주인이 국민이라고 말할 수 없고, 민주국가라고 말할 수 없다.

또 다른 하나의 의문은 대통령이나 국회의원 등에게 아무런 특권이나 특혜가 없이 월급을 3백만 원 정도만 주면 누가 고위 공직을 맡으려 하겠는가 하는 것이다. 어리석기 짝이 없는 의문이다. 월급 적게 주고 특권과 특혜를 없앤다고 해서 고위공직을 맡을 사람이 없을 턱도 없으며, 만약 특혜나 특권이 없고 월급이 적다고 해서 공직을 맡으려 하지 않을 사람이라면 그런 사람은 고위공직을 맡지 못하게 해야 한다. 공직을 맡아보았자 국민을 위해 공직을 수행하지 않을 것이니 말이다.

공직수행으로 국민에게 봉사하는 데서 보람과 기쁨을 누릴 사람이 공직을 맡게 해야 한다. 국민에게 봉사하는 일이 얼마나 보람 있는 일인데, 그런 일을 할 사람이 없겠는가? 그렇게 할 사람은 얼마든지 있을 것이다.

| 보람과 기쁨을 위해 일하는 세상이어야 한다 |

그런데 필자가 위에서 주장한 것들은 단순히 고위공직자만 그렇게 해야 한다는 것이 아니다. 사회의 전 부문에서 그렇게 되어야 한다는 것이다.

인간이 어떤 일을 하는 목적이 돈을 벌기 위한 데 있는 것이 아니라 보람과 기쁨을 누리는 데 있게 하자는 것이다. 이것은 사회만을 위한 것이 아니라 국민 개개인의 행복을 위한 것이다. 그리고 이렇게 하려면 세상을 바꾸어야 하고, 세상을 바꾸는 핵심적 내용은 소득중심 경제가 아니라 자아실현 경제가 되게 하는 것이다. 고위공직자로 하여금 돈 때문이 아니라 보람과 기쁨을 얻기 위해 공직을 수행하게 함으로써 이런 분위기가 사회적으로 확산되게 하자는 것이다.

그래서 위와 같이 공직자가 누려온 특권과 특혜를 없애고 공직자의 부정부패를 뿌리 뽑기 위해서는 최소한 다음과 같은 내용을 법제화해야 한다.

첫째, 차관급 이상의 정무직 공무원(대통령, 국무총리, 장관, 차관, 처장, 청장, 국회의원, 대법관, 헌법재판관, 감사원장, 감사위원 등) 및 정부투자기관의 장과 감사 등의 월급은 근로자 평균임금(2019년 330만 원)으로 한다.

둘째, 대통령과 장관, 지방자치단체장 등에게 지급하는 업무추진비를 없앤다.

셋째, 전직 대통령에게 지급되는 연금(현직 대통령 연봉의 95%, 배우자는 70%)도 근로자 평균임금으로 하고, 비서관은 1명만 둘 수 있게 한다.

넷째, 국회의원에게 부여하고 있는 불체포특권, 면책특권 등을 크게 제한하고, 65세 이상의 전직 국회의원에게 지급하는 연금(120만 원)을 폐지한다.

다섯째, 선거는 완전한 공영제로 하고, 그 대신 정당에 대한 국고보조금 지급과 후보자에 대한 선거비용 환급은 없앤다.

여섯째, 국정운영에 대한 감찰이나 부정사건 처벌 업무를 관장하는 감사원장, 검찰총장, 경찰청장, 중앙선거관리위원장 등은 모두 야당의 추천으로 국회의 동의를 얻어 대통령이 임명토록 하는 것도 한 방법일 수 있다. 헌법개정사항이나 대통령이 결단하면 그렇게 할 수 있을 것이다.

이렇게 하면 대통령의 권한을 분산시키면서 견제와 균형의 3권 분립 원칙에도 맞아 고위공직자의 권한남용과 부정부패를 방지할 수 있을 것이다.

일곱째, 고위공직자의 부정을 없애는 데 가장 중요한 일은 '김영란법'으로 불리기도 하는 '부정청탁금지 및 공직자의 이해충돌방지법'과 '내부고발자 보호법'의 제정이다.

본래 2012년 국가인권위원회의 김영란 위원장이 제안했던 법은 '부정청탁금지 및 공직자의 이해충돌방지법'이었는데, 국회에서의 입법과정에서 이해충돌방지 부문은 빠지고 '부정 청탁 및 금품 등 수수의 금지에 관한 법률'이 제정되었다. 이해충돌방지 부문이야말로 국회의원 등 고위공직자가 부정을 저지르기가 아주 쉬운 부문인데도 말이다. 그래서 이해충돌방지 부문을 반드시 복원해야 한다.

이른바 '김영란법'의 제정은 2012년부터 여야 정당은 물론이고 대통령 후보와 대통령까지 나서서 수도 없이 약속했건만 이 법의 제정을 계속 미루어 오다가 지난 2016년 3월에야 겨우 제정했는데, 이 법을 제정한 이후에도 어떻게 하든지 이 법을 무력화시키려는 온갖 음모들이 진행된 바 있다.

심지어 시행해 보기도 전에 위헌소송까지 제기되었는데, 마침 헌법재판소가 합헌으로 결정함으로써 그나마 실시될 수 있게 되었다. 우리 사회에 부정부패를 온존시키려는 세력이 얼마나 강고하게 자리 잡고 있는지를 알 수 있다.

그리고 부정이란 은밀하게 이루어지는 것이어서 관계된 사람 이외에는 알기가 어렵다. 그래서 부정부패가 근절되게 하기 위해서는 내부자가 고발할 수 있도록 하는 것이 무엇보다 중요하다. 그런데 지금의 한국 현실에서는 내부자가 고발하기가 어렵게 되어있다. 자기가 속한 조직을 떠날 각오를 하지 않고는 고발하기가 어려운 경우가 대부분이다. 내부고발자를 보호하는 법률이 없기 때문인데, 이래서는 부정부패가 근절되기가 어렵다.

그래서 부정부패를 고발하는 내부자를 보호하는 법률이 있어야 한다. 선진국에서는 이런 법률이 잘 정비되어 있다고 한다.

우리나라에서도 '공익신고자 보호법'이란 것이 있기는 한데 사람들이 이런 법률이 있는지 없는지조차 모를 정도로 유명무실하다. 우선 직위가 높고 권한이 센 고위공직자들이 이 법률에 따른 공익신고자(내부고발자)를 보호해서 내부고발이 일어나게 할 생각이 전혀 없으니, 유명무실한 법이 되지 않을 수 없다.

여기다가 이 법률은 금융실명거래 및 비밀보장에 관한 법률, 주식회사의 외부감사에 관한 법률, 상법, 형법 등 기업의 불법비리 행위와 관련 있는 법률들이 공익신고 대상 법률에서 모두 제외되어, 차명계좌, 분식회계, 배임·횡령 등 기업의 부패 행위에 대한 공익신고는 보호대상이 되지 못하게 해두고 있으니, 유명무실한 법률이 아닐 수 없다.

이런 유명무실한 법률을 만든 것은 우리나라 정부와 국회가 얼마나 부정부패청산의 의지가 없는지를 단적으로 보여줄 뿐이다. 내부고발자보호법을 만들어야 한다는 여론 때문에 마지못해서 '공익신고자 보호법'이란 것을 만들긴 했는데, 알맹이를 다 빼버리다 보니 아무 쓸모없는 법이 되고 말았다. 그러므로 실효를 거둘 수 있을 <내부고발자 보호법>을 제정해야만 한다.

6

코로나19의 역사적 교훈

코로나19 팬데믹으로 전 세계가 엄청난 고통을 겪었고 지금도 겪고 있다. 전 세계에서 확진자가 5억 명, 사망자가 6백만 명을 넘어 인류의 생존마저 위협받는 것도 문제지만, 자영업의 붕괴나 모임의 금지, 학교의 폐쇄 등으로 일상생활이 완전히 파괴되고 있다. 인류사적 대재앙이 아닐 수 없다.

의료기술이 크게 발달했지만 코로나19를 퇴치할 방안은 찾지 못하고 있다. 백신을 개발했다고는 하나 그 부작용이 심각한 데다 효과도 약해서 코로나19는 여전히 인류를 위협하고 있다.

과학기술의 혁명적 발달로 생산력이 비약적으로 발전했거니와 심지어 인간이 신의 경지에 이르는 호모 데우스의 시대가 도래하고 있다고 하는데도, 미세하기 짝이 없는 바이러스에 의해 인류의 생존이 위협받고 있으니, 왜 이럴까?

지금까지 알려진 바로는 코로나19의 발생 원인은 자연생태계의 파괴로 인한 변종 바이러스의 출현 때문으로 파악되고 있다. 그 발생 원인이 구체적으로 무엇이든 근본적인 원인은 과잉생산과 과잉소비에 따른 자연생태계의 파괴로 인한 신종 바이러스의 창궐 때문임은 분명해 보인다. 코로나19에 앞서 있었던 메르스나 사스, 미세

먼지 등의 원인도 대량생산과 대량소비에 따른 자연생태계의 파괴 때문이었다. 그래서 코로나19 백신의 개발로 코로나19를 퇴치하더라도 자연생태계의 파괴를 멈추지 않는 한 유사한 질병이 계속해서 나타나 인류의 생존을 위협하게 되어 있다.

비단 코로나19와 같은 질병이 아니더라도 지구환경의 파괴로 인한 자연재해는 인류의 생존을 위협하고 있다. 이산화탄소의 과잉배출로 인한 지구온난화로 지구환경이 파괴되어 생물의 멸종이 가속화되고 있는데, 이것은 결국 인류의 생존을 위협하고 있다.

다들 이것을 인정하면서도 그 원인인 과잉생산과 과잉소비를 멈출 생각은 하지 않는다. 심지어 인류역사를 코로나 이전 시대 곧 Before Corona^{BC}와 코로나 이후 시대 곧 After Corona^{AC}로 나누게 되리라는 주장까지 하면서도 자연생태계를 파괴하는 과잉생산과 과잉소비를 멈출 생각을 하지 않고 있다.

이래서는 코로나19보다 더 심각한 질병을 맞을 수밖에 없다. 코로나19의 발생을 계기로 자연생태계를 파괴하는 과잉생산과 과잉소비를 멈출 방안을 찾아내야 한다. 그런데도 그렇게 할 자세가 전혀 되어 있지 못한 것이 전 세계의 실상이다. 그렇게 하려면 백신의 개발이나 사회적 거리두기 완화 등에만 신경 쓸 것이 아니라 대량생산과 대량소비를 줄일 방안을 강구해야 하는데, 전혀 그렇지 못하니 말이다. 대부분의 나라들이 코로나19로 침체된 경제를 회복해서 국민소득을 올릴 방안을 찾는 데만 혈안이 되어 있으니, 이것은 코로나19의 원인이 된 과잉생산과 과잉소비를 줄이기는커녕 오히려 그것을 더 확대함으로써 코로나19보다 더 심각한 질병을 초래할 뿐이다.

그래서 코로나19는 하늘이 인류에게 가하는 징벌이자 교훈이라고 볼 수 있다. 현재의 국민소득(약 3만 달러)이면 충분히 행복하게 살 수 있는데도 더 많은 소득을 올리려고 자연을 파괴하니, 그렇게 하지 말라고 경고함과 아울러 현재의 국민소득으로도 행복하게 살 수 있는 방안을 강구하라는 것이다.

그런데 인간이 행복하게 살기 위해서는 더 많은 생산이 필요한데도 코로나19와 같은 재앙을 피하기 위해서 억지로 생산량을 늘리지 않아야 한다는 것이 아니라, 지금과 같은 생산량과 소비량이면, 심지어 지금보다 적은 생산량과 소비량으로도 인간이 행복하게 살 수 있기 때문에 더 많은 생산과 더 많은 소비에 매달릴 필요가 없다는 것이다.

선진공업국을 비롯한 대부분의 나라에서는 이미 생산되거나 소비되는 것만으로도 행복하게 살 수 있기 때문에 생산과 소비를 더 늘리지 말아야 한다. 더 이상 생산과 소비를 늘리지 말라는 하늘의 경고에도 불구하고 과잉생산과 과잉소비를 계속한다면 더 큰 재앙을 내릴 것이 틀림없다.

한국의 경우 지금 국민소득이 3만 5천 달러인데 국민이 행복한가? 전혀 행복하지 못하다. 그러면 국민소득이 적어서 국민이 행복하지 못한가? 그렇지 않다. 국민소득이 5만 달러, 10만 달러가 되면 행복하게 되겠는가? 행복해지기는커녕 더 불행해질 것이다. 양극화와 인간성 상실이 더 심해지는 것은 물론 자연생태계가 더 파괴되어 코로나19보다 더 심각한 질병이 나타날 것이니 말이다. 그래서 국민소득이 3만 5천 달러일 때도 국민이 행복할 수 있는 국가 운영방안과 삶의 영위방식을 강구해야 한다. 그렇게 하지 않고 국민소득을 늘리려 해서는 결코 국민을 행복하게 할 수 없다.

미국이나 영국, 독일, 일본 등도 마찬가지다. 국민소득이 이미 8만 달러, 5만 달러나 되는데도 국민이 행복하기는커녕 온갖 사회문제에 시달리는 것은 물론 코로나19로 다른 나라보다 더 심한 고통을 겪고 있다. 그래서 이것은 국민소득이 증대된다고 해서 국민이 행복해지는 것이 아님을 보여준다. 그런데도 경제성장 곧 국민소득 증대에 매달리고 있으니 한심한 일이다.

우리나라만 그런 것도 아니다. 전 세계가 그러하다. 또 정치권만 그런 것이 아니다. 지식인들도 경제회복 내지 경제성장 방안을 제시하려고 할 뿐 현재의 국민소득으로도 모든 국민이 행복하게 살 수 있는 방안을 제시하고 있지는 못하기 때문이다. 코로나19를 포함한 미세먼지, 지구환경의 파괴 등 인류의 생존을 위협하는 대재앙을 회피하려면 3만 달러 정도의 현재의 국민소득으로도 행복하게 살 수 있는 국정 운영방안과 삶의 영위방식을 정립해야 한다. 이렇게 해야 코로나19 등을 불러오는 과잉생산과 과잉소비에서 벗어날 수 있기 때문이다.

그러면 현재의 국민소득으로도 국민이 행복하게 살 방안이 있는가? 있다. 그것은 더 많은 소유와 더 많은 소비에서 행복을 누리는 것이 아니라, 자기가 하는 일에서 자아실현의 보람과 기쁨을 얻는 행복관을 정립해서 이를 국가 운영방안과 삶의 영위방식의 기본으로 삼으면 된다. 인간은 본질적으로 더 많은 소유와 더 많은 소비가 아니라 자아실현에서 최고의 행복을 누리는 존재이기 때문이다. 이런 방안으로 국가를 운영하고 삶을 영위하게 되면 과잉생산과 과잉소비에서 벗어나 코로나19와 같은 질병을 초래하는 지구환경의 파괴가 나타나지 않게 된다.

이런 점에서 필자가 제시한 자아실현정치론은 대단히 소중하다고 본다. 더 많은 소유와 더 많은 소비가 아니라 국민의 기본생활이 보장된 가운데 자기가 하는 일에서 보람과 기쁨을 누리는 자아실현이 최고의 행복이 되는 이유와 그 방안을 제시하고 있기 때문이다.

이런 점에서 코로나19는 인류에게 더 많은 소유와 더 많은 소비에서 행복을 누리려는 어리석음에서 벗어나 자기가 하는 일에서 보람과 기쁨을 얻는 자아실현에서 행복을 누리도록 하라는 역사적 교훈을 주는 것으로 보아야 할 것이다. 아울러 인간의 헛된 탐욕으로 과잉생산과 과잉소비에 매달려 있는 인류에게 그렇게 하지 말 것을 촉구하는 역사의 엄중한 경고이기도 하다.

더욱이 국민소득이 높고 의료시설이 잘되어 있는 선진국일수록 코로나19로 더 큰 피해를 보고 있다는 점에서 국민소득을 높이고 의료시설을 더 잘 정비한다고 해서 코로나19와 같은 재앙을 극복할 수 있는 것이 아님을 또한 알아야 하겠다.

코로나19는 인류에게 엄청난 고통을 안겨주었지만, 코로나19 때문에 사회 운영시스템이나 삶의 영위방식의 발전을 가져온 부문도 대단히 많다. 온라인 상거래나 온라인 교육의 확대로 자원을 절약하게 되는가 하면, 나 혼자 잘살려 해서는 안 되고 공동체 구성원 모두가 함께 잘살도록 해야 한다는 것을 알게 되었다. 그야말로 코로나19 이후 시대 곧 After Corona^AC에 맞는 뉴 노멀^New Normal을 찾아내야 한다는 것이다.

그래서 우리는 코로나19 사태를 재앙으로만 생각할 것이 아니라 국가 운영방안과 삶의 영위방식을 혁신하는 귀한 기회로 삼아야 하겠다.

어떻게 살아야
행복할 수 있을까?

- 장기표의 행복론

(주 : 이 책은 국민이 행복하게 살 수 있게 하려면 어떤 정치 곧 어떤 국정운영이 이루어
져야 하겠는지를 밝힌 책이다. 국정운영도 중요하지만 개개인의 삶 자체도 중요하겠기
에 필자의 행복론을 첨부해둔다.)

사람은 누구나 행복하기를 바란다. 그런데도 행복한 사람은 많지 않다. 돈이 많거나 사회적 지위가 높으면 행복할 것 같지만, 그렇지 않은 경우가 대단히 많다. 인기배우나 스포츠 스타가 되면 행복할 것 같지만, 역시 그렇지 않은 경우가 많다. 재벌 회장이나 고위공직자, 인기배우, 스포츠 스타 가운데 고통스럽게 살거나 스스로 인생을 마감한 사람도 많으니 말이다.

　왜 이럴까? 어떻게 사는 것이 행복한지를 몰라서 행복하게 살 수 있는 방법으로 살지 않기 때문이다. 행복은 지혜의 산물이다. 어떻게 사는 것이 행복한지를 알고서 그 방법대로 살아야 행복할 수 있다. 그래서 어떻게 살아야 행복한지를 아는 것이 대단히 중요하다.

　그래서 내 나름으로 어떻게 살아야 행복하게 살 수 있는지를 밝혀보고자 한다.

　행복하게 사는 것이 결코 쉬운 것은 아니지만 행복하게 살 수 있는 방법이 없는 것은 아니다. 유명 철학자들이 제시한 행복론 곧 행

복하게 사는 방법도 엄청나게 많거니와 특히 불교, 기독교 등 종교
는 대부분 완전하고도 영원한 행복을 누릴 수 있는 방법을 제시하고
있으니 말이다.

과학기술의 혁명적 발달로 생산력이 비약적으로 발전하여 경제
적 풍요를 누리게 되었고, 또 정보통신수단의 획기적 발달로 대중의
사회정치의식 또한 크게 고양되어 있어 모든 사람이 행복하게 살 수
있을 것 같은데도 행복한 사람보다 불행한 사람이 더 많으니 왜 이
럴까?

정치가 제 역할을 다하지 못함으로써 대량실업, 소득양극화, 환
경오염, 인간성 상실 등이 구조화하여 국민의 갈등이 심하고 사회가
불안스러운 것도 행복하게 살 수 없는 중요한 원인이지만, 이에 못
지않게 우리들 개개인이 행복하게 살 수 있는 마음의 자세를 갖추지
못하는 것도 중요한 원인이다.

그래서 우리는 행복하게 살 수 있는 사회환경이나 주변여건을 조
성하기 위한 노력도 해야 하지만. 사회환경이나 주변여건과 상관없
이 행복하게 살 수 있는 마음의 자세를 갖추도록 노력해야 하겠다.
사회환경이나 주변여건이 아무리 잘 이루어져 있더라도 행복할 수
있는 마음의 자세를 갖추고 있지 못하면 행복할 수가 없기 때문이
다. 오히려 사회환경이나 주변여건이 나쁘더라도 행복할 수 있는 마
음의 자세를 갖추고 있으면 행복할 수 있기 때문에 더욱더 그렇다.
이런 점에서 행복은 지혜의 산물이라고 할 수 있다. 지혜로워야 행
복할 수 있는 마음의 자세를 갖출 수 있기 때문이다.

더욱이 사회환경 내지 주변여건은 나의 노력만으로 개선하기가

어렵지만, 행복하게 살 수 있는 마음의 자세는 나의 노력만으로 갖출 수 있는 것이 대부분이기 때문이다.

"행복은 만족에 있다Happiness lies in contentment"는 말이 있다. 행복은 주관적인 것이지 객관적인 것이 아니라는 뜻이다. 이 말이 꼭 맞는 말은 아니지만 상당 부분 맞기도 하다. 남들이 보기에 아무리 행복할 것으로 보여도 주관적으로 행복하지 않으면 행복하지 않고, 객관적으로 아무리 불행할 것으로 보여도 주관적으로 행복하면 행복할 수 있으니 말이다.

더욱이 아무 어려움이 없어야 행복한 것도 아니다. 그래서 이런 말이 있다. "행복은 아무 어려움이 없는 데 있는 것이 아니라, 어려움에 대처하는 능력에 달려 있다Happiness is not in the absence of the problems, but in the ability to deal with it"라고. 딱 맞는 말이다. 사람이 살아가는 데 있어 아무 어려움이 없기를 바란다면 그것은 어리석은 일이다. 누구에게나 어려움은 있게 마련이다. 불만과 갈등, 슬픔과 불안 등이 있게 마련이고, 또 어느 정도까지는 이러한 어려움이 있어야 행복할 수 있다. 이런 어려움을 해결하기 위한 노력 속에서 자아실현의 보람과 기쁨 곧 행복을 누릴 수 있기 때문이다.

그래서 우리는 모든 국민이 행복하게 살 수 있는 사회상황도 만들어야 하겠지만 사회상황이나 주변여건과는 상관없이 개인적으로 어떤 마음의 자세를 갖추어야 행복할 수 있겠는지를 밝혀보고자 한다.

첫째, 자존감을 가져야 한다.

자신을 존엄한 존재로 인식하는 자존감이 없고서는 결코 행복할 수가 없다. 자기가 별 볼 일 없는 사람이라고 생각하고서야 어떻게 행복할 수 있겠는가? 자존감을 가진 사람은 당연히 자기를 사랑하기도 한다. 자기를 사랑하는 사람이 되어야 한다.

그런데 자존감을 갖는 데는 조건이 없다. 자기가 착한 사람이어야 하거나 지혜로운 사람이어야 하는 등의 조건이 필요 없다. 자기가 어떤 사람이든, 그리고 남이 자기를 어떤 사람으로 보든 상관없이 자존감을 가져야 한다. 누구나 자존감을 가질 만한 요소를 가지고 있다. 그래서 자기가 어떤 사람이건 자기로서는 자기를 존엄한 존재로 인식할 수 있게 되어 있다.

그래서 자기는 좀 모자라는 사람으로 생각되는데도 자존감을 가질 수 있겠는가라는 반문이 있을 수 있다. 좀 모자라는 사람으로 인식된다고 해서 존엄한 존재로 인식하지 못할 이유는 없다. 돈이 많건 적건, 지식이 있건 없건, 심지어 도덕적이건 부도덕적이건 인간인 한 존엄한 존재이다. 다만 자기가 존엄한 존재임을 모르거나 느끼지 못할 뿐이다. 그래서 누구나 자기가 존엄한 존재임을 알고 그것을 느낄 수 있게 해야 한다. 인간이라는 이유 하나만으로 존엄한 존재임을 알고서 자존감을 가져야 한다.

모든 사람이 존엄한 존재이고, 그래서 자존감을 가져 마땅하다는 것을 가장 확실하게 밝혀주는 말이 있으니, 부처님의 탄생게이다. "천상천하 유아독존天上天下 唯我獨尊" 곧 천상천하에 있는 모든 존재는 자기 스스로 존엄한 존재라는 것이다. 다른 무엇이 자기를 존엄한 존재로 인정해주고 말고 할 것 없이 자기 홀로 곧 스스로 존엄한 존재라는 것이다. 이런 마음 곧 자기가 이 세상에서 가장 존엄한 존재라고 인식해야 행복하게 된다는 것이다.

그런데 부처님의 이 말씀은 부귀를 누리는 사람만 존엄한 것이 아니라 비천한 사람도 존엄하고, 사람만 존엄한 것이 아니라 동물, 식물도 존엄하며, 낙락장송만 존엄한 것이 아니라 그 아래에 있는 이끼나 벌레도 존엄하다는 것을 말해준다. 심지어 생물만 존엄한 것이 아니라 무생물도 존엄하다는 것이다. 천상천하에 있는 모든 존재가 존엄한 존재라는 것이다. 그래서 자신이 존엄한 존재라는 것을 인식하라는 것이다. 그래야 해탈해서 극락 곧 행복을 누리게 된다는 것이다.

자신이 존엄한 존재임을 깨달아야 하는데, 그것이 쉽지 않다. 그래서 학습과 수행이 필요하다.

그런데 자기가 생각할 때 자기는 나쁜 짓을 많이 해서 존엄한 존재일 수가 없는 것처럼 생각하는 사람이 많을 것이다. 실제로 나쁜 짓을 한 사람이 많다. 이런 사람들도 존엄한 존재일까? 그렇다. 이런 사람도 당연히 존엄한 존재이다. 이 세상에 존재하는 모든 존재는 존엄한 존재이기 때문에도 존엄한 존재이지만, 설사 나쁜 짓을 많이 한 사람이라 하더라도 그것이 그 사람의 모든 것을 다 규정하는 것은 아니기 때문이다. 나쁜 짓과는 별개로 존엄한 부분을 간직하고 있기 마련이어서 누구나 존엄한 존재이다.

아무리 훌륭한 사람이라 하더라도 결점을 갖고 있다. 결점이 하나도 없어야만 존엄한 존재라면 이 세상에 존엄한 존재가 있기는 어렵다. 그래서 스스로 생각해서 결점 곧 부족한 점이 많이 있더라도 그것 때문에 존엄한 존재가 될 수 없다고 생각해서는 안 된다. 모든 존재는 존엄한 존재임을 분명히 인식해야 한다.

둘째, 욕망 절제에 더 큰 행복이 있음을 알고 이를 실천해야 한다.

흔히 인간의 욕망은 무한하다고 생각한다. 인간은 본질적으로 무한한 욕망을 가지고 있기 때문에 인간의 무한한 욕망은 인간의 본성이라는 것이다. 그리고 인간은 이 무한한 욕망을 충족시켜야 행복한 줄로 생각한다.

과연 인간의 욕망은 무한하고, 이 무한한 욕망을 충족시켜야 행복할까? 그렇지 않다. 하루에 3끼 밥을 먹을 수 있을 때까지는 밥을 먹고자 하는 욕망이 무한할 수 있지만 3끼 밥을 먹을 수 있게 되었을 때는 더 이상 밥을 더 먹을 욕망이 없어진다. 3끼를 먹으면 되는데도 욕망을 내서 4끼, 5끼를 먹으면 고통스럽게 된다. 고통스럽게 되더라도 즉 불행하게 되더라도 밥을 더 먹어야 되겠다고 생각해서 밥을 더 먹게 되면 불행하게 된다. 밥만의 문제가 아니다. 다른 것도 너무 많이 가지면 불행하게 된다는 것을 알아야 한다.

그래서 욕망의 절제에 더 큰 기쁨이 있음을 알고 이를 실천해야 한다. 밥을 3끼 먹을 수 있는 사람이 절제해서 2끼만 먹으라는 것이 아니라 3끼를 먹을 수 있게 되었으면 거기서 욕망의 충족을 중단해야지 4끼를 먹고 5끼를 먹으면 불행해진다는 것이다.

욕망의 절제에 더 큰 기쁨이 있음을 아는 것은 대단히 중요하다. 그동안 무엇이 부족한 세상에서 오랫동안 살아왔고, 그래서 욕망을 충족시키려 한 것이 결코 나쁜 것이 아니었기 때문에 지금도 인간의 욕망은 무한하고 이를 충족시키기 위해 노력하는 것을 당연시하고 있지만, 시대상황의 변화에 따라 인간의 필요한 욕망은 충족시킬 수 있는 세상이 되었기 때문에 이제 욕망을 무한대로 충족시키려 해서는 자기가 불행하게 되었음을 알아야 한다.

일찍이 석가모니는 욕망을 없애는 것이 해탈 곧 행복의 가장 중요한 수단임을 강조했고, 예수 또한 부자 청년의 비유에서 부자는 천국에 들어가기가 어렵다고 했거니와, 성경 말씀에는 "욕망이 잉태한즉 죄를 낳고, 죄가 장성한즉 사망을 낳느니라"라는 구절이 있다. 욕망이 죄와 사망의 원천이라는 것이다.

셋째, 자기의 정체성이 있어야 한다.

자기가 어떤 사람인지를 알고서 자기를 유지해야 행복할 수 있다. 자기가 있어야 행복할 수도 있기 때문이다. 자기가 없는데 어떻게 행복할 수 있겠는가?

그런데 자기의 정체성이 없으면 끊임없이 다른 사람을 닮으려 하게 되는데, 이래서는 자기가 초라해질 수밖에 없어 행복할 수가 없다. 자기를 부정하고서는 행복할 수가 없다.

현대인들에게 있어 가장 큰 문제는 자기의 정체성이 없는 것이다. 자기의 정체성이 없으니, 유행에 민감해서 남 흉내나 내려고 한다. 자기의 정체성이 없이 남 흉내나 내서는 결코 행복할 수가 없다.

정체성에는 고유성이 있을 뿐 우열이 있을 수 없다. 이 사람에게는 이 사람의 정체성이 있고, 저 사람에게는 저 사람의 정체성이 있다. 그래서 다른 사람의 정체성과 비교해서 열등감을 갖거나 우월감을 가질 필요가 없다. 다른 사람의 정체성과 비교해서 열등감이나 우월감을 갖게 되면 다른 사람을 시기하거나 무시하게 되는데, 그래서는 안 된다. 다른 사람이 잘하면 그것을 함께 기뻐할지언정 시기하거나 질투할 일이 아니다.

프랑스의 실존주의 철학자 사르트르는 "타인은 지옥이다"라고 말했는데, 타인을 의식해서는 나의 실존을 인식하기가 어렵기 때문에 불행하게 된다는 것이다. 어느 누구와도 상관없이 스스로 자신의 실존을 깨달아야 행복할 수 있다는 것이다.

요컨대 자기의 정체성을 확고히 유지해야 한다. 그래야 자존감도 생기고 행복할 수도 있다.

넷째, 소유와 소비, 지배와 착취에서 보람과 기쁨을 얻는 가치관이 아니라 창조와 생산, 봉사와 절제에서 보람과 기쁨을 얻는 가치관을 정립해야 한다.

행복한 삶을 사는 데는 올바른 가치관의 정립이 대단히 중요하다. 인간의 삶에 필요한 물자 곧 재화와 용역이 부족하던 때는 더 많이 소유하거나 더 많이 소비하는 것 또는 남을 지배하거나 남의 것을 착취하는 것이 자신의 행복을 증진시키는 데 도움이 될 수도 있었다.

그러나 인간의 삶에 필요한 물자 곧 재화와 용역이 충분하게 된 오늘날에는 더 많이 소유하거나 더 많이 소비하는 것 또는 남을 지배하거나 남의 것을 착취하는 것이 오히려 자신의 행복을 증진시키는 데 역행하게 되었다. 인간은 하루에 밥을 세 끼를 먹어야 행복한데 하루에 네 끼, 다섯 끼를 먹게 되면 고통스럽게 되는 것과 같은 이치다.

창조하거나 생산하는 것 또는 봉사하는 데서 보람과 기쁨을 누리는 것은 쉽게 이해될 수 있으나, 절제는 고통으로 생각되기가 쉽다. 그러나 전혀 그렇지 않다. 절제야말로 인간에게 무한한 기쁨을 안겨준다. 절제는 자신을 위한 것이기도 하지만 타인을 위한 것이고 타인에 대한 사랑을 실천하는 것이기 때문이다.

다섯째, 자아실현의 일을 해야 한다.

인간이 행복해지는 데 있어 가장 중요한 것이 자아실현이다. 인간은 누구나 본질적으로 자아실현의 욕구를 갖고 있기 때문에 자기가 하고 싶은 일을 하는 것 곧 자아실현을 해야 그 속에서 보람과 기쁨을 누려 행복할 수 있는 존재다. 그래서 만약 자기가 하고 싶은 일이 아무것도 없어 아무 일도 하지 않게 되면 행복할 수가 없다. 이런 점에서 인간이 자아실현을 통해 행복할 수 있는 것은 인간의 숙명 내지 본성이다.

인간은 누구나 자기가 하고 싶을 일을 하고자 하는 마음 곧 자유의지를 갖고 있는데, 이것이 동물과 다른 인간의 특성이요 특권이다. 인간은 인간으로서의 특권인 이 자유의지를 발현하지 않을 수 없는데, 이 자유의지의 발현이 일이나 활동이고, 이 자유의지의 발현인 일이나 활동을 통해 자아실현을 함으로써 그 속에서 보람과 기쁨을 누림으로써 행복하게 된다. 자아실현을 함으로써 그 속에서 보람과 기쁨을 누려 행복할 수 있기 때문이다.

이런 점에서 일 곧 활동이야말로 인간이 행복할 수 있는 가장 근본적인 수단이다. 일을 해야 자아를 실현할 수 있고, 자아를 실현하게 되면 보람과 기쁨을 누려 행복할 수 있기 때문이다.

그런데 무엇을 하는 것만 자아실현이 아니라 무엇을 하지 않는 것도 자아실현일 수 있다. 이런 점에서 다른 사람을 위해 무엇을 하지 않는 것 곧 절제도 자아실현이 된다.

일찍이 아리스토텔레스는 인간의 모든 행위의 목적은 행복인데, 이 행복은 자신의 잠재능력과 가능성을 삶 속에서 실현할 때 얻는 자기완성적 상태 곧 '유다이모니아eudaimonia'에서 이루어진다고 밝혔다. 즉 자아를 실현해야 만족을 느껴 행복하다는 것이다. 자아실현에 행복이 있음을 가장 먼저 밝힌 철학자라 하겠다.

성경에 의하면 인류의 시조 아담과 이브는 어떤 불만이나 불안이 없는 에덴동산에서 쫓겨나 수고 곧 일을 해야 먹을 것, 입을 것 등을 구할 수 있게 되었다고 한다. 전지전능하신 하느님이 왜 이렇게 했겠는가? 하느님이 이렇게 한 것은 아담과 이브가 하느님의 명령을 따르지 않아서라기보다 인간은 수고하면서 일을 해서 자아실현을 해야 행복할 수 있기 때문일 것이다. 그러니까 하느님은 인간을 미워하거나 벌주기 위해서 에덴동산에서 쫓아낸 것이 아니라 인간이 행복하게 살 수 있도록 하기 위해서 쫓아냈을 것이다.

그래서 성경의 이 말씀은 인간은 숙명적으로 일을 함으로써 행복할 수 있는 존재임을 말해주고 있다 할 것이다.

이처럼 일 곧 활동이 행복의 원천임에도 불구하고 아무 일도 하지 않고 사는 것이 행복할 것처럼 생각하는 경향이 있으나, 이것은 어리석은 생각이다. 일을 하지 않고는 자기의 취향을 실현하거나 능력을 발휘할 수가 없으니, 행복할 수가 없다. 아무 일도 하지 않고는 자아실현을 할 수 없기 때문이다.

그럼에도 불구하고 일을 하지 않고 살 수 있었으면 하고 바라는 사람이 많은 것은 그동안 너무 많은 일을 한 데 따른 반작용일 뿐, 사람은 본성적으로 일을 하고 싶어 하게 되어 있다. 인간은 자아실현의 욕망과 이를 구현할 자유의지를 타고났고, 이 자유의지를 발현하는 것이 일이며, 일을 해야 자아를 실현할 수 있기 때문이다.

실업자로 있으면 일을 하고 싶어 죽을 지경인데, 이것은 월급을 받고 싶어서라기보다 일 자체를 하고 싶기 때문이다. 그래서 일을 하지 않음으로써 행복하려고 하는 것은 어리석은 일이다.

"무항산 무항심無恒産 無恒心"이란 말이 있다. 생산적인 활동을 계속하지 않으면 바른 마음을 가질 수 없다는 말이다. 맞는 말이다. 생산적인 활동 곧 일을 해야 바른 마음을 가질 수 있고, 바른 마음을 가져야 행복할 수가 있다.

그런데 누구나 자아실현이 되는 일을 할 수 있으면 좋겠으나, 그렇지 못한 경우가 많다. 자기가 하고 싶은 일을 찾을 수 없는 경우가 있으니 말이다. 그러나 세상의 모든 일은 나름대로 의미가 있고, 인간의 개성 또한 다양하기 때문에 누구나 자아실현의 일을 찾을 수 있다. 설사 마음에 드는 일을 찾지 못한다 하더라도 인간은 상황에 대처하는 능력을 갖고 있기 때문에 어떤 일을 하더라도 거기서 자아실현을 할 수 있다.

일에 귀천이 있을 수 없다. 학문탐구도 학문을 좋아하는 사람에게는 자아실현이 될 수 있지만 학문을 싫어하는 사람에게는 자아실현이 될 수 없다. 농사일도 농사일을 좋아하는 사람에게는 자아실현이 될 수 있지만, 농사일을 싫어하는 사람에게는 고통이 될 수 있다. 자아실현이 될 수 있느냐 없느냐가 중요하지 어떤 일이냐가 중요한 것은 아니다. 거듭 말하지만 어떤 일도 마음먹기에 따라서는 자아실현이 될 수 있다. 자아실현이 될 수 있게 하는 것이 지혜이다.

또 직위가 높거나 낮은 것도 중요하지 않다. 사장은 사장의 역할을 잘 수행하면 자아실현이 되어 행복할 수 있고, 사장의 역할을 잘 수행하지 못하면 자아실현이 되지 못해 고통스럽게 된다. 사원도 마찬가지다. 사원으로서의 역할을 잘 수행하면 자아실현을 해서 사장보다 더 행복할 수가 있고, 사원으로서의 역할을 잘 수행하지 못하면 자아실현이 되지 못해 고통스러울 수 있다.

일을 하더라도 자기의 취향이나 재능을 실현하기 위해 일을 하는 것이 아니라 먹고살기 위해 마지못해 일을 하는 경우가 많으나, 이런 일도 하는 것이 낫고, 또 생각하기에 따라서는 이런 일을 하는 것도 자아실현이 될 수 있다. 그리고 혼자 있을 때도 무료하게 보내기보다 무언가 의미 있는 일을 해야 행복할 수 있다. 생각을 하더라도 의미 있게 하면 그것은 일이 되고, 그 속에서 보람과 기쁨을 누리게 된다.

그런데 인간만이 갖고 있는 이 자유의지는 인간이 본능에서 벗어나 자신의 의지대로 어떤 일을 할 수 있는 특권이기도 하지만, 이에 따른 책임도 인간이 져야 한다. 남을 괴롭히는 일을 해서 처벌을 받는 것은 이 때문이다. 이런 점에서 자유의지는 인간에게 부담이 되기도 한다. 그래서 인간은 자유로부터 도피하고 싶은 마음을 가질 때도 있는데, 자유로부터 도피하는 것은 어리석은 일이다. 자유로부터 도피해서는 자아를 실현할 수 없어 행복할 수가 없기 때문이다.

인간이 자아실현에서 최고의 행복을 누릴 수 있는 것은 모든 사람의 행복을 위해서도 필요하다. 돈이나 권력, 명예 등을 가져야만 행복할 수 있다면 모든 사람이 행복한 것은 불가능하게 된다. 돈이나 권력, 명예 등은 한 사람이 그것을 가지면 다른 사람은 그것을 갖지 못하게 마련이기 때문이다. 그러나 자아실현은 그렇지 않다. 모든 사람이 자기 나름의 자아실현을 할 수 있다. 그래서 자아실현은 서로 충돌하지 않는다. 모든 사람이 자아실현에서 최고의 행복을 누릴 때 모든 사람이 행복할 수가 있다.

여섯째, 일의 결과보다 일하는 과정에서 행복해야 한다.

사람은 누구나 무언가를 이루기 위해서 일을 한다. 그 일이 이루어질 때도 있고 이루어지지 않을 때도 있다. 그 일을 이루면 행복하고, 이루지 못하면 불행할까? 그렇지 않다. 이루면 당연히 행복하지만 설사 이루지 못하더라도 그 일을 이루기 위해 노력하는 과정에서 보람과 기쁨을 누림으로써 행복할 수 있고, 또 그렇도록 해야 한다.

그리고 어떤 일을 이룰 때만 행복하고 그 일을 이루어가는 과정에서는 행복할 수 없다면 인간은 행복하기가 어렵다. 그렇기 때문에도 어떤 일을 이루어가는 과정에서 행복할 수 있게 되어있다.

일곱째, 남을 사랑해야 내가 행복할 수 있다.

인간이 행복해지는 데 있어 가장 중요한 것은 사랑이다. 진정으로 남을 사랑하면 자기가 행복할 수 있기 때문이기도 하지만 남에 대한 사랑이 없이는 행복할 수가 없기 때문이다. 남(상대방)을 사랑하게 되면 마음이 평화로워져 행복하게 된다. 마음의 평화야말로 행복의 절대적인 조건이니 말이다.

남을 사랑한다는 것은 나와 남을 하나로 인식하는 것이다. 나와 남을 하나로 인식하게 되니, 상대방에 대해 적대감을 갖지 않게 되고, 그래서 마음의 평화를 얻게 되니, 행복하게 된다. 여기에다 나와 남을 하나로 만들어주는 것이 사랑이니, 내가 세상을 사랑하게 되면 세상이 내가 되기도 하고 내가 세상이 되기도 한다.

사랑은 나와 남, 나와 세상이 하나가 되는 것임을 강조해두고자 한다. 사랑의 이런 철학적 의미를 잘 설명해두고 있는 것은 종교다. 내가 아는 모든 종교는 사랑으로 '하나 됨'을 강조한다. 불교 수행의 목적은 모든 것이 하나가 되는 데 있다. 그래서 불이법문不二法門이라고 하는데, 둘이 아니요 하나라는 것이 불교적 세계관이다. 불교에서는 불이不二를 강조하는 말이 너무나 많다. 공즉시색空卽是色부터 원융무애圓融無礙 등 모두가 나와 남, 나와 세상이 하나라는 것이다. 바로 여기에 해탈이 있고, 법열이 있고, 극락이 있다는 것이다.

기독교도 마찬가지다. 기독교가 강조하는 사랑은 나와 남이 하나가 된다는 것이다. "네 이웃을 네 몸과 같이 사랑하라"든가 부부사랑을 두고 "한 남자와 한 여자가 합하여 한 몸이 되었다"라고 한 것은 모두 사랑의 '하나 됨'을 말해준다. 심지어 예수는 "내가 아버지(하나님) 안에 있고 아버지가 내 안에 계시며, 너희가 내 안에 있고 내가 너희 안에 있다"라고 말씀했는데, 이것은 기독교를 믿는다는 것은 하나님과 예수, 그리고 예수를 따르는 기독교인 모두가 하나가 됨을 의미한다. 그러면서 "내가 이 사람들 안에 있고, 아버지께서 내 안에 계신 것은 이 사람들을 완전히 하나가 되게 하려는 것입니다"라고 말했다. 서로 사랑함으로써 하나가 되는 것, 그래서 구원받는 것이 기독교의 목표이다.

천도교나 원불교에서 말하는 우주만유의 법칙이자 도덕의 본원인 궁궁을을(弓弓乙乙) 또한 우주만유가 완전히 하나가 되는 것을 말한다. 우주만유가 완전히 하나가 되는 것을 통해 신앙의 목표인 완전한 행복을 누리게 된다는 것이다.

요컨대 나와 남, 나와 세상이 온전히 하나가 되는 사랑을 통해 해탈이나 구원 곧 행복한 삶을 살게 된다는 것이다.

그런데 사랑은 사랑의 감정만으로는 부족하다. 구체적 실천이 따라야 한다. 상대방을 배려하는 것은 물론 상대방이 어려움에 처했을 때 정신적으로나 물질적으로 도와야 한다. 상대방을 위해 자기 것을 내놓음이 없이 말로만 사랑하는 것은 사랑이기 어렵다.

사람은 '사랑을 받아서' 행복하기보다 '사랑을 해서' 행복한 것임을 명심할 필요가 있다. 물론 남의 사랑을 받을 때도 마음의 평화를 얻어 행복할 수는 있지만, 사랑을 받는 것으로는 자아실현이 될 수는 없어 근본적인 한계를 지니게 된다. '사랑을 하는 것'은 자아실현이 되니 행복하게 된다.

성경의 부자청년의 예에서 예수께서 부자청년에게 "네가 가진 재산을 가난한 사람에게 나누어주고 나를 따르라"고 한 것은 가난한 사람의 구원을 위한 것이 아니라 부자청년의 구원을 위한 것이다. 부자청년이 자신의 재산을 가난한 사람에게 나누어준다고 해서 가난한 사람이 구원받는 것이 아니기 때문이다.

달라이 라마도 자비행을 강조하면서 "타인을 위하는 자비행을 실천하는 사람은 그 자신이 가장 큰 복을 받는다"라고 했다. "자비심과 이타심을 실천할 때 일차적으로는 타인에게 초점이 맞춰지겠지만 더 많은 이로움을 받는 사람은 그것을 실천하는 당사자이다"라고 설파했다.

공자도 석가도 예수도 사랑을 강조했는데, 사랑이야말로 행복 곧 해탈과 구원에 이르는 가장 확실한 길이기 때문이다.

그런데 사랑 가운데 가장 중요한 사랑은 자기사랑이다. 남도 사랑해야 하지만 사실은 자기를 사랑하는 것이 더 중요하다. 자기를 사랑하는 사람이라야 남을 사랑할 수 있기 때문이다. 자기를 사랑하는 사람은 자존감도 갖게 되고 자기의 정체성도 확립해 있게 되니 더욱더 그렇다. 자기를 사랑하는 사람은 나쁜 짓을 하지 않게 된다. 나쁜 짓으로 자기를 더럽히는 것은 자기를 사랑하는 것이 아니기 때문이다. 자존감을 행복의 제일 조건으로 내세운 것도 자존하는 사람이라야 남을 사랑할 수 있기 때문이다. 사랑이야말로 사람이 행복해지는 데 가장 중요하다.

그런데 자기사랑 곧 자애심과 이기심은 정반대이다. 이기심은 자기를 위하는 것이 아니라 자기를 망치는 일이기 때문이다.

그런데 사람을 진정으로 사랑하는 사람은 정치에 관심을 가지고 정치가 제 역할을 하도록 노력하게 되어 있다. 왜냐하면 정치야말로 사람이 행복할 수 있는 사회환경을 만드는 데 결정적인 역할을 하기 때문이다. 그래서 나는 '정치는 사랑이다'거나 '정치는 사랑의 사회적 실천이다'라고 밝힌 바 있다. 자기의 부모형제와 자녀를 진정으로 사랑한다면 정치에 관심을 가지고 정치가 잘 되게 노력하게 된다. 정치가 잘 되어야 자기의 부모형제와 자녀가 좋은 사회환경에서 살 수 있기 때문이다.

여덟째, 고난과 시련을 겪더라도 그것 때문에 고통스러워하기보다 그것을 담담히 받아들이거나 극복하는 데서 자아실현의 보람과 기쁨을 누려야 한다.

인생살이에 고난과 시련은 있게 마련이다. 그 고난과 시련을 받아들이거나 극복하는 노력 속에서 자아실현의 보람과 기쁨을 누릴 수 있어야 행복할 수 있다.

고난과 시련이 없는 사람은 없다. 그래서 고난과 시련 때문에 행복할 수 없다면 행복할 수 있는 사람은 없을 것이다. 우리 이웃에 '저 사람 같으면 아무 걱정이 없이 행복하기만 할 것'으로 보이는 사람들이 많다. 돈도 많고 사회적 지위도 높고, 또 가정도 화목한 것 같아서 말이다. 그러나 그런 사람한테도 고난과 시련 내지 고민거리가 있게 마련이다. 객관적으로 고민할 만한 일이 없으면 고민거리를 만들어내어서라도 고민하는 것이 인간이다. 고민이 있어야 발전이 있고, 고민이 있어야 그것을 해결하는 과정에서 자아실현의 보람과 기쁨을 누릴 수 있기 때문이기도 하다.

그래서 고난과 시련이 없기를 바랄 것이 아니라, 그 고난과 시련을 참고 수용하면서 극복하는 것을 통해 보람과 기쁨을 얻도록 해야 한다.

고난이 있기 때문에 기쁨이 있고, 불행이 있기 때문에 행복이 있음을 깊이 인식해야 한다. 일을 하는 데서 보람과 기쁨을 누릴 수 있는 것은 일을 하는 과정에 수고가 있기 때문이듯이 말이다.

고난 곧 고통스러운 일이 있을 때는 그것을 담담히 받아들이거나 극복함으로써 보람과 기쁨을 누리기도 해야 하지만, 다른 한편으로는 그것을 오히려 전화위복(轉禍爲福)의 기회로 삼아서 더 큰 행복을 누릴 수 있어야 한다. 이렇게 하면 고난이 오히려 행복의 원천이 될 수 있다. 그래서 전화위복할 수 있는 마음의 자세와 능력 곧 지혜를 갖추는 것이 중요하다. 그것이 쉬운 것은 아니지만 훈련하면 반드시 그렇게 될 수 있다.

아홉째, 자연의 이법, 우주의 섭리에 따라 살아야 한다.

인간이 진정으로 행복하기 위해서는 자연의 이법, 우주의 섭리에 따라 살아야 한다. 생태주의적 삶을 살아야 한다는 것인데, 이것은 도(道)에 입각한 삶이기도 하다. 자연의 이법, 우주의 섭리가 곧 도이기 때문이다. 도에 입각해 산다는 것은 도인의 삶을 산다는 것인데, 도인의 삶을 산다는 것은 어려운 일이기도 하지만 쉬운 일이기도 하다. 헛된 욕망이 없이 일상의 삶을 순리대로 사는 것이 도인의 삶이기 때문이다.

최근 들어 메르스, 사스, 코로나 등으로 전 세계적으로 고통을 겪고 있는데, 이것은 인간이 자연의 이법에 따라 살지 않은 때문이다. 인간은 자연과 상생해야 하는 것인데도 인간이 자연을 훼손, 파괴했기 때문에 이런 질병이 인류를 괴롭게 된 것이다.

그래서 코로나19는 인류에게 경고하고 있다. '자연의 이법에 따라 살아서 행복할래? 아니면 자연을 파괴하는 삶을 살아서 사회는 붕괴하고 인생은 파탄하는 대재앙을 맞아 불행할래?'라고 말이다. 더 많은 소유와 더 많은 소비를 위해 자연을 훼손, 파괴할 경우 인류는 이런 재앙을 면할 수가 없을 것이다. 설사 코로나19가 끝난다 하더라도 코로나19와 유사한 팬데믹이 도래할 것이기 때문이다.

그런데 자연의 이법에 따라 살기 위해서는 자연과 인간은 대립하는 것이 아니라 상생한다는 세계관을 가질 필요가 있다. 지난날은 물질과 정신은 분리되고, 자연과 인간은 대립하며, 가진 자와 못 가진 자는 투쟁한다는 대립과 투쟁의 이원적 세계관이 통용되어 왔고, 또 그럴 필요도 있었다. 그러나 이제는 물질과 정신은 통일되고, 자연과 인간은 상생하며, 가진 자와 못 가진 자는 대동을 이룬다는 통일과 상생의 일원적 세계관을 정립해서 가져야 하겠기 때문이다.

   열째, 모든 사람이 행복해야 나도 행복할 수 있다.
   인간은 모든 사람이 행복해야 나도 행복할 수 있게 되어 있다. 이
것이 인간의 본성이다. 그런데도 우리 사회에는 다른 사람이 불행해
야 내가 행복할 수 있을 것처럼 생각하는 사람들이 상당히 많다. 나
보다 못한 사람, 곧 나보다 불행한 사람이 주변에 있어야 그들과 비
교해서 내가 행복할 수 있을 것처럼 생각하는 사람들이 많은데, 이
런 사람들은 아직 인생의 이치를 깨닫지 못한 어리석은 사람들일 뿐
인간의 본성은 그렇지 않게 되어 있다.
   맹자는 말하기를 "인간에게는 불인지심(不忍之心) 곧 어쩔 수 없이
갖게 되는 마음이 있다"라고 했는데, 측은지심, 수오지심, 사양지심,
시비지심이 그것이라고 했다. 인간은 누구나 측은지심 곧 다른 사람
의 고통을 보면 그것을 측은하게 생각해서 그도 고통을 느낄 수밖에
없는 마음을 지니고 있다는 것이다. 혹 이런 마음이 없다면 그런 사
람은 인간이 아니라는 것이다. 이러니 행복하지 못한 사람이 있고서
는 자기도 행복하기가 어렵다. 모든 사람이 행복해야 자기도 행복할
수 있다.
   국부론의 저자 애덤 스미스도 『도덕감정론』이란 책에서 인간은
다른 사람과 공감하는 마음을 본능처럼 지니고 있어서 이웃에 불
행한 사람이 있으면 자신도 불행한 마음을 갖게 된다고 했다. 흔히
스미스는 인간의 이기심을 강조한 사람처럼 생각하는 경향이 있
으나 정반대. 이기심보다 훨씬 더 강한 인간 본성으로서의 공감
(Sympathy)의 마음을 갖고 있다고 했다. 스미스는 인간의 이기적 본성

을 존중한 측면이 있지만 이기적으로 살아도 된다는 것은 결코 아니었다. 오히려 정반대였다. 스미스는 시장경제와 자유무역을 주장했는데, 이 또한 가난한 사람들을 위한 것이었다. 시장경제와 자유무역을 억압하면 독점기업이 생겨나 생산성이 높은 사회적 분업을 억제해서 생산물을 줄임으로써 빈곤층에게 해롭기 때문이었다.

'인간의 원형'이라고 볼 수 있는 전태일이란 사람은 이런 말을 한 일이 있다. "나는 조금만 불쌍한 사람을 보아도 마음이 언짢아 그날은 기분이 우울한 편입니다"라고. 어찌 전태일만 그렇겠는가? 그런 마음이 인간의 본성이다. 인간은 본질적으로 불쌍한 사람을 보면 마음이 언짢고 연민의 정을 느끼게 되어 있다.

맹자는 이렇게 말했다. 무측은지심 비인야(無惻隱之心 非人也)라, 곧 불쌍한 사람을 보고서 마음 아파하지 않으면 인간이 아니라고 말이다.

그래서 주위에 불쌍한 사람이 있으면 자신도 행복할 수가 없다. 모든 사람이 행복해야 자신도 진정으로 행복할 수가 있다. 이것이 인간이다. 재산이나 권력, 사회적 지위나 명예 등에서 특출한 사람이라고 해서 행복한 것도 아니지만, 설사 그런 사람이 행복하다 하더라도 그런 사람만 행복한 세상이 되어서는 안 된다. 모든 사람이 행복할 수 있어야 하고, 그래서 모든 사람이 행복한 방법으로 살아야 한다.

이런 점에서 우리가 다른 사람 내지 모든 사람이 행복하게 하려고 노력하는 것은 그들을 위한 것이라기보다 나 자신을 위한 것임을 알 필요가 있다. 다른 사람을 행복하게 하려는 노력이 없이는 나도 행복할 수가 없는 것이 인생의 이치다.

그런데 모든 사람이 행복할 수 있을까? 그러기가 어렵다. 그래서 모든 사람이 행복해야 나도 행복할 수 있다면 그 누구도 행복할 수가 없을 것 아닌가 하는 의문이 제기될 수 있다. 모든 사람이 행복하지 못해도 자기는 행복할 수가 있기는 하지만 기본적으로 인간은 모든 사람이 행복해야 자기도 행복할 수 있음을 유념할 필요가 있다. 앞에서 지적했듯이 인간은 본성상 연민의 정을 갖고 있어서 다른 사람의 불행을 보면 자신도 마음이 아프게 되어 있기 때문이다.

나는 오래전부터 이런 생각을 해왔다. '평범한 사람이 평범한 생활 속에서 평범한 행복을 누리며 사는 것이 최고의 행복이 되는 세상을 만들어야 한다'라고. 평범한 삶에서 평범한 행복을 누리는 것이야말로 최고의 행복이 되는 세상이 되어야 한다는 것이다. 내가 이렇게 생각한 것은 모든 사람이 행복한 세상이 되어야 하겠기 때문이었다. 돈과 권력, 사회적 명예 등을 얻어야 행복하게 된다면 모든 사람이 행복할 수가 없다. 그리고 돈과 권력, 사회적 명예를 얻는 데 집착해서는 소모적인 경쟁을 할 수밖에 없으니 그러고서는 행복할 수가 없다.

나는 자아실현이 최고의 행복임을 밝혀왔고, 또 자아실현이 최고의 행복이 되는 세상을 만들어야 한다는 점을 강조해왔다. 자아실현이 최고의 행복이기 때문에도 자아실현이 최고의 행복이라고 주장해왔지만, 자아실현이 최고의 행복인 세상이 되어야 모든 사람이 행복할 수 있기 때문에도 그렇게 주장해왔다.

소유와 소비, 권력, 명예 등이 최고의 행복일 때는 모든 사람이 행복할 수가 없다. 소유, 소비, 권력, 명예 등의 경우 한 사람이 그것을 가지면 그것을 못 갖는 사람이 생길 수밖에 없기 때문이다. 사장과 직원이 있는 기업을 예로 들면 돈과 권력이 행복의 수단이라면 사장과 직원이 함께 행복하기가 어렵다. 그러나 자기가 하는 일에서 자아실현의 삶을 사는 것이 최고의 행복일 때는 사장도 직원도 자기가 맡은 일을 하는 가운데서 자아실현의 보람과 기쁨을 누림으로써 모두가 행복할 수 있다.

불교만 그런 것은 아니지만, 특히 불교에서는 '지금 여기' 곧 현재의 생활이 극락이 되어야 한다는 점을 강조한다. 누구나 현재 살고 있는 삶에서 행복을 누릴 수 있어야 한다는 것인데, 대단히 옳은 말이다. 보람과 기쁨이 없는 삶은 없기 때문에 언제 어디서 무엇을 하든 행복을 누릴 수 있어야 한다.

그래서 어떤 삶을 살더라도 거기서 보람과 기쁨 곧 행복을 누릴 수 있도록 해야 하고, 그러기 위해서는 어떤 삶에서도 보람과 기쁨을 누릴 수 있는 지혜가 있어야 한다. 같거나 비슷한 삶을 살면서도 어떤 사람은 거기서 행복을 누리는가 하면 어떤 사람은 거기서 불행을 느끼는 경우가 있는데, 전자는 행복의 지혜를 갖고 있기 때문이고 후자는 행복의 지혜를 갖고 있지 못한 때문이다.

모든 사람이 행복해야 하고, '지금 여기' 곧 현재의 삶에서 행복을 누려야 한다고 해서 슬픔과 분노, 외로움과 불안 등이 없어야 하는 것은 아니다. 슬픈 일, 분노할 일, 외로운 일, 불안한 일 등이 있더라도 그것을 극복하는 데서 보람과 기쁨 곧 행복을 누릴 수 있어야 한다. 그것이 지혜다. 슬픔과 분노, 외로움 등이 아예 없는 삶에서는 행복을 누리기가 오히려 어렵다. 행복은 슬픔과 분노 등을 이겨내는 과정에서 얻어지는 경우가 대단히 많기 때문이다. 인간이면 누구나 느끼게 마련인 오욕칠정을 느끼는 인간적인 삶에서 행복을 누릴 수 있는 것이지, 오욕칠정을 초월한 초인적 삶에서 행복을 누릴 수 있는 것은 아니다. 그래서 평범한 사람 모두가 행복할 수 있다.

끝으로 위와 같은 행복관을 갖기 위해서는 끊임없이 노력해야 한다. 습관은 제2의 천성인지라, 사람의 생각은 바뀌기가 어렵기 때문이다. 단순히 아는 것만으로는 안 되고 반복해서 훈련해야 한다. 자존감을 갖고, 정체성이 있으며, 올바른 가치관을 가지고 일에서 자아실현의 보람과 기쁨을 누릴 수 있도록 해야 한다. 그리고 남을 사랑하고 배려하는 마음으로 모든 사람이 행복하도록 노력해야 하며, 고난과 시련을 당하더라도 한편으로는 그것을 담담히 받아들이거나 극복하는 데서 보람과 기쁨을 얻고, 다른 한편으로는 그것에서 전화위복할 수 있어야 하며, 무엇보다 자연의 이법에 따라 살도록 노력해야 한다. 이렇게 살 수 있도록 하는 것이 인생의 지혜이다.

아무쪼록 어떤 사회상황이나 주변여건에서도 행복할 수 있는 올바른 행복관을 정립해 이를 실천함으로써 행복할 수 있기를 바란다.

아름다운 사람

– 권선복

아름다운 사람이 되고 싶습니다
내가 말한 말 한마디에
모두가 빙그레 미소 지을 수 있는 힘을 가진
아름다운 사람이 되고 싶습니다.

내가 보인 작은 베풂에
모두가 행복해할 수 있는
선한 영향력을 가진
아름다운 사람이 되고 싶습니다.

말보다 행동보다
모두에게 진정으로 내보일 수 있는
아이같은 순수함을 지닌
아름다운 사람이 되고 싶습니다.

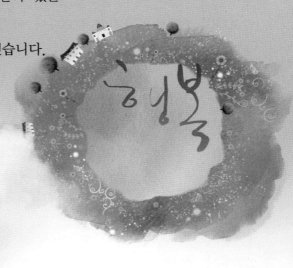

"모든 국민이 자아실현의 보람과 기쁨을 누리며 행복하게 살 수 있는 대한민국을 꿈꾸며"

권선복
도서출판 행복에너지 대표이사

신념信念! 신념의 사전적 의미는 '굳게 믿는 마음'입니다.

흔히 접하는 단어이면서도 결코 흔치 않은 단어이기도 합니다. 어떠한 상황에서든 자신의 신념을 잃지 않고 살아가는 사람들이 그만큼 많지 않다는 의미겠지요.

그래서 "신념은 인간에게 가장 중요한 것이다. 그러나 아무리 굳은 신념이 있더라도 침묵으로 일관하면 아무런 소용이 없다. 어떤 대가를 치르더라도, 생명을 걸고서라도, 반드시 자신의 신념을 발표하고 실천하는 용기가 필요하다. 여기에 비로소 신념이 생명을 갖게 되는 것이다."라는 A. 토스카니니의 말이 오늘날 더 가슴에 닿습니다.

이 책 『장기표의 행복정치론』의 저자 장기표 대표야말로 평생 자신의 신념을 믿어 의심치 않으며, 어떤 대가를 치르더라도 굴복하지 않고, 신념에 생명을 불어넣으며 행동으로 옮겨온 분이라 할 수 있습니다. 그는 일찍이 전태일의 '대학생 친구'가 되어서는 학생운동과 노동운동의 질적 발전에 크게 기여하였고, 구속이 되어서도 부단히 재소자 인권투쟁에 앞장섰으며, 수감 중에도 쉬지 않고 쓴 쪽지 글들은 민주화운동의 교과서가 되기도 했습니다. 그렇게 그는 50년이 넘는 긴 기간 동안 학생운동, 노동운동, 재야민주화운동의 한가운데서 운동의 방향을 제시하면서 온몸으로 투쟁해 온 한국 민주화운동의 상징적 인물입니다.

이제 보수냐 진보냐 하는 정치색은 더 이상 중요하지 않습니다. 그에게 있어 신념이란 오직 한 가지, '모든 사람이 자아실현의 보람과 기쁨을 누리며 행복하게 살 수 있는 세상'을 건설하는 것뿐입니다.

『장기표의 행복정치론』에서는 지금 우리 사회에서 소모적인 갈등을 불러일으키면서 심각한 문제가 되고 있는 대량실업과 소득양극화, 청년실업, 비정규직, 저출산, 취업불안, 해고불안, 노후불안, 입시지옥, 사교육비, 고교평준화 등의 해법을 정보문명시대의 관점에서 제시하고 있습니다. 이는 대안 없는 비판이 횡행하는 한국적 정치에서, 그 대안으로 행복한 나라를 만들기 위한 비전과 중요정책을 제시하고 있다는 점에서 높이 평가될 일입니다.

날이 갈수록 삶은 팍팍해지고 세상은 어지럽기 그지없습니다. 그러나 이러한 때일수록 우리 모두 '신념'이라는 두 글자를 가슴에 품은 채, 그것을 온몸으로 실천해 가는 위대하면서도 아름다운 삶에 귀를 열고 마음을 열어야 할 것입니다.

아무쪼록 저자의 바람대로 모든 국민이 자아실현의 보람과 기쁨을 누리며 행복하게 살 수 있는 대한민국이 하루 빨리 건설되기를 소망하며, 이 책을 읽는 모든 독자들에게 팡팡팡 행복에너지가 가득 넘쳐나게 되기를 기원합니다.

'행복에너지'의 해피 대한민국 프로젝트!

〈모교 책 보내기 운동〉〈군부대 책 보내기 운동〉

한 권의 책은 한 사람의 인생을 바꾸는 힘을 가지고 있습니다. 한 사람의 인생이 바뀌면 한 나라의 국운이 바뀝니다. 그럼에도 불구하고 많은 학교의 도서관이 가난하며 나라를 지키는 군인들은 사회와 단절되어 자기계발을 하기 어렵습니다. 저희 행복에너지에서는 베스트셀러와 각종 기관에서 우수도서로 선정된 도서를 중심으로 〈모교 책 보내기 운동〉과 〈군부대 책 보내기 운동〉을 펼치고 있습니다. 책을 제공해 주시면 수요기관에서 감사장과 함께 기부금 영수증을 받을 수 있어 좋은 일에 따르는 적절한 세액 공제의 혜택도 뒤따르게 됩니다. 대한민국의 미래, 젊은이들에게 좋은 책을 보내주십시오. 독자 여러분의 자랑스러운 모교와 군부대에 보내진 한 권의 책은 더 크게 성장할 대한민국의 발판이 될 것입니다.

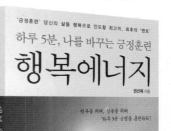

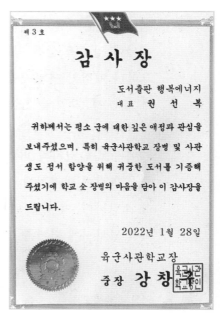